KB142323

도약할 계기가 필요한 당신에게,
멘토들이 자신의 멘토로부터 배운
인생의 지혜를 선물합니다.

_____ **님께**

_____ **드림**

멘토의
멘토

멘토의 멘토

2013년 11월 27일 초판 1쇄 발행
지은이 · 신용관

펴낸이 · 박시형
책임편집 · 권정희, 임지선

마케팅 · 장건태, 권금숙, 김석원, 김명래, 최민화
경영지원 · 김상현, 이연정, 이윤하
펴낸곳 · (주) 쌤앤파커스 | 출판신고 · 2006년 9월 25일 제406-2012-000063호
주소 · 경기도 파주시 회동길 174 파주출판도시
전화 · 031-960-4800 | 팩스 · 031-960-4806 | 이메일 · info@smpk.kr

쌤앤파커스(Sam&Parkers)는 독자 여러분의 책에 관한 아이디어와 원고 투고를 설레는 마음으로 기다리고
있습니다. 책으로 엮기를 원하는 아이디어가 있으신 분은 이메일 book@smpk.kr로 간단한 개요와 취지,
연락처 등을 보내주세요. 머뭇거리지 말고 문을 두드리세요. 길이 열립니다.

멘토의 멘토

| 신용관 지음 |

최고를 만든 최고의 가르침

차 례

프롤로그 누구나 마음속에 지침이 되는 나침반 하나쯤은 갖고 있다 10

최인아 • 제일기획 상임고문
아버지와 인도, 정반대 세계의 가르침 41

"결심하면 어떻게든 해내는 근성, 아버지에게서 훈련받았죠" 46
한쪽이 옳고, 다른 쪽도 옳을 수 있는 다원성을 알게 한 인도 51
달리는 말에서 내리지 말라 53

표창원 • 전 경찰대학교 교수, 프로파일러
신념 고집할 힘을 준 3명의 스승 59

'황금 박쥐' 흉내 내던 시절의 우상, 코난 도일 62
법과학자 헨리 리 교수에게서 과학자의 양심을 보다 66
"당당하고 떳떳한 마음으로 떠나자" 71

현정화 ● 탁구감독
지금의 나를 만든 성실함을 물려준 분　　77

꼭 금메달 따서 어머니 편히 모시겠다는 마음으로　　81
강인한 정신, 정교한 테크닉, 인생의 꿈을 심어준 스승들　　85
"큰 경기일수록 제 가슴이 밑바닥에 가 있어요"　　87
재미있게 해라, 목표를 가져라, 베풀어라　　90

최재천 ● 이화여대 교수
글쓰기 과외받는 세계적 석학의 노력　　97

에드워드 윌슨, 생각하고 노력하고 행동하는 삶　　104
제자 논문을 밤새워 읽는 스승, 윌리엄 에버하드　　111

조윤선 ● 여성가족부 장관
평생의 공부법과 끈기를 가르쳐준 엄마　　117

평생의 공부법 배운 초등 2학년　　120
노(老) 판사의 가르침,
"늘 험블하게 살라, 돈 때문에 봉사 기회 놓치지 말라"　　124

조경란 ● 소설가
내가 먹어치운 요리책들, 그리고 요리하고 싶은 이야기들　131

100권의 요리책, "그러나 누구도 노하우를 100% 전수하지는 않아요"　138
나를 빛으로 이끄는 '긍정의 나'　　145
꾸며낸 이야기, 그러나 진실된 이야기꾼　　147

박맹호 • 민음사 회장

"자기 인생 에디팅 위해 멘토 잘 만나야지요"　　153

신용을 잃으면 모든 걸 잃는다　　156
책 꾸준히 읽는 3만 명이 사회를 지탱하는 힘　　165

주철환 • JTBC 대PD

내 인생 저 멀리서 빛나는 등불　　171

노래 자체로 삶의 방향을 제시하는 이, 김민기　　175
인생의 회중전등 같았던 중학교 국어 선생님　　182
아버지 탓에 외로운, 아버지 덕에 섬세한　　186

유정아 • 방송인

이끌어줄 멘토 아닌 내 안의 탁월함을 찾아라　　191

사람들에게 상처받았을 때 꺼내 읽는 책　　194
이분처럼, 나도 '만나면 편안해지는' 사람이기를　　203
타인의 생에 깊이 영향 미치는 것은 위험한 일　　206

김성근 • 고양 원더스 감독

"인생은 '일구이무(一球二無)', 그래서 진실되게 살아야 해요"　211

한계를 설정할 때, 너는 진다　　215
끝까지 최선을 다하는 야구를 해야 한다　　223
눈만 똑바로 뜨면 세상 전체가 나의 멘토　　225

유진룡 • 문화체육관광부 장관

"내 돈 안 쓰고 남 돕는 직업이니 얼마나 좋습니까" 231

촌지 케이크 집어던진 아버지의 꽥꽥함 235
나를 지켜온 화두, '어떻게 후회 없이 정리할 것인가' 241
공복(公僕)의 가장 큰 자산, 신뢰·무욕·이타심 245

박은주 • 김영사 대표

수도자가 된 CEO로부터 배운 것들 249

CEO에게 마음공부의 길을 안내받다 256
공경심으로 경영하라는 가르침 259

심재명 • 명필름 대표

"자기 스스로를 똑바로 볼 줄 아나요?" 265

화가를 꿈꾸던 소녀, 영화로 삶을 그리다 268
임권택, 안성기, 황기성, 존재만으로 멘토가 되어준 이들 271
평생 헌신한 어머니의 '사그라짐' 274
창의적인 머리와 거간꾼의 재능을 겸비해야 276

김주하 • MBC 앵커

경주마 같은 내게 기수가 되어준 선배들 283

목소리는 그 사람의 삶을 담는다 290
허영 내려놓고 일상에 충실해야 뉴스가 보인다 296

에필로그   아직도, 상처가 아프다 302

누구나 마음속에 지침이 되는 나침반 하나쯤은 갖고 있다

1/

고전의 중요성을 강조할 때 흔히 인용되는 말에 '온고이지신(溫故而知新)'이 있다. 『논어』 위정(爲政) 편에 나오는 이 유명한 구절은 거의 회자되지 않는 '가이위사의(可以爲師矣)'와 원래 대구(對句)를 이루고 있다. 붙여 뜻을 새기면, "옛것을 익히고 새로운 것을 안다면 스승을 잘 둔 것이라 할 수 있다"이다. 옛것을 꿰뚫고 있는 이는 다른 누구 아닌 선생이며 스승이다.

칠판과 백묵을 들었던 스승은 스마트폰 시대를 맞아 멘토mentor로 이름을 바꿨다. 지금 대한민국은 바야흐로 멘토의 시대다. 수년째 이어져 오고 있는 이 흐름에 대해 지난 2008년 리먼 브라더스 사태 이후 다시 도래한 '불확실성 시대'의 소산이라 보는 시각이 대세다. 누리엘 루비니 뉴욕대 교수처럼 입만 열면 잿빛 경제 전망을 내놓는 학자가 전가(傳家)의 '비관주의'로 밤마다 미녀들과 파티를 열 정도로 떼돈을 벌어들이는 아이러니도 시대의 소극(笑劇)이다. '청춘 콘서트'니 '열정락서'(삼성)니 모두 암중모색의 시기에 한줄기 빛을 바라는 절박한 소망의 표상일 것이다.

당대의 파고(波高)를 정확하게 읽어내고 있는 이 시대 멘토들도 스승의 필요성을 분명하게 역설하고 있다.

신용관　단도직입적으로, 인생에 멘토가 필요합니까?

최인아　물론입니다. 반드시 필요하지요. 자살하는 사람들 많잖아요. 각자 주변에도 한둘은 있을 겁니다. 결국 의지할 곳이 없었던 분들입니다. 인생이 그렇게 호락호락하지 않거든요.

표창원　멘토라는 의미는 이미 나보다 먼저 간 사람, 그 모든 인생의 갈등과 고민들을 어떻게든 이겨내고 자기의 길과 삶을 구축한 사람이잖아요. 그래서 내가 닮고 싶어 하는 사람이고요. 망망대해를 나침반 없이 항해하다가는 좌초하거나 풍랑을 만나거나 뒤집힐 수 있잖아요. 그럴 때 나침반이나 북극성 같은 역할을 하며 내가 가야 할 방향을 제시해주는 이가 멘토죠. 꼭 필요한 존재입니다.

박맹호　필요하죠. 이번에 《스티브 잡스》를 읽으면서 깨달았는데, 삶이라는 것은 결국 끝없는 열정과 끊임없는 추구가 아닌가 싶어요. 그건 어떤 자극에 의해, 또는 자각에 의해 시작됩니다. 멘토에게 자극을 받아 출발할 수도 있는 거라고 생각해요. 잡스가 이런 뜻의 말을 했어요. 제 표현으로 바꾸면, 세상의 기계라는 것은 다 비슷비슷하다. 그런데 에디팅하기에 따라서 위대한 작품도 되고 허접한 물건도 된다. 나하고 사상이 같더라고요. 자기 인생의 에디팅을 위해 멘토를 잘 만나야지요.

이 책은 모두 14명의 이 시대 멘토들과 나눈 인터뷰이다. 정확히는 15명인데, 김문수 경기도지사는 몇 가지 사유로 본문에서 빠졌다. 대신 이 프롤로그에서 인터뷰의 핵심 내용을 소개했다.

목차에 나와 있듯 이번 책에 실린 멘토들은 최인아 제일기획 고문, 표창원 전 경찰대 교수, 현정화 탁구감독, 최재천 이화여대 교수, 조윤선 여성가족부 장관, 조경란 작가, 박맹호 민음사 회장, 주철환 JTBC 대PD, 유정아 아나운서, 김성근 고양 원더스 감독, 유진룡 문화체육관광부 장관, 박은주 김영사 대표, 심재명 명필름 대표, 김주하 MBC 앵커 (수록순) 등이다.

분야별로 따져도 정치(김문수) · 행정(유진룡) · 경제(최인아) · 사회(표창원) · 여성 & 법조(조윤선) · 과학(최재천) · 방송 (유정아, 김주하) · 스포츠(현정화, 김성근) · 출판(박맹호, 박은주) · 영화 (심재명) · 문학(조경란) · 가요 & 방송사 경영(주철환) 등 웬만한 전문 영역을 아우르고 있는 셈이다. 모아놓고 보니 남성 경제인 · 여성 학자 · 의료인 · 언론인이 빠진 게 아쉽다. 다음 기회를 노리는 수밖에.

2/

　　　　　　이들 15인 멘토들이 '나의 멘토'로 밝힌 대상들, 대상과 본인과의 관계, 그 대상으로부터 배운 바 등을 정리해 보면 몇 가지 중요한 특징을 추려낼 수 있다. 이 책에서 가장 '영양가 있는' 내용이자 책이 가진 가장 중요한 덕목일 것이다.

고민할 시간에
실천하라

멘토의 특징은 뭐니 뭐니 해도 실행력이다. '구슬이 서 말이라도 꿰어야 보배'이듯, 아무리 철저히 준비하고 깊게 사고한다 해도 당장 한 발 내딛지 않는다면 만사휴의(萬事休矣)일 뿐이다. 모든 고민과 공부와 사고는 실천으로 꿰어내야 의미가 있는 것이다.

　조윤선 여성가족부 장관의 부친은 사업을 하셨다. 맏딸에게 무엇보다 모험심을 가르쳤다. 해외여행이 흔하지 않던 시절, 갓 스물을 넘긴 딸의 등을 떠밀어 유럽 배낭여행까지 보냈다. "젊은 시절엔 뭐든지 해봐야 한다"며 3박 4일 지리산 종주도 시켰다. 대학 4학년이던 당시, 집에 도통 전화를 안 해 부모님이 조난 신고를 하기도 했다고 한다.

야신(野神) 김성근 감독은 심지어 "생각하기 전에 움직이라"고 주문한다. 그만큼이나 실행력이 중요하다는 얘기다. "문제를 먼저 생각하면 움직이질 못해요. 이걸 내가 잘할 수 있을까, 문제는 없을까, 걱정부터 하는 그런 자세는 잘못된 거예요. 그러면 불안해서 일 못해요. 일단은 몰두해야지. 무조건 닥치는 대로 하고 보는 거지. 해나가면서 해결을 하는 거지. 천직 운운하는데, 닥쳐서 해놓고 보면 자기가 뭘 하든 그게 천직이 되는 거지요."

면밀한 호기심과 관찰력으로
깊이 들여다보라

세상과 인간에 대한 호기심과 그에 상응하는 관찰력은 인생에서 한 성취를 이루는 데 불가결한 요소다. 그 관찰력이 실질적인 빛을 발하려면 당연히, 꾸준하고 깊은 수준의 공부가 뒷받침되어야 한다.

신용관   '야신'으로 불리시지만 정작 본인이 좋아하는 별명은 '잠자리

눈'이라고들 하던데요?

김성근　리더는 모든 일에 세심해야 해요. 조그만 일이라도 놓치면 안 돼요. 전후좌우 360도 볼 수 있는 잠자리 눈이어야 하지요. 선수들이 태평양 시절에 붙여준 겁니다. 1cm 차이, 이런 걸 놓치면 안 되거든요. 지속적인 관심으로 관찰하고.

당신은 얼마나 준비되어 있는가?

처음 영어 공부를 시작할 때 배우는 속담대로 'Heaven helps those who help themselves(하늘은 스스로 돕는 자를 돕는다)'이다. 더 엄격히 얘기하자면, 준비되지 않은 자는 자신을 찾아온 기회조차 못 알아보기 십상이다.

　김성근 감독의 좌우명 중 가장 유명한 것이 '일구이무(一球二無)'다. "한번 던진 공은 다시 불러들일 수 없다. 타자가 치는 공 하나, 수비수가 잡는 공 하나에도 '다시'란 없다"는 것. 일본에서 현역 선수로 뛰던 20대 시절 "이 화살이 마지막이라 여기고 목숨을 걸고 집중해 쏘면 바위도 쪼갤 수 있다"는 중국 고사 '일시이무(一矢二無)'를 변형시켜 김 감독이 직접 만든 말이다. "인생은 순간들의 쌓아올림이죠. 전력투구할 기회라는 건 사람한테 그리 자주 오는 게 아니에요. 준비를 잘 해놓으라는 얘기예요. 기회가 왔을 때 그 순간에 모든 걸 걸고 전력투구할 수 있는 자세가 되어 있어야 해요."

같은 스포츠인인 현정화 감독은 한 걸음 더 나간다. "저는 시합이 딱 끝나는 그 순간, 다음 시합을 생각해요." 아니, 단상에서 메달을 거는 바로 그 순간을 위해 그 고생한 건데, 그 순간에 또 다음 시합을 생각한단 말인가? "이 시합은 끝난 거예요, 그렇잖아요? 저는 시합이 끝나고 나면 '좋다!' 이것보다는 '다음 시합 뭐지?', '다음에는 무슨 시합이 있지?'를 생각해요. 예를 들어 올림픽이 끝나면 '세계선수권은 어떻게 준비하지?' 이런 게 생각나요. 그래서 좀 쉬고 또 바로 훈련하고, 그런 연속이었어요." 유구무언. 지독함, 그 자체다.

직감력을 키워라

우리말에 '육감'이란 게 있다. 전문가 수준을 넘어서는 그 분야 '고수'는 수시로 육감에 의존한다. 직관이라고도 부르는 이 감각을 그래서 여섯 번째 감각(육감, 六感)이라 칭하기도 한다. 물론 이 직감력은 말콤 글래드웰(《티핑 포인트》와 《아웃라이어》)을 필자 나름으로 섞어 원용(援用)하자면, 적어도 1만 시간의 수련을 바탕으로 한 '티핑 포인트tipping point'에서 발현된다.

다시 김성근 감독. "데이터는 맞을 때도 있고 틀릴 때도 있어요. 데

이터를 믿으면 안 돼요. 직감이 제일 중요해요. 그 직감은 오랜 경험과 훈련의 축적에서 오는 거지요. 판단력도 훈련을 통해 키워지는 거니까. 야구는 즉각즉각 판단해야 되지요. 투수를 바꿀 것인가, 타선을 조정하나, 오늘 누가 컨디션이 좋지, 안타냐 번트냐, 일일이 셀 수도 없는 요소들을 종합적으로 판단해서 그 자리에서 결정해야 하니까 직감이 가장 중요하지요."

재미없이 절대 오래 못 간다
하고 싶은 걸 하라

많이 들어본 얘기일 거다. 게다가 기꺼이 좋아하는 말일 것이다. 특히 춤 노래 연기 등 소위 '딴따라' 계통 지망자들은 예외 없이 이 말을 들먹인다. 군말이 필요 없다. 멘토들도 어김이 없었다. 최인아 전 제일기획 부사장의 말이다. "철이 좀 들어서 생각해보니까, 일 잘하는 게 일을 즐겁게 하는 거와는 다르잖아요. 그런데 저는 즐거움과는 완전히 담을 쌓고 살았어요. 아예 접어놓고 살았더라고요. 미련할 정도로 짓눌려 있었기에 재미를 못 느낀 거지요. 그래서 후배들에게 조언해줄 기회가 올 때마다, 무엇보다 '즐기면서 일하라'고 말해요. 광고의 목적 중 하나가 '보는 재미'인데, 정작 저는 그 재미를 전혀 못 봤으니, 사는 게 참 아이러니하지요."

타고난 야구인 김성근도 크게 다르지 않다. "일본인들은 운동을 업(業)으로 생각 안 해요. 그냥 좋아서 하는 거예요. 우리나라 사람들만 그렇게 생각하지. 생계수단으로서의 운동, 그건 부모들의 욕심이에요." 그래도 운동을 곧잘 하니 감독이든 동료, 선후배든 격려를 아끼지 않았고 지금의 그가 있는 게 아닐까? "격려? 전혀 없었어요. 나는 소질이 없었으니까. 나는 뭐가 됐든 시작할 때 나의 미래를 위해서, 또는 생계나 출세를 위해서 한다고 생각해본 적이 없어요. 야구는 재미있으니까 했고, 그러다가 우리나라에 와서야 처음으로 야구하면서 살아야겠구나, 야구로 먹고살아야겠구나, 그렇게 생각했죠."

재미나 즐거움이 전부가 아니다
억지로라도 하라

재미가, 그러나, 전부는 아니다. '재미'란 것이 다분히 상대적이고 상당히 주관적인 데다, 나이와 상황에 따라서도 자꾸 바뀌는 속성이 있기 때문이다. 그러니 재미가 무지 없어도 시기와 정황상 꼭 해야 할 일이라면, 이를 악물고서 억지로라도 해야 한다. 그래야 나중에 땅을 치며 후회하는 일이 줄어든다. 현정화 감독은 그런 면에서 끈기와 자기극복의 표본이다.

현정화   탁구를 통해서 인생의 모든 걸 배웠어요. 첫 번째는 인내를 배웠죠. 끊임없이 견뎌야 되거든요. 우선 선수 생활 할 때는 훈련이 굉장히 힘들었는데, 그걸 끊임없이 견디는 훈련을 계속 하다 보니 제가 더 강해지더라고요. 사실 육체적인 피로가 무척 고통스럽거든요. 금요일쯤 되면 온몸에 알이 배고 파김치가 돼요. 아무리 힘을 내려 해도 힘이 안 나고, 뭘 잡으려 해도 손에 힘이 안 들어가요. 그런데도 어느새 훈련장에서 제가 또 뛰고 있어요. 그냥 마구 하는 거죠. 때로는 숨이 턱까지 차오르는데도 계속 극복이 돼요. 스트레스도 엄청나죠. 저는 운동이 고통스러워서 선수를 그만뒀거든요. 훈련이 고통스러워서. 지도자도 힘들다고 말하지만, 선수일 때보다 힘들지는 않아요. 선수시절 단련된 인내심 덕분에 지금은 뭐든지 할 수 있을 것 같아요.

가족은
최상의 후원자다

서양 속담에 "함께 기도하는 가족들은 함께 머물러 있다"고 했다. 한 인간의 성숙도는 그가 얼마나 가족의 소중함을 깨닫고 있느냐와 절대적으로 비례한다. 50 가까이 살아오면서 배움의 높고 낮음, 가진 돈의 많고 적음을 떠나 '처자식 먹여 살려야 할 기꺼운 책임감'을 방기한 남자치고 제대로 된 인간 본 적 없다. 같은 맥락에서, 정화수 떠놓고 천지신명께 빌고 또 비는 우리나라 정서에서 가족만큼 든든하고 한결같은 후원자는 없다.

조윤선 현 여성가족부 장관의 궤적(사법고시 합격→김앤장 법률사무소 변호사→한국시티은행 부행장→한나라당 국회의원→새누리당 대변인→여성가족부 장관)을 일별하면 남편의 외조(外助)가 남달랐을 것으로 추측되기 마련이다. 아니나 다를까. "당 대변인 할 때는 제 이름으로 나오는 논평의 기사를 매일매일 다 검색해서 코멘트를 해줬어요. '오늘 논평 중에 이 단어 거슬리더라. 이건 좀 적절하지 않고 센 거 같다' 이러면서 전화가 와요. 제가 종로 출마를 결정할 때도 남편과 수없이 상의했어요." 훌륭한 멘토인 셈이다. "뭔가 아주 복잡하게 엮여 있을 때도 제 얘기를 잘 들어본 뒤, 딱 결정을 내려줘요." 부러울 뿐이다.

절실함 없이
과실(果實) 없다

김성근 감독은 선수들에게 혹독한 연습을 시키는 것으로 유명하다. 그에게 '이쯤 하면 됐다'는 순간은 없다. 비가 오는 날은 더 맹렬하게 연습한다. 완전히 파김치가 된 그날의 고달픔이 선수들의 가슴속에 야구를 잘하고 싶다는 절실함을 만들어주기 때문이다. "바닥에서 헤매던 선수들도 김성근 감독을 만나면 최고의 선수로 성장한다"는 말을 듣는 것도 바로 이 때문이다.

"선수들에게 일부러 가혹하게 한다고 들었다"며 묻자 김 감독은 "가혹하다기보다는 선수의 가능성을 찾아가는 과정이다. 그전까지 해온 방식, 지금 하고 있는 방식에서 벗어나야 하기 때문이다. 사람이 극한 상황에 처해봐야 본인도 모르는 능력이 계발된다고 난 믿는다"고 대답했다. 심하면 12시간씩 연습을 시킨다. 12시간이면 아침 9시에 시작하면 저녁 9시, 아침 7시에 시작해도 저녁 7시다. "그 정도는 해야 발전이 있다"는 심드렁한 답변이다. 아무리 감독과 선수와의 관계가 명령과 복종의 관계라 해도 다 큰 성인들인데 심하지 않느냐는 물음에 대한 김 감독의 답변. "시키면 한다기보다…. 자신을 위해서 해야죠. 남을 위해 하는 게 아니라."

칭얼대지 말라
투정부리지 말라

자고로 패자(敗者)는 말이 없어야 하는 법이다. 백번 양보해서, 변명은 할지언정 어차피 해야 할 일 앞에서 꿍얼거리기만 한다면 무슨 답이 나오겠는가. 문제는 많은 사람들이 징징대는 데 상당한 시간과 정력을 쏟는다는 것이다. 가난한 것만으로도 충분히 서러운데, "재수 없게 돈 없는 부모 밑에 태어나…"라 서슴없이 푸념하는가 하면, 시도 때도 없이 '세상 탓', '사회 탓' 하며 정작 스스로는 꿈쩍하지 않는 모습만큼 답답한 풍경도 없다. 칭얼대지 말자. 자기 몫을 기꺼이 받아들이는 사람이 어려움도 극복할 수 있는 법.

김성근 　어렸을 때 아버지하고 깊이 대화를 해본 적이 없어요. 동네 아이들과 놀이 같은 건 많이 했지만, 집안에서는 그런 게 없었어요.

신용관 　어린애답게 어리광을 부린 적도 없었나요?

김성근 　전혀. 가난하니까 먹고살기 바빴지, 애 장래를 생각해주는 게 없었잖아요. 본인들이 느끼면서 계발해나가는 거지. 원망도 없었고. 나 스스로가 살아가는 법을 하나하나 배워나갔고, 모든 걸 내가 계발했어요. 생존하기 위해선 내가 잘해야 되니까. 그래선지 이 나이 먹을 때까지 평생 남을 원망해본 적 없어요.

신용관 　믿을 건 나밖에 없다?

김성근 　기대를 안 했죠. 기대가 없으니까 원망도 안 하고. 집안이 어떠니 이런 거. 고등학교도 내가 해결해서 갔으니까. 학비도 아르바이트해서 내가 벌고. 우유배달이나 신문배달, 닥치는 대로 다 했죠. 인간으로서 기본적인 거 아니에요? 자기 힘, 능력이 없으면 살 수가 없죠.

신용관 　그런 면에서 감독님은 의지가 없거나, 인생의 목표가 불명확해 보이는 사람을 접하면 한심해 보이시겠네요?

김성근 　한심하다기보다 좀 불쌍해 보여요. 세상이라는 게 뭔지 모르고 있구나.

자기 것으로 만들라
자기화하라

각자에게 맞는 옷이 따로 있듯 타인의 지식이나 경험을 그대로 자신에게 적용하는 건 용이하지도 않을뿐더러 경우에 따라 매우 위험하기도 하다. 자기 그릇(역량)에 담을 수 있을 만큼만 담아야 하며, 나아가 내 취향과 성격에 맞게 변형시켜야 한다. 남에게 물려받은 옷을 어깨 폭과 팔 길이를 무시하고 그대로 꿰맞춰 입을 수는 없는 노릇 아닌가? 다시 김성근 감독의 말. "남의 걸 보고, 흉내 내고, 자기 걸로 만드는 게 중요하죠. 이 선수는 이게 참 좋다, 닮고 싶다, 하는 게 있으면 곧 흉내를 내요."

만족하는 순간
당신은 진 거다

쾌락의 양(量)뿐 아니라 그 질(質)도 중요시한 이른바 '질적 공리주의자'로서 존 스튜어트 밀의 면모를 가장 잘 드러내는 말은 "만족한 돼지가 되는 것보다는 불만족스런 인간이 되는 것이 낫고, 만족한 바보보다는 불만족스런 소크라테스가 낫다"일 것이다. (밀의 《공리주의 Utilitarianism》(1863)에 실린 원문은 이렇다. "It is better to be a human being dissatisfied than a pig satisfied ; better to be Socrates dissatisfied than a fool satisfied." 왜 이 문장이 '만족'이 아닌 '배고픔'을 기준으로 한 의역으로 바뀌었는지 참으로 알다가도 모를 일이다.)

안분지족(安分知足)에, 당연히, 발전은 없다. 매사 똑 부러지는 김성근 감독이 빠질 리 없다. "나는 만족이 없어요. 만족이라는 말을 제일 싫어해요. 사람이 후퇴하는 거예요. 만족이나 최악이나 똑같은 거예요. 만족, 타협, 한계. 이 3가지가 자기를 후퇴시키는 제일 문제되는 말들이에요. 프로세스에 얼마나 신경 써서 인생을 살아가느냐, 그게 중요해요. 전혀 소질 없는 사람, 1할이 안 되는 선수가 2할 5푼 치면 그게 성공이지요. 3할 치는 선수가 2할 8푼 치면 그건 아무 것도 아닌 거예요."

역시,
독서만 한 게 없다

이 조언은 신물이 날 정도로 들었을 것이다. 허나 독서는, 명백히, 능력이다. '독서력'이야말로 아무리 강조해도 지나치지 않고, 아무리 방점을 찍어도 여전히 부족하다. 누구에게나 공개돼 있는, 사회적 성공인들의 공통된 성공 비책(秘策)이자 필살기인 것이다.

최인아 고문도 "20대 대학생이나 청춘에게 피와 살이 되는 말 한마디"를 부탁하자 다독(多讀)을 강조했다. "많이 읽어라, 그게 최고다, 라는 말을 하고 싶어요. 스마트폰의 확산 속도를 보면 잘 알 수 있다시피, 한국 사회가 너무 최신만 따라가다 보니 우리가 그동안 이뤄놓은 것을 무시하는 경향이 심해요. 온고이지신(溫故而知新)에서 '온고'가 전혀 없어요. 우리네 짧은 인생에서 모든 분야에 걸쳐 다 알 수는 없지 않습니까? 무조건 많이, 깊이 읽어야지요."

현정화 감독도 선수 시절, 온몸이 파김치가 된 상황에서도 책을 손에서 놓지 않았다. "책을 많이 봤어요. 오히려 지금은 시간 없다는 핑계로 더 안 보지만요. 어렸을 땐 유일하게 할 수 있는 게 책을 보거나 음악을 듣는 것이었으니까요. TV는 방마다 있는 게 아니었으니까 이동해서 봐야 했거든요. 책을 읽다가 졸리면 자고 그랬죠. 책 보다가 좋은 글귀들을 만나면 마음이 좋아져요, 기분이. 책에는 또 저를 차분하게 만들어주는 글귀들이 많았어요." 놀랍지 않은가? '매 앞에 장사 없다'고 하루 종일 숨이 턱에 차도록 뛰어 놓고 책이라니.

민음사 박맹호 회장도 다음과 같은 말로 독서가 가진 힘을 강조했다. "늘 사람들이 책을 안 읽는다고들 말하지요. 그런데 한국 정도 인구 규모만 해도 언제나 10만 명, 더 축소하면 3만 명 정도는 계속 책을 읽습니다. 이 사람들이 결국 사회를 끌고 나가고, 사회를 지탱해 나가는 힘이에요."

가슴에 신념 하나씩
새겨라

굳이 철저한 신념까지는 아니어도 좋다. 그냥 삶의 모토라고 부르자. 생활의 지침이나 나침반 하나쯤은 간직하고 있어야 헷갈리지 않고, 사는 보람마저 느낄 수 있다.

표창원   제 마음속에 자주 떠올리는 말이 있습니다. 이 세상을 떠날 때 당당하고 떳떳한 마음으로 떠나자. 계속 그런 말을 상기시켜요. 물론 저 또한 여러 세속적인 목표를 많이 갖고 있지요. 책도 많이 내고 싶고, 누구보다 기여도 많이 하고 싶고, 명예도 얻고 싶고, 또 우리 애들 잘 공부시키고 싶고, 할 수 있는 한 돈도 많이 벌고 싶고. 하지만 그 모든 현실적인 유혹에만 휩싸여 있다면 내가 대단히 부끄러운 모습이 될 수 있겠죠. 그런 걸 경계하고 싶어요. 그래서 어떤 결정이나 선택의 순간에도, 내가 이 세상을 떠날 때 과연 후회하지 않고 떳떳하고 당당한 모습으로 떠날 수 있을까를 늘 생각하죠.

유진룡   문화산업국장 이후 자청해서 1년 동안 미국에서 해외연수를 하면서 나름대로 열심히 공부하고 고민하며 결론을 얻었지요. 공무원의 업무엔 무엇보다 '신뢰'가 가장 중요하다는 것을. 청렴에 대한 신뢰, 저와 우리 동료들이 공정하고 효율적으로 일하고 있다는 것에 대해 우리 직원들, 나아가 관련된 업계의 많은 사람들이 신뢰를 갖는다는 것이 가장 큰 자산이었다는 생각이 들더라고요. 어떤 사회나 그렇지만 전문 지식보다도 중요한 것은, 가장 기본적인 신뢰 관계가 과연 형성돼 있는지가 관건이라는 거죠.

조경란   사람은 누구나 많은 '겹'을 갖고 있잖아요. 저는 우리가 그런 존재라고 생각해요. '긍정의 나'와 '부정의 나'가 항상 충돌하고 있어요. 그래서 저의 첫 번째 멘토는 긍정의 나예요. 그래서 언제나 부정의 나가 승(勝)하려고 할 때 긍정의 나가 저를 이끌어주죠. 그동안 여러 번 문학을 포기하고 싶었던 때마다 긍정의 나가 '아니야, 여기서 멈추면 안 돼, 조금 더 가봐, 처음에 문학을 시작했을 때를 생각해 봐'라고 저한테 속삭이는 거죠. 하지만 대부분 부정의 나가 힘이 세지요. 괴롭고, 포기하고 싶고, 다 놔버리고 싶고, 때로는 죽음도 생각하고, 늘 두려움에 시달리고, 술에 취해 있고. 하지만 지금까지 결정적인 순간에는 부정의 나보다는 긍정의 나가 저를 이끌어줬어요. 내가 어떻게 살아야 할지를 알고 있는, 책을 많이 읽은, 이성을 유지하고 있는, 저를 빛 쪽으로 이끌어내려 하는 긍정의 나가 저의 첫 번째 멘토인 것 같아요.

심재명   영화계를 보면 '나는 언젠가 감독을 꼭 하고 말겠어' 이러면서도 데뷔를 못하는 분들도 있고, 한 편의 영화를 만들고 나서 그 이상의 영화를 하지 못하는 분들도 있거든요. 참 무책임한 말일 수 있겠지만

'자기의 역량과 능력에 대해 굉장히 냉정하게 바라봐라', 이런 얘기를 하고 싶어요. 영화 일이라는 게 운도 많이 따라야 하지만, 무엇보다 개인의 능력이 무척 중요하든요. 학연·지연·혈연, 이런 것보다요. 그런 면에서 자신의 능력을 냉정하게 바라보는 객관적인 시각을 꼭 갖췄으면 좋겠어요. 아니면 떠나야죠, 과감하게 포기하고.

3/

사실 이 책을 위해 만났던 사람은 본문에 실린 14명 외에도 한 명이 더 있다. 김문수 경기도지사다. 그러나 이런 저런 이유로 책에서 제외해야 했다. 사회적으로 다소간 논란이 있었던 탓도 있지만, 무엇보다 강권에 가까운 편집자의 설득 때문에 아쉽게도 실을 수 없었다. 인터뷰를 위해 귀중한 시간을 할애해 주신 김 도지사께 면목이 없다.

하지만 나는 여전히 그가 이 시대 젊은이들에게 좋은 멘토 역할을 해줄 수 있는 사람이라고 생각한다. 특히 김 지사와 나눴던 이야기들은 혼자 기억하기에 너무 큰 미련이 남아 고집을 부려 본문이 아닌 이 자리에 짧게나마 싣는다. 정치적 성향을 떠나, 편견을 버리고 그의 이야기에 귀 기울여 보기를 권한다. 대중적 · 일면적 평가 이면에 가려진 그의 인간적 면모와 삶의 결을 느낄 수 있다면 더욱 좋겠다.

김문수는 우리 정치사에서 매우 독특한 위치를 차지하는 정치인이며, 꽤 중요한 역할을 수행할 인물이라는 점을 필자는 강조하고 싶다.

노동운동과 진보 정치 운동으로 일관된 40대 초반까지의 굴곡진 역정과 이후 여당으로의 전향, 잇단 승승장구는 잘 알려진 바다. 다음은 2013년 3월 수원 경기도지사 공관에서 가졌던 관련 인터뷰.

김문수 대학 들어와서 운동권의 혁명가로 바뀌게 되는 데 가장 큰 영향을 미친 게 안병직 교수님이라고 봐야죠. 서클 선배인 심재권(현 민주당 의원), 상과대학 선배인 고(故) 김근태 등의 영향도 있었지만 결정적으로 영향을 미친 건 안병직 교수예요. 나보다 열세 살 많으니 상당히 어른이죠. 제가 제적당하고 굉장히 방황을 많이 했어요. 그때 안 교수님이 "꼭 대학을 다녀야 하는 건 아니지 않냐. 대학 안 다니고도 얼마든지 당신들 하는 일 할 수 있지 않느냐" 이랬고, 나더러 이제 "공장에 가서 노동운동 같은 거 할 수 있다"라며 소개를 해줬어요. 그래서 대학은 못 다니지만 공부를 하면서 노동운동의 필요성 같은 걸 느꼈죠. 상당히 관여도 했죠. 청계천에서 재단 보조, 미싱 기술도 배우고 자동차 정비, 운전면허도 따고. 청계천에서 취업을 하게 된 거죠.

필자는 "학교 다니지 말고 노동 현장에 들어가라"고 조언한 안 교수도 놀랍지만, 그 말을 전적으로 수용한 가난한 '깡촌' 출신의 수재가 더욱 경이로웠다. 분신자살, 투신 등 한국 학생운동사 가운데 가장 극단으로 치달았던 시기에 대학 생활을 한 필자로서 단언하지만, 민주화를 향한 각종 운동에 매진하고 수감 생활을 하는 것과, 체제 전복을 목표로 노동 현장에 뛰어들어 활동가가 되는 건 완전히 질이 다른 일이다. 범인(凡人)은 흉내조차 낼 수 없는, 인생의 방향을 송두리째 바꾸는, 격이 다른 일인 것이다.

신용관　노동운동이나 사회주의 운동에서 강조하는 게 실천성이고 사상과 행동의 일치일 텐데, 20대 초반의 혈기방장한 서울 상대생의 입장에서, 안병직 교수는 속된 말로 누릴 거 다 누리고 있으면서 "너는 공장가라, 너는 운동해라" 하면 반감이 들지 않았나요?

김문수　그래서 나도 물어봤는데 자기는 나이가 많아서 안 된다고 하더라고. 안 교수는 대신에 운동권의 멘토 역할을 계속 했어요. 자기 전공은 경제학이잖아. 경제학을 넘어서서 사회를 어떻게 보고 어떻게 살아가느냐에 대해서 끊임없는 멘토 역할을 한 거지.

신용관　안 교수님이 김 지사님이 의원 3선하는 동안 힘도 실어주시고, 특히 6·15 남북 공동선언이 있은 후 지사님께 "햇볕정책보다는 북한 인권에 주목하라", 이런 조언을 하신 적이 있다고 합니다만?

김문수　그렇게 된 것이, 아무래도 국제적인 정세를 많이 아시니까. 동경대학에도 오래 계셨고. 일본에서 오래 생활하시다가 조총련을 만났나봐. 북에서 파견된 사람들이 접선을 많이 해와요. 안 교수가 운동권과 가까웠다는 걸 저쪽에서도 아니까. 그런데 이야기를 나눠보면 저쪽 수준이 한심하다는 거야. 공부 안 한다는 거야. 북에서는 사회주의·공산주의 혁명이론, 이걸 아는 놈이 없다는 거야. 나는 감옥에서 좌익사

범 살았거든. 광주교도소 전부 좌익사범이야. 남파 간첩들하고, 제일교포 간첩 등. 제일교포 간첩이 제일 많이 알죠. 교토대학 출신, 이런 친구들은 공부를 좀 했어요. 북에서 내려온 사람들은 완전 깡통이야. 진짜 문제죠. 오직 수령님밖에 몰라요. 그러나 순수하지, 사람들이. 한번 수령님은 영원히 수령님이야. 아무 이론이 필요 없어요.

김문수의 이력에서 필자가 특히 밑줄을 긋고 싶은 대목은 바로 1990년대 중반 전격적인 정치적 전향의 사유다.

신용관　그때 안병직 교수님은 어떤 조언을 하셨나요?

김문수　중진국 자본주의론. "우리나라는 선진국은 아니지만 망한 것은 아니다." 그전까지는 자본주의 붕괴론이었어요. 자본주의가 붕괴하고 반(半)자본주의적인 사회주의가 되든지. 북한 같은 나라는 아니지만. 중진국 자본주의도 일리는 있지만 나는 별로 매력을 못 느꼈어요. 좀 미적지근한 이야기죠. 그래서 나는 어떻게 하든지 이 사회를 빨리 민주화시키고 민중이 평등한 제대로 된 사회를 만드는 게 꿈이었으니까. 이 양반이 나하고 이야기하면서 몇 가지 큰 줄기를 던져줬지. 토론하다 보면, 이 사람은 친절하게 상세한 설명도 안 해줘. 몇 개 탁탁 던져주는데 내가 가만히 생각해보고 맞다 싶으면 받아들이고 아니면 안 받아들이고. 그러던 중 1994년에 김영삼 대통령 쪽에서 정치를 같이 해보지 않겠느냐는 제안이 왔어요. 그래서 내가 안 교수도 만나보고

임무현(서울공대 화공과를 졸업하고 상과대학에 학사편입해서 운동권이 된 인물. 현 대주전자재료 회장) 선배나 그때 활동하던 사람들 만나보니까, "하자" 이거야. "김영삼을 어떻게 볼 거냐. 김영삼이 파쇼냐? 그건 아니다. 군사정권을 청산하는 건 틀림없는 것 같다." 소위 '문민화(文民化)'였죠. 자본주의 극복 문제의 경우, 안 교수 생각은 이랬거든. "자본주의가 불만스럽지만 나름대로 발전을 해 나가는 거다. 조금 더 평등하고 공평한 쪽으로 제도를 바꾸면서 우리 이상에 맞는 모델로 계속 변화·발전해 나갈 것이다. 한국 자본주의도 쉽게 안 망한다. 지금 상당히 성공하고 있다. 그렇다면 김영삼이나 김대중이나 거기서 거기지 다를 게 뭐 있냐. 잘해보자. 우리가 김영삼, 김대중보다는 좀 더 래디컬radical하겠지만, 우리도 그렇다고 사회주의 혁명을 하자는 것도, 북한처럼 하자는 것도 아니지 않냐. 그렇다면 못할 게 뭐 있냐. 들어가서 민주주의 해보면 되지 않냐." 그래서 당시 민자당에 들어가게 된 거지.

한편 김문수 지사는 도지사 재임 기간인 2009년에 한국매니페스토 운동본부에서 평가하는 공약이행도 평가에서 1위를 차지한 바 있다. 정치인은 정책으로 말해야 한다.

신용관 공약 이행 2년 차 목표달성 최우수, 주민소통–민관협력 최우수, 웹 소통 최우수…. 사실 도지사님이 대권 도전도 하셔서 정치인 김문수로는 사람들에게 이미지도 있고 나름의 평가들도 하지만, 경기도

민이 아닌 다음에는 도지사 김문수에 대해서는 상대적으로 잘 모르는 것 같습니다. 도지사 역할 하면서 견지하고자 한 자세 같은 게 있으실 텐데요?

김문수 내가 도지사 하면서 벌인 일 중에 '무한돌봄 사업'이라고 있어요. 지금도 복지제도가 150가지가 넘는데, 진짜 없는 사람들한테는 150가지나 되는 복지제도가 아무 도움이 안 돼요. 노숙자들한테 가보면 주민등록이 없어요. 그럼 그 사람들에게는 해당이 안 돼요. 그게 있어야 150가지 혜택을 받을 수 있는데. 예컨대 시골서 올라와서 수원역에 노숙하고 있는데, 아프면 의료보험이 있나요, 주민등록이 있나요? 아무것도 없잖아요. 이럴 때 이 사람들을 도와줄 수 있는 게 무한돌봄이에요. 칸막이 없이, 조건 없이, 주민등록도 없이, 어떤 경우든지 현장에서 판단해서 지원해야 하는 모든 예산과 조치를 무제한, 무조건 취합시키고, 굉장히 유연하게 개인 맞춤형으로 진행했어요. 지금까지는 '제도 맞춤형' 복지예요. 예를 들면 산재보험에 가입한 공장에서 업무상 재해를 입었을 때 산재라고 판정하고 제도에 맞춰서 그 사람이 해당되는지를 판단하지만, 실제로는 제도에 안 맞는 사람들이 수두룩하더라고요. 근데 복지의 본뜻은 그런 게 아니잖아요. 제도 맞춤이 아니라 '사람 맞춤형' 복지제도를 만든다는 게 무한돌봄이죠. 이게 아주 획기적이지요. 발상 자체가 완전히 다른 거니까.

신용관 젊은 시절부터 노동운동을 하신 경험이 바탕에 깔린 발상인 듯합니다.

김문수 내가 살아보니까, 모든 제도라는 게 '바닥'에는 소용이 없는 거더군요. 일정한 급에 올라간 사람이 그 제도의 혜택을 받을 수 있어요. 노조라는 것도 집에 앉아 가내수공업을 한다면 노조라는 거 자체가 듣도 보도 못한 일이 되거든요. 우리나라는 조직이 10%가 안 돼요. 90%는 노동을 하지만 노조 자체와 관계가 없어요. 진짜 가난한 노숙자인데, 가난한 한센인인데, 이들이 복지의 대상이 안 되는 거지요. 희한하지. 바닥에 들어가면 제도가 위에 떠 있는 거야. 바닥에서부터 제도가 올라와야 되는데. 왜 이렇게 됐느냐, 탁상행정 때문이죠. 그래서 나는 늘 현장 가 있거든. 나는 공무원들 전부 데리고 현장 가잖아. 모르는 게 수두룩하니까. 여성, 모자, 중소기업, 비정규직, 이런 건 제도로 사용하는 개념인데 현장 가면 이 모든 게 다 뒤엉켜서 제도와 상관없는 현장이 생생하게 벌어지지요. 그런 점에서 현장이 중요하고. 내가 밑바닥에 대해서는, 심지어 진보당까지 합쳐서, 어느 정당보다도 내가 더 정통하다고 생각해요. 나는 어디에서, 누가, 왜 울고 있는지 다 들리지.

현장을 중시하는 행정은 공교롭게도 2011년 12월 이른바 '119 상황실' 사건을 낳았다. 김 지사가 암환자 응급 이송 체계를 묻겠다며 119 상황실에 긴급전화를 걸었으나, 결과적으로 관등성명만을 요구하는 해프닝이 되어버렸다. 원리 원칙에 충실하다 보면 더러 예상치 못한 부작용을 낳기도 한다. 본인도 이 사건을 통해서 배운 점이 많았다고 한다. 그를 한 번이라도 만나 본 사람은 알겠지만, 그는 말 그대로 '의지의 표상' 같은 인물이다. 멘토 안병직 교수가 멘티mentee 김문수의 덕목 3가지로 '정직, 부지런함, 용기'를 꼽은 적이 있을 정도다. 대중들은 포용력, 유머감각, 유연성, 협상력을 갖춘 정치인을 더 좋아하지만, 한국 정치판에 필요한 덕목은 바로 (돈 앞에서의) 정직, (법안 개발의) 부지런함, (소속 정당의 압력에 저항할) 용기 등을 갖춘 정치인이다. 나는 그렇게 믿는다.

4 /

멘토의 위상에 대한 인터뷰 가운데 가장 특이한 대답 중 하나는 유정아 아나운서의 입에서 나왔다.

유정아　아주 깊은, 멘토와 멘티 관계는 위험하다고 보는 거죠. 저로선 어떤 사람의 사상이나 행동 등에 완전히 몰입되는 게 그 사람의 인생을 더 크게 하는 데 도움이 되는지 잘 모르겠어요. 그래서 학생들 상대로 강의할 때도 내가 동등한 입장에서 뭘 얘기해줄 수 있나 고민해요.

신용관　그러니까 '너를 이끌어줄 멘토를 찾으려 애쓰지 말고….'

유정아　"네 자신 안에서 괜찮은 것들을 꺼내려 애써라."

신용관　자기를 계속 지켜보면서?

유정아　사실 자기 안에서 좋은 것들을 끄집어내는 방법을 일러주는 게 가장 좋은 교육이죠. '아레테arete'라는 단어가 있잖아요, 플라톤이 쓴 《소크라테스의 변명》에 나오는. '덕(德)'으로 번역되는데 덕이라는 말로는 다 담기가 어려운, 어떤 존재든 갖고 있는 그 존재만의 탁월함.

역시 나이는 그냥 먹는 것이 아니며, 책을 많이 접한 사람은 그 사고 반경이 일반인들과 달라도 한참 다르다. 이 책이 갖춘 가장 큰 아레테는 바로, 그 다양성을 담보하고 있다는 점일 것이다.

애초 의도보다 훨씬 길어진 프롤로그, 논어로 시작했으니 맺음도 논어로 하겠다. '자장(子張)' 편에 이런 얘기가 나온다.

위나라 공손조가 자공에게 물었다.

"중니(공자)는 어떻게 배웠습니까?"

자공이 말했다.

"문왕과 무왕의 도가 땅에 떨어지지 않고 사람에게 남아 있습니다. 현명한 자는 그중에서 큰 것을 기록하고, 현명하지 못한 사람은 그중에서 작은 것을 기록하고 있으니 문왕과 무왕의 도가 아닌 것이 없습니다. 그러니 선생님께서 어디선들 배우지 않았겠으며 또한 어찌 일정한 스승이 있어야 했겠습니까? (夫子焉不學, 而亦何常師之有)"

이른바 '학무상사(學無常師)'를 말함이다. "스승 없이 배울 수 없었으나, 또한 영원한 스승 없이 배웠다"는 뜻이다. 이 책의 독자들이 이번 멘토들로부터 많이 배우고, 아무 미련 없이 그 그림자에서 벗어날 수 있게 된다면 필자로선 더 바랄 것이 없다.

최인아

제일기획 상임고문

아버지와 인도,
정반대 세계의 가르침

요즘 제가 제일 후회되는 것, 후배들에게 조언해줄 기회가 올 때마다 하는 말은, 무엇보다 '즐기면서 일하라'는 거예요. 광고의 목적 중 하나가 '보는 재미'인데, 정작 저는 그 재미를 전혀 못 봤으니, 사는 게 참 아이러니하지요.

제일기획은 수십 년째 대졸자들이 가장 선망하는 인기 직장의 하나다. 회사 이름 그대로 국내 제1의 광고회사이자 26개국, 31개 도시에 지부를 두고 있는 글로벌기업이기도 하다. 최인아 전 제일기획 부사장(국내부문 부문장, 현 제일기획 고문)은 지난 2000년, 제일기획은 물론 삼성 전체 그룹을 통틀어 여성으로는 처음으로 '기업의 별' 임원을 단 인물이다. 총 35만 명인 삼성 임직원들 사이에서 '전설'로 통한다.

최 부사장은 지난 28년 동안 광고라는 비정한(제작자·공급자의 입장) '판타지'(수용자의 입장)의 세계를 만들어왔다. 관리자가 되기 전에는 카피라이터로 업계에 이름을 날렸다. "그녀는 프로다. 프로는 아름답다"(베스띠벨리), "당신의 능력을 보여주세요"(삼성카드), "요즘 자꾸 빨간색이 좋아져요"(홍삼원), "20대여, 영원하라"(엔프라니), "모든 것을 할 수 있는 자유, 아무것도 안 할 자유"(클럽메드), "지도 위의 대한민국은 작은 나라지만 구석구석 다녀보면 참 큰 나라"(SK 엔크린), "운전은 한다, 차는 모른다"(SK 스피드메이트), "당신의 향기가 자꾸자꾸 좋아집니다"(맥심)…. 주요한 것만 추려도 일일이 세기에 벅차다.

인터뷰는 이태원에 있는 제일기획 본사 10층 집무실에서 진행됐다. 4면 중 2개 면을 바닥부터 천장까지 통유리를 낸, 영화나 드라마에서나 본 완벽한 CEO 집무실을 닮았는데, 언덕 저편으로 삼성의 리움 미술관과 공시지가 기준 전국 시가 최고라는 이건희 회장 자택이 보였다. 사람들이 왜 기를 쓰고 출세라는 걸 하려 하는지 단박에 느끼게 해주는 경관이라….

검은색 톤으로 차려 입은 최 부사장의 외모는 초면이었다면 실제 나이보다 젊어 보였겠지만, 오래 전부터 구면인 필자로선 간혹 눈에 띄는 흰머리와 더불어 세월의 흐름을 절감하게 만들었다.

신용관　　지금 20~30대 젊은 층에 자의든 타의든 멘토 역할을 하고 있는 각계각층의 분들을 만나 정작 그들의 멘토는 누구였는지 묻는 자리입니다. 사람에 따라서는 칸트나 사르트르 같은 사상가일 수도 있고, 학창 시절의 선생님일 수도, 친구일 수도 있겠지요. 아니면 뭐 영화 〈아저씨〉의 원빈일 수도 있겠고요. '불의에 대한 철저한 응징'의 현현(顯現)으로서 말이지요. 심훈의 농촌소설 《상록수》의 박동혁일 수도 있고…. 최 부사장님의 멘토는 누구인지요?

최인아   좀 다르게 이야기를 시작해보려 해요. 저는 외모는 엄마를 빼 박았어요. 그리고 얼마 전까지만 해도 저는 '엄마 딸'인 줄 알았어요. 그런데 속을 보니까 '아버지의 딸'이라는 걸 최근에야 깨닫게 됐죠. 우리 아버지의 딸이라는 것은 일종의 완벽주의자가 되어야 한다는 걸 의미해요. 실수는 용납되지 않아요. 아버지는 어떤 문제에 봉착하면 제1안을 내고, 그 1안이 안 통하면 2안을, 또 2안이 안 되면 3안을 계속 마련해서 어떻게든 과제를 해결해야 한다고 어릴 때부터 강조하셨어요. 그래서 저는 세상 사람들이 다 그렇게 사는 거라고 자연스레 생각하게 됐지요. 결국 제 멘토는 아버지인 셈입니다. 저의 소프트웨어를 만든 중요한 사람이 아버지니까요. 지금까지의 제가 이렇게 작동하게끔 만든.

신용관   멘토치곤 꽤 강압적(?)인 분이군요.(웃음)

최인아   그렇지요. 아버지는 공부 못하면 공장에 가서 기술을 배우라고 계속 협박하셨으니까.(웃음)

신용관   아버님이 학창시절 공부를 아주 잘하셨나 보죠? 아니면 반대로 가난 때문에 공부할 기회를 놓쳐 포한이 맺히셨거나.

최인아   그렇진 않아요. 대학도 나오시고. 평생 사업을 하셨는데. 자존심이 굉장히 센 분이세요. 어머니가 두 손 두 발 다 드셨으니까. 그런 아버지 성향이 은연중에 제 몸에 배서, 저를 계속 앞으로 나가게 만든 추동력이 된 듯해요. 얘기하기 좀 주저스럽지만, 저란 인간은 싫어하는 건 아무리 뭘 갖다 줘도 안 하는 사람인데, 일단 해보자 하면 무슨 짓을 해서든 잘해내려고 발버둥 치니까요.

"결심하면 어떻게든 해내는 근성, 아버지에게서 훈련받았죠"

신용관　언뜻 보기엔 광고회사와 어울리는 편이 아닌 듯합니다. 잘해내겠다는 직원들로 가득 찬 회사라 경쟁도 심할 테고, 게다가 광고회사가 요구하는 적극적이고 발랄한 성격이 전혀 아니신데요. 오히려 혼자 일하는 시간이 많은 출판사 편집자나 학자 스타일이신데, 용케 버티셨네요. 전공도 정치외교학이고.

최인아　뭘 하든 잘해야 한다는 '지침'은 예상보다 훨씬 더 스트레스풀stressful합니다. 신 기자님도 다른 어느 직업보다 경쟁이 심한 기자 직군이니 누구보다 잘 아시잖아요. 웬만하면 다 이른바 'SKY(서울대·고려대·연세대)' 출신이고, 특히 광고회사는 아주 잘난 부모님을 둔 친구들이 많으니까요. 조르지오 아르마니, 살바토레 페라가모 같은 명품으로 도배를 한 직원들도 많고. 소박한 차림을 해야 마음이 편하고 자기 표현에도 서투른 저 같은 사람은 적응하기 힘든 조직문화죠.

신용관　오죽하면 직장 생활 초반에는 "당신은 카피라이터로서 자질이 없으니 하루 빨리 그만두는 쪽이 당신을 위해서나 회사를 위해서나 도움 되겠다"는 말까지 들으셨다죠?

최인아   그렇습니다. 실제로 지금까지 사표를 두 번 냈어요. 그저 수틀린다고 사표 던지는 타입이 아닌 제가 사직서를 냈을 땐 정말 딴 길을 찾겠다는 의지였지요. 그런데 그때마다 제 소속 부서장보다 높은 분들이 사표를 반려했어요.

신용관   야, 역시 '회사가 관리하는 직원'은 대우가 다르군요.(웃음) 적성에 딱 맞는다고 할 수 없는 직종에서 20년 넘게 일 잘한다는 소리 들으려면 심적 부담이 너무 크지 않나요?

최인아   지금 돌이켜보면 제가 다른 일을 선택했더라도 아마 못한다는 소리는 듣지 않았을 것 같아요. 그런데 철이 좀 들어서 생각해보니까, 일 잘하는 게 일을 즐겁게 하는 거와는 다르잖아요. 그런데 저는 즐거움과는 완전히 담을 쌓고 살았어요. 아예 접어놓고 살았더라고요. 미련할 정도로 짓눌려 있었기에 재미를 못 느낀 거지요. 그래서 요즘 제가 제일 후회되는 것, 후배들에게 조언해줄 기회가 올 때마다 하는 말은, 무엇보다 '즐기면서 일하라'는 거예요. 광고의 목적 중 하나가 '보는 재미'인데, 정작 저는 그 재미를 전혀 못 봤으니, 사는 게 참 아이러니하지요.

이쯤에서 현대 광고 산업의 특징을 잠깐 짚어볼 필요가 있다. 데카르트를 비틀어 '나는 소비한다. 고로 나는 존재한다'는 말을 만들어낸 사람이 누군지는 분명하지 않다. 그러나 지금 각 대학 언론정보학과·

커뮤니케이션학과에서 사용하는 '미디어'라는 용어와 가장 근접한 개념을 처음 제시한 이는 1964년 《미디어의 이해》라는 책을 낸 캐나다 학자 마샬 맥루한Marshall McLuhan이다. 맥루한은 "모든 매체는 인간 감각기관의 확장"이라고 보았고, "커뮤니케이션의 발전단계가 인류역사의 발전단계"라고 주장하며 '미디어는 메시지다The medium is the message'라는 명제(1964년 그가 낸 저서 《미디어의 이해》에서 처음 사용)를 창출했다.

맥루한은 미디어를 '뜨거운hot'것과 '차가운cool'것으로 나누었다. 핫미디어는 정보의 양이 많고 논리적이어서 수용자가 참여할 여지가 없다. 신문·잡지·라디오가 대표적이다. 반면 쿨미디어는 직관적이며 감성적으로 관여하는 경향이 있다. 정보의 양이 빈약하고 불분명하여 수용자의 적극적 참여가 필요하다. 그는 텔레비전을 청각과 촉각의 매체이며 쿨미디어라고 규정했다. 전화·만화도 쿨미디어로 분류했다.

다소 장황하게 맥루한의 이론을 요약하는 건 광고, 특히 TV 광고 얘기를 하기 위해서다. 맥루한이 미디어는 인간의 모든 감각에 호소하며 인간을 심리적으로 마사지massage한다는 뜻에서 '미디어는 마사지'라고 말했지만, 광고야말로 '메시지'이며 동시에 '마사지'인 대표적 미디어 형식이다. 신상품·새로운 브랜드에 대한 정보는 차치하고, 꿈에서나 볼 수 있는 미남과 미녀, 먼지 한 톨 없는 도회적 세팅, 높은 하늘과 푸른 초원, 세상의 행복은 모두 갖고 있는 듯한 밝은 표정과 웃음소리…. 잠시나마 비루한 현실을 잊게 하는 모든 것이 거기 있다.

광고는 쿨한 미디어 중에서도 가장 쿨한 장르다. 15초(한국)~30초

(미국) 안에 모든 것을 담아야 하고, 시청자의 뇌리에 잔영을 남겨야 한다. 그러지 못하면? 밥줄이 끊긴다.

신용관   광고회사의 여러 보직 가운데 카피라이터는 다른 어느 분야보다도 크리에이티브creative가 필요하지 않습니까?

최인아   엄청 필요하죠.(웃음)

신용관   그러면 그 크리에이티비티creativity를 끌어내는 데 아버님의 양육방식이나 자라온 환경이 간접적으로 영향을 미쳤습니까? 아니면 그거와는 전혀 별개의 요소가 있었습니까?

최인아   크리에이티비티는 좀 다른 문제인 것 같아요. 글쎄요. 대답이 되는지 모르겠지만, 아버지로부터는 뭐랄까, 인생을 살아가는 자세나 방식, 세계관을 받은 거 같아요. 다소 실용적인 측면에서요. 그런 건 제가 싫어하면서 배운 것 같아요.

신용관   욕하면서 배웠다는 건가요?

최인아   아버지는 충남 아산이 고향이고, 6남매 중 막내세요. 다혈질에 두뇌는 비상하신 분이지요. 사촌형제들이 서울에 와서 학교 다닐 때 저희 집에 와 있었어요. 당시 고등학생이니 놀고도 싶고 그랬을 거 아니에요? 그걸 두고 아버지가 무지막지하게 야단쳤어요. 때리기도 하고. 저는 옆에서 보고 저렇게까지 안 해도 되지 않나, 싶으면서도 저도 모르게 배우게 되더라고요. 제가 직장생활하며 부하직원들에게 아버지 같은 언행을 보이진 않았겠지만, 어쩌면 스탠스stance는 엇비슷하지 않았나 싶어요. 만약 그랬다면 그 직원들에게 지금이라도 사과하고 싶어요.

건설업계에서 일본 용어가 난무하듯, 광고업계와 IT 직종은 대부분 영어 표현을 쓴다. 영미권이 그 분야 첨단에 서 있다는 게 주된 이유지만, 광고업계의 경우엔 활자에 비해 영상이 그러하듯, 허영심이 적극 투영되는 분야라는 부차적 이유도 있다.

신용관　　부친이 왜 그렇게까지 엄하게 사촌오빠들을 대했을까요?

최인아　　아마도 마땅히 해야 되는데 안 한다는 거였겠죠. '네 아버지가 너를 서울에서 공부 시키려면 시골에 있는 네 동생들은…' 뭐 이런 거겠죠. 사촌오빠들은 결혼한 뒤에도 우리 집에 전화해서 "작은 아버지 계세요?" 물은 뒤, 안 계신 걸 확인하고서야 우리 집에 놀러왔어요. 무서우니까. 조금이라도 허튼 모습을 보이면 엄하게 야단치시니까.

신용관　　부사장님께도 부친이 공부를 열심히 해야 한다고 강조하실 때 뭐, "얘, 인아야, 앉아봐라" 하며 이런저런 조언을 많이 해주셨나요?

최인아　　그런 아버지는 아니었어요. 저에게 직접 이런저런 말씀을 해주시기보다 아까 말했듯 사촌오빠들이 혼나는 모습, 또는 당신이 책임감 있게 사는 모습을 보여주면서, 말하자면 일종의 '쓰리 쿠션'으로 영향을 주셨죠.(웃음)

한쪽이 옳고, 다른 쪽도 옳을 수 있는
다원성을 알게 한 인도

신용관   아버지 외에 영향을 크게 받은 인물은 없나요?

최인아   음, 커가면서 바뀌었는데, 제가 10대 때는 존 F. 케네디라는 사람한테 많이 꽂혔어요. 케네디들의 엄마가 쓴 케네디 가(家)에 대한 얘기가 크게 와 닿았어요. 그들이 최초로 뭔가를 한다든가, 한 번도 해본 적 없던 걸 시도한다든가 하는 게 상당히 저를 흥분시켰어요.

신용관   너무 추상적인데, 도전성 같은 것을 말하나요?

최인아   그럴 수 있어요. 케네디 가에 대한 얘기를 읽으면서 꽂혔던 게 '2등부터는 다 실패자다', 이런 메시지였죠. 그래서 저랑 맞았는지도 몰라요. 존 F. 케네디라는 사람이 리더로서 갖춘 자질이, 사람들을 막 흔들어 깨우는 능력이 있어요. 그게 10대 때는 물론 대학 시절과 제일기획에 들어온 이후에도 저를 흥분시켰지요.

신용관   공교롭게도 삼성이 그룹 차원에서 한때 광고 카피로 쓰기도 한 "2등은 기억되지 않는다", 이게 속된 말로 얼마나 재수 없는 얘기예요.(웃음) '개그콘서트'에서 "1등만 기억하는 이 더러운 세상"이라 써먹기도 했고.

최인아   그렇죠, 밥맛이죠.(웃음)

신용관   그래서도 즐겁게 일하지 못하신 듯하네요.

최인아   맞아요. 30대 중반을 넘겨서야 눈을 조금씩 떴어요. 이게 전부가 아니구나, 내가 너무 한쪽 날개로 날고 있구나, 1등이 아니어도 그 못지않은 가치들이 많이 있을 수 있는데, 라고. 그 계기가 된 게 인도 여행이에요. 지금이야 회사 다니다가 중간에 휴직하는 사람들이 많아졌지만 제 젊은 시절에는 그렇질 못했어요. 그런데 저는 8년차가 된 1991년에 휴직을 했어요. 그리고 두 달을 당시로선 드물게 인도 배낭여행을 갔지요. 가서 많이 놀랐습니다. 제가 그때까지 살아온 '논리적' 세상에서는 이게 맞으면 저거는 틀리는 거였어요. 그런데 가서 보니까, 정반대 방향으로 달리는 두 가지가 함께 존재 가능할 뿐 아니라 둘 다 진실일 수 있더라고요. 그 사실이 제게 정말 큰 영향을 끼쳤어요. 그래서 네 멘토가 뭐냐는 질문에, 그게 꼭 사람에 국한된 게 아니라 어떤 경험도 포함된다면, 인도 2개월의 경험이 제 멘토가 됐어요.

신용관　야, 이거 뜬구름도 보통이 아닌데요. 좀 명석하게 언명화해주시지요. 두 달 동안 인도 전역을 돌아다니면서 아, 앞으로 이게 나를 바꾸겠구나, 또는 한참 지나서 아, 그때 내가 바뀌었구나, 자각하게 됐을 때, 그게 정확히 뭐였죠? 마음의 비움 같은 겁니까?

최인아　제가 예전에 썼던 책에 끼적인 게 있긴 한데, 이런 겁니다. 그동안 그렇게 잘해야지 잘해야지 하고 살아왔는데, 갑자기 인도에서 머리를 한 대 얻어맞은 거예요. 이거 아니면 또 뭐지? 이곳 아니면 또 어느 곳이지? 아니야, 이렇게 더 이상 살기는 어려워, 그런 거. 한마디로 '엥꼬'가 난 거죠.(웃음)

신용관　수년 전에도 갑자기 사표 내고 산티아고에 다녀오셨지요?

최인아　　2006년이었습니다. 다 내려놓고 싶었어요. 물론 그 이후에 복직하고 달라진 건 없지만. 그때 교훈을 지금도 찾고 있어요. 그게 뭐였을까, 하면서.

달리는 말에서 내리지 말라

신용관　　아까도 말씀 나눴다시피, 어느 나라든지 광고 분야야말로 가장 가볍고 최첨단이어야 하는 곳인데 최 부사장님은 그런 과(科)가 아니신 듯해요.

최인아　　맞아요. 저도 그게 참 난센스라고 생각해요. 젊은 시절 이 대목이 저의 심각한 고민이기도 했는데, 왜냐면 끼·감각·순발력이 광고의 모든 것으로 통하고 있었으니까요. 하지만 저는 끼나 감각을 키우려는 노력 대신, 과연 사람을 움직이는 게 끼나 감각만으로 될까 의문을 품었습니다. 그러곤 제 방식으로도 통할 수 있음을 보여주겠다고 오기를 가졌지요. 저는 저 자신을 찬찬히 들여다보았고, 세상 '밖'으로 안테나를 세우는 대신 제 '안'으로 걸어 들어갔습니다. 거기에 한 사람이 있었고, 저는 저를 거울에 비추며 사람들이 어떻게 생각하고 움직이며 반응하는지를 생각하고 또 생각했습니다. 여럿을 보는 대신 하나를 깊이 보고 숙고한 거죠. 그리고 마침내 겉으로 보이는 차이들에도 불구하고 맨 안쪽에 자리 잡은 핵심과 의미, 가치를 제가 빨리 그리고 제대로 보고 읽어낼 줄 안다는 걸 알았습니다. 말하자면 통찰력이 었지요. 요즘 많이 얘기하는 인사이트insight였습니다. 광고가 움직여야 할 상대가 늘 10대만 있는 건 아니어서 저희 분야에서도 이런 능력은 꽤 중요했습니다. 저는 기상천외한 것을 만들어내지는 못했지만 공감 가는 메시지를 찾아내고 발견해서 설득력 있게 커뮤니케이션하는 건 제 법 잘했지요. 해서, 저희 회사에서 저는 '컨셉추얼리스트(conceptualist, 개념론자)'로 통하게 되었고, 단지 튀는 광고가 아니라 솔루션이 필요한 일들은 저를 많이 찾게 되었습니다. 이렇게 해서 조금씩 제 자리를 찾 아가게 되었던 거지요.

신용관　　관련지어서, 최 부사장님은 어느 분야에 계시든 항상 10% 안에 들 정도로 말수가 적고, 좀 올드패션드old-fashioned하고.(웃음) 여하 튼 현상보다는 본질 쪽을 더 고민하시는 것 같습니다. 실제로도 그렇 다고 알고 있고요. 그런데 어떻게 대한민국에서 제일 좋다는 제일기획 에서 제일 위까지 올라갈 수 있었는지 많은 사람들이 궁금해하거든요.

최인아　　물론 그건 제가 잘난 것도 있지만(웃음), 많은 부분이 시대의 산물일 거예요. 자기 일을 잘하면서도 선함을 잃지 않는 것, 그것이 진 짜 스마트하고, 인텔리전트하다고 저는 생각해요. 바로 그걸 잘 알고 있고, 또 실천할 수 있었던 점이 요인이었던 듯해요. 예를 들면 임원이 됐을 때 '아, 내가 진짜 잘하나 봐', 이렇게 생각하는 건 바보 같은 짓 이에요. 제가 조금 나았던 거는 '아, 내가 남자였으면 나를 안 시켰을 거야'라고 생각했다는 점입니다. 그 얘기는, 물론 내가 아주 일을 형편

없이 하는 사람 같았으면 아예 대상도 안 됐겠지만, 저의 희소가치라는 게 있는데 그때의 화두나 트렌드가 점점 바뀌면서 어드밴티지 advantage를 딸 수 있었다는 거지요. 쉽게 말하자면 제가 만약 지금보다 10배쯤 뛰어난 인물이었다 해도 50년 전에 태어났다면 이런 기회는 제 것이 아니었을 거라는 거예요. 그리고 50년 후에도 마찬가지일 거고요.

신용관　　30대 초반 직장인으로 현재 직장에 회의를 느끼는 후배들에게 한 말씀 하신다면?

최인아　　'달리는 말에서 내리지 말라'는 말을 먼저 하고 싶네요. 물론 저도 내릴 뻔한 적 있지만. 나이 50이 넘은 지금 돌이켜보면, 인생이란 게 내 마음대로 안 되더라고요. 여자대학 출신에, 정치외교학 전공에, 이 나이 되도록 미혼에, 광고회사에, 어느 하나도 제 라이프 플랜에 들어 있던 것이 없어요. 인생 길게 보셔야 합니다. 그리고 한 템포 늦출 필요가 있어요. 특히 이런 불황과 불확실성의 시대에는. 가진 것부터 잘 챙겨야 합니다. 그나마도 없어지면 전혀 다른 맥락에 놓이게 되거든요.

신용관　　자신의 현재 모습에 깊은 회의를 가진 이들에게, 그런 처방이 과연 설득력 있을까요?

최인아　　대개는 자신이 원하는 게 뭔지 정확하게 모르는 경우가 많기에 사태가 심각하지요. 제가 그랬듯이. 이 회의감이 본질적인 것인지 처우에 관련된 것인지부터 확실히 해야 합니다. 일은 자신과 맞는데 열심히 한다고 될지, 비전이 있는지가 문제라면 우선 자신을 믿고 담

대해져야 합니다. 사람들은 흔히 어떤 보장만 주어진다면 뭐라도 하겠다고 말하는데 이 세상에 보장 같은 건 없어요. 불확실성으로 가득할 뿐. 자기 분야에서 일가를 이룬 사람들은 공통적으로 이 불확실성을 이겨낸 사람들이라는 점을 되새겨야 합니다. 다른 말로 자기와의 싸움인 셈이지요. 그러므로 젊을 땐 얼마나 재능 있는가가 어떤 일을 할 때 가장 중요할 테지만 인생 중반을 넘어갈수록 '태도attitude'가 경쟁력이 되는 것 같아요. 강한 심장, 담대함과 함께. 그러나 만약 정말로 지금 이 일은 아니라고 생각된다면 다른 길을 찾을 용기도 필요합니다. 하지만 '문제는 반복된다'는 말을 기억해야 합니다. 내가 누구인지, 나는 무엇을 원하고 어떤 때 기쁘고 슬픈지, 내게 가장 중요한 건 무엇인지 알아야 결국은 어떤 일을 할 것인지를 명확히 할 수 있다는 얘기지요. 이런 과정 없이 그저 연봉이나 처우를 따라 옮긴다면 고민은 반복될 뿐입니다.

신용관   20대 대학생이나 청춘에게 피와 살이 되는 말씀 한마디 해주시지요.

최인아   많이 읽어라, 그게 최고다, 라는 말을 하고 싶어요. 스마트폰의 확산 속도를 보면 잘 알 수 있다시피, 한국 사회가 너무 최신만 따라가다 보니 우리가 그동안 이뤄놓은 것을 무시하는 경향이 심해요. 온고이지신(溫故而知新)에서 '온고'가 전혀 없어요. 우리네 짧은 인생에서 모든 분야에 걸쳐 다 알 수는 없지 않습니까? 무조건 많이, 깊이 읽어야지요.

신용관   직장인으로서 성공 비결을 굳이 하나면 꼽는다면?

최인아   제가 여기까지 온 건 '분별력' 덕분인 듯합니다. 광고회사 일은 언제나 을(乙)인 업이지요. 소비자가 최종 준거인 만큼 밀어붙일 땐 또 확실하게 해야겠지만 물러날 때, 삭여야 할 때를 잘 아는 것이 가장 중요합니다. 이거, 진짜 어렵습니다.

신용관   멘토는 필요하다고 보십니까?

최인아   물론입니다. 반드시 필요하지요. 자살하는 사람들 많잖아요. 각자 주변에도 한둘은 있을 겁니다. 결국 의지할 곳이 없었던 분들입니다. 인생이 그렇게 호락호락하지 않거든요.

최 부사장은 처음과 다름없는 차분한 음성으로 그렇게 말했다. '남녀상열지사(男女相悅之事)'나 '화성 남자, 금성 여자' 류(類)와는 담 쌓고 지내온 50대 초반의 '삼성의 얼굴'이 통유리 너머 한남동 고급 저택들을 배경으로, 인생 만만하지 않다고 나긋나긋한 목소리로 전하고 있었다. 평생 서울 변두리와 경기 용인 일대를 전전한 필자도, 다행히, 그건 알고 있다.

표창원

전 경찰대학교 교수, 프로파일러

신념 고집할 힘을 준
3명의 스승

망망대해를 항해할 때 나침반 없이 항해한다가는 좌초하거나 풍랑을 만나거나 뒤집힐 수 있잖아요. 그럴 때 나침반이나 북극성 같은 역할을 하며 내가 가야 할 방향을 제시해주는 이가 멘토죠.

2012년 4월 현재, 수원에서 20대 여성을 잔혹하게 살해한 조선족 오원춘이 연일 신문지면을 채우고 있다. 범인은 경찰청 과학수사대원과의 심문에서 "피해자가 운 없이 골목에 나타나 당한 것"이라고 진술했다. 중국 옌벤에서 초등학교만 졸업하고 농사일을 한 범인은 고향에서도 무식과 가난 때문에 무시를 당했고, 이 때문에 대인기피증도 생겼다. 2007년 한국에 온 오원춘은 공사장에서 돈을 모았고, 집에서는 혼자 독주를 마시고, 한 달에 1~2회 성매매를 했다.

범인은 피해자의 얼굴을 수건으로 가린 채 시신을 훼손했으며, 그 뒤에는 한동안 멍하게 서 있었다고 한다. 범인은 사이코패스 여부를 알아보는 진단검사(PCRL)에서 22점(35점 만점)을 받았다. 25점 이상이면 사이코패스로 간주한다. '연쇄살인마' 유영철은 이 검사에서 만점에 가까운 34점을 받았다.

정상적인 사람이라면 제대로 쳐다보지도 못할 시신을 토막 내는 사람이 있다. 더구나 280여 조각이라면 거의 살을 발라냈다는 얘기인데, 진단검사 점수를 차치하고 이 정도가 사이코패스가 아니라면 대체 누가 사이코패스란 말인가.

연쇄살인이나 사이코패스가 언급될 때마다 언론이 앞 다퉈 찾아가는 전문가가 있다. 자타가 공인하는 대표 프로파일러 표창원 전 경찰대 행정학과 교수다. 엘리트 경찰을 양성하는 브레인 집단 경찰대 출신으로 영국 엑세터 대학에서 석·박사를 한 이론가이자 부천경찰서 형사과·경기지방경찰청 외사계 경력을 가진, 실무와 이론, 양수겸장(兩手兼將)의 베테랑이다.

'황금 박쥐' 흉내 내던 시절의 우상, 코난 도일

신용관   교수님은 같은 교수 집단 내에서도 위상이 독특한 듯합니다. 소속도 특수대학이고, 전공도 행정학이나 철학이나 일반 학문이 아니라 범죄심리학, 범죄행태학 같은 특수한 분야인데요. 어떤 계기로 남들이 가지 않은 길을 가고 계신지 궁금합니다.

표창원   제일 처음 제게 어떤 길잡이 내지는 모델이 되었던 존재는

셜록 홈즈라고 말할 수밖에 없을 것 같아요. 어린 시절이긴 했지만 글 속에 나오는, 해결할 수 없을 것 같은 비밀과 어둠, 미스터리를 분석적·과학적으로 차분하게 풀어내고, 결국 진실을 밝혀내는 모습에 매료됐어요. 셜록 홈즈라는 존재가 어떻게 탄생되었고 누가 만들어낸 인물인가에 관심을 갖다 보니 저자인 코난 도일이 자연스레 저의 멘토 역할을 하게 됐죠. 영국 에든버러 대학 의과대학 박사 출신이었던 코난 도일은 추리소설 작가로 활동하면서 실제 형사 사건에도 관여했지요. 증거물들을 비교·분석함으로써 자칫 억울한 누명을 쓸 뻔했던 조지 에달지라는 인도 출신 변호사를 위기에서 구하기도 했어요. 또 코난 도일은 법의학의 아버지라고 불리는 조지프 벨 박사에게서 의학을 배우면서 의학뿐 아니라 정의와 진실을 향해 흔들림 없이 나아가는 자세와 태도를 익혔습니다. 이런 점들이 고교 시절에 생의 방향이랄까, 제가 하고 싶고 좇고 싶은 꿈들을 형성하는 데 길잡이 역할을 했습니다.

신용관　　청소년 시기에도 정의감, 즉 불의에 대한 반감이나 적대감이 강하셨습니까?

표창원　　예. 남달리 강하다는 얘기도 들어왔고요. 무엇보다 옳고 그름에 관한 관심이 상당히 컸어요. 잘못된 것, 그른 것이 그대로 인정받는 걸 못 견뎠지요. 그래서 정의를 구현한다, 또는 나쁜 짓한 자를 밝혀낸다, 그리고 감추어진 진실을 드러낸다, 이런 데 상당한 관심을 가졌죠.

신용관　　어렸을 때 보자기를 목에 두르고 '정의의 사도'인 황금박쥐 역할도 많이 하셨겠네요.(웃음)

표창원　　그러다가 떨어져서 팔이 부러진 적도 있습니다.(웃음)

신용관　　경찰대 내에 개설되고 있는 수많은 과목 중에서 굳이 범죄학 또는 범죄심리학 쪽을 택하게 만든 다른 결정적 계기라든가 멘토가 있었습니까? 아니면 고교 시절의 연장선상에서 자연스러운 선택이었습니까?

표창원　　코난 도일의 발자취를 따라가고 싶은 마음의 연장이라고 볼 수 있지요. 그중에서도 당시 가장 인기를 끌었던 '수사반장' 시리즈를 보면서 나도 나중에 저렇게 인간적이고, 그러면서도 결국 범죄 사건을 해결하고 범인을 잡아 정의를 구현하는 형사가 되고 싶다는 마음이 많이 강했죠. 그래서 범죄 수사 관련 과목에 주로 관심을 갖고 집중했습니다.

신용관　　경찰대 졸업 후 일선 경험도 있으십니다. 책에 쓰인 거랑 현실은 다르다는 걸 느끼셨는지, 아니면 역시 열심히 공부했더니 현실에서도 도움이 된다고 느끼셨는지요.

표창원　　둘 다입니다. 사실 처음엔 책 속에서 배운 진실과 정의의 길과 정의를 구현하고 찾는 방법들이 현실에선 잘 통하지 않는다는 걸 절실히 겪었습니다. 현실은 책과 달리 복잡하다는 걸 많이 느꼈지요. 예를 들어보지요. 1991년에 우리나라에 '음반 및 비디오물에 관한 법률'이 처음 만들어졌어요. 그때 저작권이라는 개념이 소개됐지요. 공문 하나가 내려왔는데, 그 법이 잘 집행되고 있지 않으니까 비디오 대여점에서 불법 복제되고 있는 비디오들을 집중 단속하라는 지시였습니다. 당시 부천경찰서에서 근무하고 있던 저는 불법행위자를 체포하고 검거 단속하는 게 곧 정의고 진실이라는 판단 하에 누구보다 열심히 식별법을 익혀서 관내에 나가 거의 모든 비디오점을 초토화시켰죠. 그러고는 득의양양하게 해당 사건들을 정리하고 조서를 꾸미고 있는데 인천의 한 순경이 저를 찾아왔어요. 친형님 부부가 명예퇴직 후 얼마 전에 비디오 대여점을 차렸는데 비디오테이프 공급업자가 알아서 진열해준 물건들에 불법 비디오들이 섞여 있었던 거죠. 한 번만 봐주면 자기가 형 교육도 시키고 다시는 그런 일 없도록 하겠다며 무릎까지 꿇고 통사정을 하더라고요. 난감했지만 그런 청을 받아들일 수는 없었죠. 경찰관 가족이라고 봐주면 다른 사람들과의 형평성은 어떻게 되느냐며 매몰차게 거절하고 돌려보냈지요. 그런데, 자세히 들여다보니 다른 분들 사정도 엇비슷하더라고요. 마침 그 시기가 식당 프랜차이즈 유행하듯 비디오 대여점이 제2의 인생행로로 인기를 끌던 때였어요. 내가 옳다고 벌인 일이 한 가정 또는 여러 가정에 심각한 타격을 불러일으켰다는 사실을 알게 되어 심적 갈등을 겪었습니다. 형사처벌뿐 아니라 행정적으로 영업정지가 떨어지니까요. 이외에도 용의자에게 심증은 가는데 증거가 충분치 않아 기소하지 못할 때 과연 정의는 무엇일까 고민하는 등, 현장엔 무수한 갈등 요소가 널려 있더라고요.

법과학자 헨리 리 교수에게서
과학자의 양심을 보다

신용관   시간을 좀 건너뛰어 보겠습니다. 표 교수님의 전공은 현실성을 띨 수밖에 없는데요. 인생의 두 번째 멘토로는 누구를 꼽으시겠습니까?

표창원   아쉽게도 계속 외국인만 얘기하게 되는데요.(웃음) 일단 두 분이 계십니다. 한 분은 인생의 멘토라고 할 수 있는 분이죠. 유학시절에 제 지도교수였던 마이클 러시라는 교수님이에요. 그 교수님 부부가 저를 상당히 세심하게 보살펴주셨지요. 장기 외국유학 생활 중에 제가 조금 의욕이 떨어져 보이면 갑자기 저녁식사에 초대해서 아무 일 없다는 듯 식사 대접도 해주시고. 생면부지의 외국인 학생을 세세한 기분 변화까지 감지하면서 응원해주고 격려해주고 상담해주면서 결국 학위를 받도록 도와준 배려와 세심함과 친절, 이런 면모들이 제게는 커다란 감동이었고, 향후 인생의 한 지표가 되었어요. 다음으로 미국의 헨리 리라는 박사님이 계세요. 우리 식으로 이(李) 씨죠. 이분이 대만 경찰대학 출신이에요. 대만에서 경찰관 생활을 하다가 저처럼 미국 유학을 했고 법과학forensic science을 전공하신 분이거든요. 이제 74세인데 미국뿐 아니라 전 세계에서 가장 유명한 법과학자가 되셨어요.

신용관   법과학자요? 'forensic'이면 법의학 아닌가요?

표창원   'forensic medicine'이 법의학이고 'forensic science'라고

법과학이 따로 있습니다. 'forensic'이 붙으면 다 법정에서 진실을 밝히는 행위와 관련되거든요. 법의학은 죽음의 원인, 시기, 방법, 이런 걸 밝히는 의학의 한 분야고요. 법과학은 법의학 분야를 빼고 생물학적·화학적·물리학적 분석이나 범죄심리를 연구하는 분야지요.

신용관　　한마디로, 법의학이 주로 사람의 죽음에 대한 거라면, 법과학은 비단 사람만이 아니라 방화·산불 같은 화재나 대형 자동차 사고를 비롯한 여러 가지 사건·사고를 다루는 분야군요.

표창원　　그렇죠. 지문, DNA, 또는 미세증거 같은 것들을 모두 포괄하죠. 법인류학도 법과학의 한 부분이에요.

신용관　　헨리 리 박사님으로부터 배우셨나요?

표창원　　아닙니다. 15년 전쯤 우연찮게 어느 학회와 지인을 통해 그분을 만나게 됐어요. 이런저런 이야기를 주고받으면서 그분이 가진 정의에 대한 신념과 그 실천, 이런 측면들이 제가 추구하는 방향과 너무나 정확히 맞아떨어지는 것을 발견하게 됐고 동시에 그 모습을 닮고 싶다는 생각을 갖게 됐지요. 그래서 그분과 교류하면서 어떠한 압력에도, 어떠한 상황에서도 오로지 학자로서의 양심과 신념 그리고 과학자로서의 증거확보에만 집중해서 진실의 편에 서는 모습들을 닮으려고 노력하고 있죠. 헨리 리 교수님에 대해선 제가 쓴 책 《한국의 CSI》에도 소개되어 있습니다만, 가장 손쉬운 소개는 O. J. 심슨 사건 때 결정적인 전문가 증인이었던 분이라는 점이겠네요. 당시 교수님은 검찰 측이 현장에서 확인된, 수거된 혈액의 DNA가 누구 것이냐고 묻자 심슨 것이라고 확인해줬지요. 그런데 변호인 측에서 그 혈흔이 실제로 심슨이 흘린 피라고 100% 확신하느냐고 묻자, 그렇지 않다고 대답했습니다. 과학자의 양심이라는 건 이런 겁니다. 어느 편에도 서지 않는 것이죠. 오로지 과학자로서의 양심에만 충실하는. 그런 면에서 헨리 리 교수님은 정말 존경할 만한 분입니다. 우리나라 같으면 법의관이나 법과학연구관이 법정에 출두할 때 대개 검찰 측 증인이란 말이에요. 그럼 피고인 측에 유리한 증거는 적극적으로 찾으려 하지 않게 되지요. 피곤하고 귀찮으니까요. 그건 미국도 그래요. 그런데 미국에서는 그런 소극적 행위가 나중에 거짓으로 드러났을 때 형사사법방해죄가 됩니다. 그래서 여러 명의 법과학자들이 자격을 박탈당하고 검거되고 연구소 자체가 폐쇄되는 일도 있어요.

신용관   미국은 그런 게 힘이에요. 정말 무서운 사회예요.

표창원   전문가로서 그러한 유혹들이 많잖아요. 이분도 어려움이 많았고, 협박도 많이 당했어요. 여러 사건에 출두하면서 생명의 위협도 받고. 검찰의 반대편에 있을 때는 검찰 측에서 라이선스를 박탈하겠다는 협박도 있었고. 그런 어떤 위협이 오더라도 이분은 한 번도 흔들림 없이 자신이 과학자로서 보고 듣고 확인한 것만을 증언했지요. 빌 클린턴 대통령 시절 르윈스키 사건 때 결정적 증거인, 르윈스키의 옷에 묻은 클린턴의 정액을 발견한 게 헨리 리 박사예요. 그래서 클린턴을 완전히 물 먹였죠. 그 사건 뒤에 클린턴의 비서실장이 갑자기 사망했을 때 그게 자살이라는 걸 밝혀낸 것도 그분이고요.

신용관　　굉장히 유명한 분이군요.

표창원　　미국에서는 모르는 사람이 없어요. 코네티컷 주 뉴헤이븐 대학교 교수신데, 거기에 이분 이름을 따 'Henry C. Lee College of Criminal Justice and Forensic Science'라는 단과대학이 설립되어 있을 정도지요. 이런 분들이 중요한 사건이나 고비 때마다 흔들리지 않고 중립을 지키면서 정확하게 증거를 통한 진실을 밝혀주었기 때문에 미국 사회의 정의가 유지되고 있고 신뢰가 구축되고 있는 겁니다.

신용관　　한국은 그런 분들이 참으로 절실합니다. 천안함 폭침만 해도 여전히 갑론을박하는 분위기가 남아 있으니까요.

표창원　　그렇습니다. 그래서도 제 삶의 남은 목표는 헨리 리 박사와 같이 신뢰의 대상이 될 수 있는, 정의와 진실을 밝히는 도구로서의 학자가 되는 것이에요.

신용관　　앞서 말씀하신 교수 부부로부터 인간적인 태도에 영향을 받았다면 헨리 리 교수로부턴 학자로서의 자세에 지대한 영향을 받으신 듯한데요. 제가 궁금한 건 이런 겁니다. '정의'라는 건 사실 굉장히 추상적인 개념이죠. 가령 마이클 샌델의 《정의란 무엇인가》에도 당신이라면 어떤 게 정의라고 보느냐, 여러 가지 케이스들을 제시하고 있죠. 추상적일 뿐 아니라 꽤 상대적이기도 하고요.

표창원　　어렵죠. 다만 제가 생각하는 정의라는 것은 존 롤스가 얘기했듯 '무지의 장막veil of ignorance' 뒤에서 내리는 결정이라고 봅니다. 한마디로, 내가 아무것도 모르는 상황에서 무엇을 선택할 것이냐죠. 예를 들어 이 결정이 나에게 어떤 이익을 줄 것이다, 이 결정은 누구와 관련돼 있다, 하는 것들을 고려하는 순간 이미 정의는 없어지는 거죠. 결국 한 사람이 자신의 양심과 그동안 쌓아왔던 경험과 지식과 전문성, 또 자신이 지켜야 할 직업적인 윤리, 이런 것들을 모두 종합해서 '내가 저 상대방 입장이라 하더라도 또 내가 그 반대편에 있는 사람 입장이라 하더라도 난 이것이 옳다'고 느낀다면, 그런 신념에 따른 행동이 결국 정의가 아니겠느냐, 그렇게 생각합니다.

신용관   지금 드릴 질문은 학자 표창원 그리고 서울시민 표창원, 아빠 표창원에게 인간적으로 묻는 건데요. 물론 분리는 잘 안 되겠습니다만. 우리나라도 이제 잊을 만하면 연쇄살인범이 등장하는 나라가 됐습니다. 그리고 그 수법이 너무나 잔인한데요. 굳이 피해자 가족이 아니더라도 자식 가진 부모, 아내를 가진 남편 입장에서 보자면 그런 인면수심(人面獸心)들이 피의자로서의 권리를 다 누리고 벽으로 둘러싸 보호해주는 공간에 수용되고 경우에 따라서는 사형도 당하지 않은 채 먹여지고 재워지고 입혀지고 있습니다. 그게 정의인가요?

표창원   미국의 일급 범죄학자들도 실제 자신들이 쓴 책에 밝히고 있습니다만, 이론적으로 혹은 범죄학자로서 사형제도는 효과적이지도 않고 정의롭지도 않다, 그러나 만약 아버지로서 나의 자녀가 그런 피해를 당한다면 나는 당장 사형시키라고 요구할 것이다, 이런 견해를 밝히고 있습니다.

신용관   무척 솔직한 얘기네요.

표창원   솔직하면서 고민과 고통 끝에 나온 말이죠. 쉽게 나온 말은 아니고요. 저 역시 같은 입장입니다. 다만 그러한 상황에 서고 싶지 않다는 게 더 강렬하지요. 제 딸아이가 어렸을 때 많이 아팠어요. 아빠로서 '괜찮아, 넌 버텨낼 수 있어. 아빠가 옆에 있어줄게'라고 했더니 딸아이가 뭐라고 그랬는지 아세요? 아주 정색을 하면서 '아빠도 나만큼 아파봐'라더군요. 아이로선 너무나 힘들고 고통스러운데 아빠가 그딴 소리나 하고 앉았느냐는 거지요. 그때 상당한 충격을 받았어요. 특히 강력범죄로 사랑하는 이들을 잃은 유가족 입장은 당해보지 않으면 모르는 겁니다. 모르기 때문에 함부로 말할 수 없는 거고. 그래서 학자랍시고 이런저런 이론을 들먹이는 것 자체가 대단히 부담스러워요. 다만 반대로, '난 피해자들의 입장을 충분히 이해하니 같은 편에 서서 당장 범인을 사형시키시오'라고 말하는 것도 사실은 건방진 이야기라는 생각이 들어요. 그런 주제에 관해서는 조금 차분해지고 싶고, 거리를 두고 좀 더 많은 생각을 해야 하는 듯합니다.

"당당하고 떳떳한 마음으로 떠나자"

신용관   저는 군인이나 소방관, 또는 종교인처럼 몇몇 특수한 분야가 아닌 대부분의 사람들은 인생의 모토 또는 목표가 딱히 있다고 보지는 않습니다. 그냥 열심히 사는 거지요. 억지로라도 만약에 표 교수님께 당신 인생의 모토는 무엇이오, 묻는다면 뭐라고 대답하시겠습니까.

표창원　　제 마음속에 자주 떠올리는 말이 있습니다. 이 세상을 떠날 때 당당하고 떳떳한 마음으로 떠나자. 계속 그런 말을 상기시켜요. 물론 저 또한 여러 세속적인 목표를 많이 갖고 있지요. 책도 많이 내고 싶고 누구보다 기여도 많이 하고 싶고 명예도 얻고 싶고, 또 우리 애들 잘 공부시키고 싶고, 할 수 있는 한 돈도 많이 벌고 싶고. 하지만 그 모든 현실적인 유혹에만 휩싸여 있다면 내가 대단히 부끄러운 모습이 될 수 있겠죠. 그런 걸 경계하고 싶어요. 그래서 늘 어떤 결정이나 선택의 순간에도, 내가 이 세상을 떠날 때 과연 후회하지 않고 떳떳하고 당당한 모습으로 떠날 수 있을까를 늘 생각하죠.

신용관　　코난 도일의 영향이 끝까지 가는군요.(웃음)

표창원　　하하하.

신용관　　좀 뜬금없는 질문 하나. 우리나라도 이제 결혼하는 부부의 3분의 1이 이혼하는 시대가 됐습니다. 뭐 이런 말을 하는 저 자신도 그 혐의에서 얼마나 자유로운지 잘 모르겠고. 어쨌든 표 교수님에게 '가족'이란 무엇이죠?

표창원　　가족은, 글쎄요. 저보다 소중한 존재랄까요? 그냥 드리는 말씀이 아니라. 모든 사람들에게는 사연이 있잖아요? 저도 유년·청소년기를 거치면서 마음속에 참 갈등이 많았거든요. 부모님과의 충돌도 심했고. 그러면서 가장 밑바닥까지 떨어져도 봤고. 나는 도대체 쓸모없는 존재인 거 같다고 느끼면서. 나는 도대체 어떤 존재인가, 내가 무엇을 할 수 있을까, 내가 다른 사람들에게도 도움이 될 수 있는 존재일까, 이런 여러 가지 고민이 많았죠. 그래서 결혼이란 걸 하면서 너무 감사한 거예요. 나 같은 사람에게도 이렇게 좋은 여성이 와줬구나, 뭐 이런 거.

이 대목에서 표 교수의 눈가가 붉어졌다. 눈물을 보인 것이다. 남자가, 아내가 아픈 것도 아닌데, 아내와의 결혼 이야기를 하면서 눈물을, 그것도 감사의 눈물을 흘리는 모습을, 필자는 태어나서 처음 목격했다. 40대 중반의 젊은, 창창한 남자가 사랑하는 아내를 떠올리며 눈물을 흘린다. 당혹스런 감동이었다.

표창원　　서른 살에 네 살 아래 아내와 결혼하고 신혼여행 첫날밤에 왠지 모르게 눈물이 나더라고요. 막 울었어요. 울면서 마치 고해성사하듯이 아내에게 '내가 사실은 그렇게 좋은 사람만은 아니다'라고 고백했죠. 부모님에게 효도하는 아들도 아니었고, 여러 복잡한 생각이 들면서. 그냥 인생의 한 막이 끝나고 다른 막이 시작된다는 느낌 때문에.

신용관　　부인이 어떻게 반응하던가요?

표창원　　아내는 상당히 당황했던 것 같아요. 한참 나중에 나한테 그러더라고요. "사실 그때 조금 무서웠어. 당신 정신이 이상한 사람인 줄 알았어"라고.

신용관　　그러게요. 전공(범죄심리학)만으로도 충분히 불안한데.(웃음)

표창원　　제 부친이 단신 월남하시고, 생계유지를 위해 베트남에 가서

고생하는 동안 모친은 부친과 연락이 두절되고 송금도 끊긴 상태라 홀몸으로 자식들을 키우느라 고생이 이만저만이 아니었지요. 그 영향인지 저도 분노나 공격성이 많아지고 싸움도 자주 했어요. 그런 모든 문제를 결혼이란 것을 하면서 다 풀어야 될 것 같고, 나를 대단히 좋은 사람으로 알고 있는 아내에게 감추면 안 될 것 같고, 뭐 이런 마음이 작용한 듯합니다. 그러면서 결혼생활이 정말 행복했고 감사했어요. 그런 부드러움과 따뜻함을 느껴본 적이 과거에는 많지 않았기 때문에.

신용관　　신혼여행지가 어디였나요. 그 고백을 한 장소가.

표창원　　핀란드에서 스웨덴으로 넘어가는 배 안이었어요. 제가 영국 유학 중에 와서 결혼을 하고 돌아갔으니까.

신용관　　이국(異國)의 선상(船上) 신혼여행 길이라. 웬만한 사람이면 거짓말도 절로 나오겠네요.(웃음)

표창원　　이후 아이들이 태어나니까 더해졌죠. 그야말로 감격스러운 일이잖아요. 이렇게 나를 닮은, 나에게서 나온 생명체가 있다는 것 자체가 너무나 경이롭고 숭고하고 감사하고, 그런 마음이 계속 이어지는 것 같아요. 그래서 지금도 가족은 나보다도 크고 나보다도 중요한 존재죠.

신용관　　대부분의 한국 남자에게 자식의 중요성이야 더 말할 것도 없지만, 아내는 피 한 방울 안 섞인 사람이니까 약간의 거리를, 심리적 거리를 조금씩은 두거나 유보사항을 달기 마련인데 표 교수님은 전혀 그렇지 않군요.

표창원　　표현은 잘 안 해요. 살면서 사랑해, 뭐 이런 말을 잘 못하는데 마음은 그렇죠. 너무 고맙고.

'정의의 사도'를 자처하는 이 사람도 한때 심하게 방황했고, 힘들어했다. 필자 같은 범인(凡人)에겐 이런 사실도 조그만 위안이 된다.

신용관　　단도직입적으로, 인생에 멘토가 필요합니까?

표창원　　멘토라는 의미는 이미 나보다 먼저 간 사람, 그 모든 인생의 갈등과 고민들을 어쨌든 이겨내고 자기의 길과 삶을 구축한 사람이잖아요. 그래서 내가 닮고 싶어 하는 사람이고요. 망망대해를 항해할 때 나침반 없이 항해하다가는 좌초하거나 풍랑을 만나거나 뒤집힐 수 있잖아요. 그럴 때 나침반이나 북극성 같은 역할을 하며 내가 가야 할 방향을 제시해주는 이가 멘토죠. 그래서 멘토는 꼭 필요하다고 생각합니다.

신용관　　표 교수님은 그런 멘토를 셋이나 모시고(?) 있으니 참 부럽습니다. 그렇다면 아이들에게 일종의 멘토로서 하시는 말씀이 있습니까? 명시적으로는 아니더라도, 일종의 가훈 같은 것.

표창원　　아이들이 가끔 학교에서 내준 숙제라며 가훈을 물어와요. 그때마다 제가 아이들에게 얘기하는 게 '떳떳하고 당당하게 살자', 이거예요. 어떤 경우에 처하더라도 우리 떳떳하자.

신용관　　제가 다닌 고등학교를 다니셨어야 했네요. 교훈이 '의(義)에 살고 의에 죽자'였습니다.(웃음)

하하하, 웃는 인상이 극악무도한 사이코패스를 상대하는 프로파일러 답지 않게 무척 선하다. 신념을 뚝심 있게 밀고 나가는 사람은 언제나 보기 좋다. 특히 얼굴도 잘생긴 학자가 '떳떳하고 당당하게 살겠다'고 말하고 있으니, 그 부인도 참 복 받은 이가 틀림없겠다는 생각이 문득 들었다. …미안해, 여보.

현정화

탁구감독

지금의 나를 만든
성실함을 물려준 분

66

즐기면서 하는 건 아닌 것 같아요. 좀 달라요. 뭔가 뭔가 됐든 제있는 걸 해야 되잖아요? 일단 뭔가를 하나 배우려고 할 때는 재미가 있어야 돼요. 그래서 운동을 시작하는 애들한테는 재있게 해라, 재미가 없으면 하지 말라고 말해요. 능률이 안 오르거든요.

99

한국 여자탁구의 계보는 이에리사와 정현숙으로부터 시작해 양영자를 거쳐 현정화로 이어졌다. 1973년 4월 유고슬라비아 사라예보에서 열린 제32회 세계탁구선수권대회에서 이에리사, 정현숙을 주축으로 한 여자 팀이 단체전에서 일본, 중국의 강호를 물리치고 감격의 우승을 차지하며 한국 탁구사에 한 획을 그었다. 양영자는 1983년 도쿄 세계선수권대회에서 단식 준우승을 차지했고, 1986년 서울 아시안게임에서 신예 현정화와 콤비를 이뤄 세계 최강인 중국을 13년 만에 제압했다. 현정화는 1987년 뉴델리 세계선수권대회와 1988년 서울올림픽에서 양영자와 짝을 이뤄 금메달을 목에 걸었고 1993년 예테보리 세계선수권대회 단식에서 우승했다. 한국 탁구의 기록을 개관해볼 때 "한국 여자탁구의 전성기는 현정화의 선수생활 시기와 정확히 포개어진다"(스포츠 전문지 〈스포츠 2.0〉)는 지적은 크게 틀림이 없다.

1980년대부터 1990년대 중반까지 현역시절 '피노키오'라 불리며 한국 여자탁구의 대명사로 활약한 현정화는 중국이 전 세계 전력의 절반 이상을 차지한다는 탁구계에서 불멸의 기록을 세운 선수로 손꼽힌다. 세계 최정상을 다투는 무대인 세계탁구선수권대회에서 그녀는 개인단식, 여자복식, 혼합복식(1989년 독일 도르트문트 세계선수권대회에서 유남규와 함께), 단체전(1991년 일본 지바 세계선수권대회 단체전에서 북한팀과 남북 단일팀을 이뤄서) 우승을 모두 차지하는 그랜드 슬램을 달성했다. 중국과 유럽이 강세를 보이는 탁구에서 한국 선수가 네 종목에 걸쳐 고루 정상에 오르는 일은 당분간 재현되기 힘들 것이라는 게 스포츠계의 중론이다.

현정화 국가대표팀 감독과의 인터뷰를 위해 태릉선수촌을 찾았을 때는 2012 런던올림픽을 한 달쯤 앞둔 시점이었다. 약속한 저녁 6시보다 20분가량 일찍 도착했을 때 현 감독은 선수들에게 수비 훈련을 시키고 있었다. 연달아 강한 스매싱을 후배 선수들에게 퍼붓고 있었는데, 다소 말라 보이는 몸 어디에서 저런 힘이 나오나 싶었다.

신용관   선수들은 숙식을 여기서 해결하나요?

현정화   네. 숙소가 바로 옆에 있습니다.

신용관   감독님은 출퇴근이시고요?

현정화   아니요, 저희도 여기서 생활해요. 주말에만 나가요. 선수 보호나 관리를 해야 하니까요. 어른이 하나도 없는 가운데 사고 같은 게 발생하면 안 되잖아요.

신용관　현 감독님이 마흔셋이신데, 그러면 이 태릉선수촌에서 생활한 기간이 얼마나 되시나요?

현정화　열일곱부터 10년, 그 후에 10년 해서 20년은 태릉에 있었어요. 이번에는 정말 안 들어오고 싶었는데….(웃음) 우리가 다 같이 힘을 모으자는 뜻도 있어서.

신용관　태릉선수촌에서 훈련하면 빨간 날(공휴일)엔 쉽니까?

현정화　어릴 땐 안 쉬었던 것 같아요. 보통 일주일에 하루 쉬거든요. 몸도 풀어줘야 하니까. 주중에 반나절 쉬고. 회복해야 되니까요.

신용관　공식적으로는 오후 6시에 훈련이 끝나나요?

현정화　저녁 식사하고 7시 30분부터 다시 1시간가량 훈련해요. 아침에는 6시에 기상해서 8시 40분에 시작해요.

신용관　저녁 8시 반에 끝나면 그 이후에는 자유시간입니까?

현정화　네, 자유시간. 밤 10시 반에 소등해야 해요.

꼭 금메달 따서
어머니 편히 모시겠다는 마음으로

신용관　지금까지 살아오면서 감독님께 가장 큰 영향을 끼친 분은 누구입니까?

현정화　저희 어머니입니다. 아버지가 일찍 돌아가셨어요. 제가 중학교 2학년 올라갈 때였지요. 아버지가 오랫동안 병상에 계셨어요. 폐가 안 좋으셔서. 그래서 어머니가 늘 가사를 책임지셔야 했어요.

현 감독의 아버지 고(故) 현진호 씨는 국가대표 상비군을 지낸 탁구 선수 출신이다. 그녀는 초등학교 시절 귀가 길에 탁구부가 훈련하고 있는 체육관 앞을 지나며 연습을 구경하다 재미를 붙여 3학년에 진학하면서 선수 선발에 지원했다.

신용관　아버님이 돌아가실 때 어머님 연세가?
현정화　지금 제 나이 때쯤이겠네요.
신용관　정말 눈앞이 캄캄하셨겠네요.
현정화　어머님이 그 전부터 계속 일을 하셨어요. 새벽같이 일어나 밥상 차려놓고 출근하시고, 돌아오면 또 가사일 다 하시고. 제가 그 성실함을 보고 배운 거죠. 어머니가 조리사 자격증이 있으셔서 식당 일, 조리사 일을 하셨어요. 그래서도 제가 어머니를 편하게 모시고 싶다는 생각이 어릴 때부터 있지 않았겠어요? 운동하면서 내가 꼭 성공해서, 금메달을 따서 편하게 해드리고 싶다는 생각이 항상 제게 동기부여가 됐어요. 다른 사람보다 더 악바리같이 하고, 힘들어도 참아내고 그랬던 것 같아요.

신용관 　형제가 어떻게 되시죠?

현정화 　3녀. 3녀 중에 둘째. 언니, 동생과 두 살 터울입니다.

신용관 　세 자매 중에서 현 감독님이 유일하게 운동을 하셨습니까?

현정화 　네. 언니와 동생은 계속 공부를 했습니다.

신용관 　어머님의 성실성이나 책임감 외에도 어머니께 배운 점이 많으시겠습니다.

현정화 　저희 어머니는 곧은 분이세요. 항상 바르세요. 이러이러한 건 하지 않아야 된다고 항상 말씀하셨어요. 밥 먹을 때 깨끗하게 먹어라, 밥 먹고 나면 물을 항상 부어서 먹어라, 문지방 밟지 마라, 밤에 손톱 깎지 마라 등등. 잔잔한 거지만 늘 그런 걸 말씀하셨죠. 잔소리처럼 들을 수도 있지만, 격려나 응원도 많이 해주셨으니까요. 운동을 잘하고 그러면 잘난 척할 수 있잖아요? 그럴 때도 어머니는 항상 '교만하지 말라'고 주의를 주셨어요.

신용관 　선수 현정화, 감독 현정화로서의 성격과 기본 자질을 형성하는 데 어머님이 결정적인 영향을 끼치셨군요.

현정화 　네, 그렇게 생각하시면 돼요. 지금까지도 저에게 유일하게 훈계하는 분이 어머니세요. 집에 가면 흐트러진 모습을 보일 수도 있고, 어머니께 투정 부리고 싶을 때도 있잖아요? 그런데 어머니는 그것도 못마땅해하세요. 지금도 저는 어머니한테 '그렇게 하지 마' 소리를 들으니까. 그런 성장 배경 때문인지 제가 좀 바른생활을 하는 편이에요. 일탈을 해본 적이 없어요. 예를 들면 운동이 힘들어서 도망간다든지, 학교 수업을 빼먹는다든지, 이런 건 생각도 안 했어요.

신용관   43년을 살아오면서 일탈을 해보신 적이 한 번도 없다고요?

현정화   네. 선수 생활할 때도 '내가 이걸 왜 하지?' 이러면서 도망간다든지 반항 같은 걸 해본 적이 없어요.

신용관   그런 선수들이 있긴 있단 얘기네요?

현정화   있긴 있죠.

신용관   이래저래 현 감독님은 선수 시절에 감독이나 코치들로부터 사랑을 많이 받으셨겠습니다.

현정화   제가 선생님들한테 혼나는 걸 되게 싫어해요. '너는 왜 그렇게밖에 못하니?' 그런 거. 훈계 듣는 것도요. 제가 그래서 뭘 하면 되게 잘하려고 노력해요. 눈치도 빠르고요. 그런 걸 선생님들이 좋아하시잖아요. 그런 게 어려서부터 몸에 습관처럼 배어 있어요. 선생님들한테 잔소리 들으면서 운동해본 적이 별로 없어요.

신용관   그래서일까요? 처음 양영자 선수와 복식조로 호흡을 맞췄을 때 "언니에게 폐가 되지 않기 위해 더욱 열심히 했다"는 인터뷰 기사가 있었습니다.

현정화   복식은 둘이 하는 건데 제가 어리니까 잘 못하잖아요. 제가 미스를 많이 하면 언니에게 누를 끼치게 되고. 그래서 열심히 공을 쫓아다니면서 점수 안 먹으려고 무던히도 노력했지요. 그런 것들이 도움이 됐죠.

1985년 여고 1년생 현정화는 대표 선발전에서 1위를 차지해 국가대 표가 됐고, 이듬해 열릴 서울 아시안게임을 준비하면서 양영자와 손발 을 맞췄다. 양영자는 탁구대와 거리를 두고 치는 드라이브 전형이고 현정화는 탁구대에 붙어서 때리는 전진속공형이라 딱 들어맞는 조합이 었다.

강인한 정신, 정교한 테크닉,
인생의 꿈을 심어준 스승들

신용관　　선수 생활을 하면 다양한 감독들 밑에서 훈련하게 되지 않습 니까? 롤모델이 됐던 감독님이 있습니까?

현정화　　처음 들어왔을 땐 이에리사 감독님이 저한테 많은 걸 가르쳐 주셨지요. 기술적으로도 여러 훈련을 시켜주셨고, 운동선수로서의 마 음가짐 같은 걸 행동으로 보여주신 분이라고 생각합니다. 되게 곧은 분이셨어요. 심지어 운동할 때의 식습관까지도 교육을 시켜주신 분이 죠. 함부로 단 음식도 많이 못 먹게 하고, 고기 먹을 때 탄산음료 같은 거 못 먹게 하고.

신용관　　치킨이라든지 햄버거, 콜라 같은 게 먹고 싶을 나이 땐데요?

현정화　　그런 게 많이 없던 시절이었고, 또 제가 그런 것들을 좋아하 는 편은 아니었어요.

신용관   이에리사 감독님으로부터 탁구선수이자 스포츠맨으로서의 마음가짐을 배우셨다고 했는데요. 주로 어떤 점을 강조하셨나요? '이기는 게 중요하다'는 메시지일 수도 있고, '최선을 다하는 자세'일 수도 있을 텐데요?

현정화   글쎄요. 저는 그분한테는 강인함을 배웠던 것 같아요. 운동을 해도 저렇게 강한 모습을 보여야 되는구나, 그런 게 있었던 것 같아요. 쉬워 보이지 않아야 되는구나, 그런 거. 상대와 나의 싸움에서 기선제압이 중요하니까. 기술적으로 또 저에게 많은 걸 가르쳐주신 분은 국가대표 하셨던 윤길중이라는 분이에요. 많은 기술들을 3년여 동안 집중적으로 가르쳐주셨어요. 그분 덕분에 제 기술이 많이 향상됐다고 생각합니다. 제가 선수 생활을 떠나 지도자 생활을 하고부터는 지금 대한탁구협회 부회장으로 계신 이유성 대한항공 스포츠단 단장님이 여러 가지로 제 롤모델이 되어주고 계시고요. 대한항공에서 전무 자리에까지 오르신 분인데, 스포츠만 해서 그렇게 된 게 아니라 행정 능력을 통해서 거기까지 가신 거죠. 또 제가 지도자의 길에서 다른 길을 꿈꾸게 해주신 분이거든요. 탁구 지도자를 넘어서….

　　이유성 대한항공 스포츠단 단장은 1991년 4월, 분단 이후 최초로 남북단일팀 '코리아'가 일본 지바에서 열린 세계탁구선수권에서 중국을 무너뜨렸을 때 여자대표팀의 남측 코치로 출전했다.

"큰 경기일수록 제 가슴이
밑바닥에 가 있어요"

신용관　　현 감독님을 잘 아는 분들은 "탁구로만 끝낼 사람이 아니다. 어느 분야를 하든 그 분야에서 한국 여성계를 대표하는 인물이 될 거다"라고들 말씀한다고 들었습니다만.

현정화　　그래요? 큰 꿈을 꿔도 되겠군요.(웃음) 더 노력해야겠네요. 아직 부족해요.

신용관　　이에리사 감독님으로부터 강인함을 배워서 그런지 현 감독님 자료화면을 봐도 눈물이 별로 없으신 것 같아요.

현정화　　선수 할 때는 그랬는데요, 지도자 하면서 달라졌어요. 아기를 낳고 난 뒤에 눈물이 많아진 듯해요. 모든 아이들이 예뻐요. 모든 선수들에게 다 사랑을 줘야 된다, 내 몸처럼 아껴야 된다, 이런 생각이 들어요.

신용관　　선수 때는 왜 눈물이 없으셨지요? 참았나요?

현정화　　눈물이 없었던 게 아니고요, 경기할 때는 흥분하면 경기를 망쳐요. 업 up 되면 공을 함부로 치게 돼요. 아주 냉정해야 되거든요. 내가 득점할 때까지 참고 견디면서 해야 상대방도 미스하게 되고. 상대선수 실수도 중요한 한 포인트잖아요. 상대방이 나한테 끌려오게 만들고. 제가 조금이라도 방심하거나, 흥분하거나, 집중력에 방해를 받으면 무조건 주도권이 넘어가요. 그러니까 아주 냉정하게 경기를 하는 거예요, 마지막 포인트까지. 저는 이런 표현을 쓰는데, 큰 경기일수록 제 가슴이 밑바닥에 가 있어요. 아주 차분하게. 그래서 경기가 끝나면 막 좋아야 되는데 그걸 끌어올리기까지 시간이 좀 걸리죠. 저 밑바닥까지 내려가 있으니까.

신용관   하하하. 그래서 승리한 뒤에도 환호성을 지르거나 그러질 않았군요. 요즘 선수들처럼 별다른 세리모니도 안 하셨고요.

현정화   네, 그런 것까지는. 경기를 끝낸 다음 어떤 제스처를 해야 될지까지는 생각 안 하고 나갔거든요.

신용관   그렇지만 경기할 때 다운down시켜놓았다 해도, 단상에서 메달을 목에 걸 때는 기쁨을 만끽할 수 있지 않습니까?

현정화   저는 이런 게 있어요. 시합이 딱 끝나는 그 순간, 다음 시합을 생각해요.

신용관   아니, 단상에서 메달을 거는 바로 그 순간을 위해 그 고생을 한 건데, 그 순간에 또 다음 시합 생각하신단 말이에요? 지독하시네요.

현정화   네. 이 시합은 끝난 거예요, 그렇잖아요? 저는 시합이 끝나고 나면 '좋다!' 이것보다는 '다음 시합 뭐지?', '다음에는 무슨 시합이 있지?'를 생각해요. 예를 들어 올림픽이 끝나면 '세계선수권은 어떻게 준비하지?' 이런 게 생각나요. 그래서 좀 쉬고 또 바로 훈련하고, 그런 과정의 연속이었어요.

신용관   그러면 현 감독님은 어느 때 가장 희열을 느끼십니까?

현정화   경기를 하는 그 순간이죠. 저는 훈련도 재밌었어요. 탁구 자체가 굉장히 재밌는 운동이에요. 지금 가르치고 있지만 가르치면서도 재밌어요.

신용관　경기할 때 냉정함을 유지하기 위해서 특별히 어떤 일을 합니까? 관중들은 아우성이고, 점수는 오르락내리락하고, 감독은 계속 지시하고. 그 와중에 냉정을 유지한다는 게 마음만 먹는다고 되는 게 아니잖아요?

현정화　저는 그런 상황을 무척 즐겼던 것 같아요. 뭐냐 하면, 시선이 오는 걸 느끼잖아요. 제가 탁구 치는 걸 누군가 보고 있을 거고, 나를 좋아하는 팬들이 볼 수도 있는 거고. 저는 경기장에 들어가는 순간부터 그걸 즐기는 거죠. 누군가 나를 보고 있다, 그 시선을 계속 느끼면 차분해질 수밖에 없어요.

신용관　타인의 시선을 느끼면 차분해지십니까?

현정화　저는 그렇게 됐던 것 같아요. 내 행동 하나하나가 다 남의 눈에 보인다고 생각하니 차분해지더라고요. 또 기도를 많이 하죠. 신앙이 있었거든요.

신용관　기독교요?

현정화　네. 기도하고 성경 읽는 게 저한테 도움이 됐어요. 또 다른 하나를 들자면, 책을 많이 봤어요. 오히려 지금은 시간 없다는 핑계로 더 안 보지만요. 어렸을 땐 유일하게 할 수 있는 게 책을 보거나 음악을 듣는 것이었으니까요. TV는 방마다 있는 게 아니었으니까 이동해서 봐야 했거든요. 책을 읽다가 졸리면 자고 그랬죠. 책 보다가 좋은 글귀들을 만나면 마음이 좋아져요, 기분이. 책에는 저를 차분하게 만들어주는 글귀들이 많았어요.

신용관　　소설을 즐겨 보셨나요?

현정화　　시기마다 조금씩 달랐어요. 에세이를 많이 볼 때도 있었고, 추리소설이나 역사소설도 많이 봤고. 《삼국지》, 《손자병법》, 《목민심서》, 《허준》 등등. 시드니 셸던 책은 다 찾아보고. 에세이는 베스트셀러마다 다 사서 봤어요. 요즘도 베스트셀러는 거의 사는 편이에요. 다 보지는 못해도.

재미있게 해라, 목표를 가져라, 베풀어라

신용관　　청소년 시기부터 운동에 전념하면서 평균적인 여학생의 생활이 불가능했을 듯합니다. 우정이든 학업이든 아쉬운 점은 없습니까?

현정화　　다른 건 없어요. 다만 제가 운동하느라 공부를 못한 것에 대한 아쉬움은 있었어요. 특히 어학에 대한 아쉬움이 제일 크고요. 제가 욕심이 많거든요. 뭐든지 잘해야 되는데. 영어가 제일 커요. 책 보고 혼자서 영어 공부도 해봤지만 잘 안 되더라고요.

신용관　　감독님은 처음 탁구 시작할 때 목표가 뭐였습니까?

현정화　　국가대표요.

신용관　그럼 국가대표가 된 다음에는요?

현정화　세계 개인단식 제패. 그게 제 꿈이었어요. 세계선수권대회에서 1등 한다는 건, 모든 탁구인의 로망이거든요. 올림픽 1등이 아니에요. 올림픽엔 상대적으로 소수의 선수가 출전하니까요. 그리고 제가 시작할 때는 올림픽에 탁구 종목이 없었어요. '88 서울올림픽'부터 시작했으니까. 세계선수권대회 나가면 수많은 선수들이 탁구 치고 그러는 게 신기했거든요.

신용관　탁구만 하죠, 올림픽과 달리. 하하.

현정화　네. 탁구 테이블이 한 체육관 안에 50개 이상 깔려 있어요. 그 큰 체육관에서 경기하고 있으면 제가 생각해도 자랑스러워요. 탁구 잘 치는 많은 세계인들이 보면서 '저 친구 잘 쳐'라고 하는 말을 듣는 것도 좋고. 그냥 일반 팬들이 잘한다고 말하는 것과 탁구인들이 잘한다고 말하는 건 들을 때 느낌이 달라요.

신용관　탁구에 대한 기막힌 소질과 근성을 갖고서 이렇게 탁구 인생을 살아오셨습니다. 한 번 살다 가는 인생인데, "탁구에서 무엇을 얻었는가"라는 질문을 받는다면 어떤 대답을 하시겠습니까?

현정화　탁구를 통해서 인생의 모든 걸 배웠다고 생각해요. 첫 번째는 인내를 배웠죠. 우선 선수 생활할 때 훈련이 굉장히 힘들었는데, 그걸 끊임없이 견디는 훈련을 계속 하다 보니 제가 더 강해지더라고요. 사실 육체적인 피로가 무척 고통스럽거든요. 금요일쯤 되면 온몸에 알이 배고 파김치가 돼요. 아무리 힘을 내려 해도 힘이 안 나고, 뭘 잡으려 해도 손에 힘이 안 들어가요. 그런데도 어느새 훈련장에서 제가 또 뛰고 있어요. 그냥 마구 하는 거죠. 때로는 숨이 턱까지 차오르는데도 계속 극복이 돼요. 스트레스도 엄청나죠. 저는 운동이 고통스러워서 선수를 그만뒀거든요. 훈련이 고통스러워서. 지도자도 힘들다고 말하지만, 선수일 때보다 힘들지는 않아요. 선수시절 단련된 인내심 덕분에 지금은 뭐든지 할 수 있을 것 같아요.

신용관   자기극복 능력을 말씀하시는 거네요.

현정화   네. 다음으로는 절제력을 배웠죠. 차단하지 않으면 안 되었으니까. 먹는 거, 하고 싶은 거, 갖고 싶은 거, 이런 것들 다 절제함으로써 여기까지 올 수 있었다고 생각하니까. 또 최선을 다하는 법을 배웠어요. 왜냐면 땀은 절대 거짓말을 안 하거든요. 그게 진리더라고요. 테이블 앞에 서면서 저 자신을 속이지 않는 법을 배웠기 때문에 어딜 가서든지 속이지 않으려고 노력하죠. 다른 일을 할 때도. 사람과 사람의 관계에서도 그렇고요.

신용관   사회생활에도 적용되는군요.

현정화   규정이나 룰, 스포츠맨 정신 이런 것들을 제가 배웠기에 바른생활을 하는 거라고 생각해요. 그래서 손해 보는 것도 있지요. 남들은 법을 잘 알기 때문에 피해 가고 그러던데, 저는 지킬 거 다 지키고, 낼 거 다 내고.(웃음)

신용관   운동에서 한 정점(頂點)을 찍었던 분들이 사회에 나와 사기당하는 경우가 종종 있습니다만.

현정화   저도 당했어요. 본격적인 사기까진 아니더라도 돈을 뭐 어떻게 하고 그런 건 저도 당했죠. 그런데 저는 그냥 그렇게 살려고요. 선수 할 때는 제가 갖고 싶은 걸 다 가졌잖아요? 나 때문에 얼마나 많은 사람들이 고통스러워했어요? 시합에 져서 힘들어하고….

신용관   이 질문은 대답 안 하셔도 됩니다. 연금은 얼마나 받으세요?

현정화   100만 원 받아요. 그게 맥시멈maximum이에요.

신용관   아, 그래요? 지금도 그게 맥시멈입니까?

현정화   지금도요. 저는 1988년부터 그렇게 받았습니다. 연금은 100만 원까지 받고, 대신 경우에 따라 우승 격려금을 일시불로 줘요. 그 액수는 많지 않아요.

신용관   초등학생이든 중학생이든, 굳이 탁구가 아니더라도 운동을 계속 하겠다는 어린 후배가 있다면 무슨 얘기를 해주시겠습니까?

현정화   음… 처음 시작하는 아이들이니까요, 재밌게 해라.

신용관   즐기면서 해라?

현정화   즐기면서 하는 건 아닌 것 같아요. 조금 달라요. 뭐가 됐든 재밌는 걸 해야 되잖아요? 즐기려고만 하는 건 아니잖아요. 일단 뭔가를 하나 배우려고 할 때는 재미가 있어야 돼요. 그래서 운동을 시작하는 애들한테는 재밌게 해라, 재미가 없으면 하지 말라고 말해요. 능률이 안 오르거든요. 그다음에는 목표를 가져라. 네가 이걸 꼭 해야겠다고 생각한다면 목표를 가져라. 그게 작은 목표든, 큰 목표든 목표가 있어야만 성취할 수가 있다. 그리고 만일 좋은 위치에 가면 많은 사람들에게 베풀기 위해서 노력해라. 이 3가지를 얘기해주고 싶어요.

신용관   마지막 질문입니다. 정말 금이 은보다 중요합니까?

현정화   아니요, 그 자체가 중요한 게 아니에요. 메달을 땄느냐 안 땄느냐 이게 중요한 게 아니지요. 메달을 따기 위해 자기 자신이 얼마나 노력했는가, 훈련했는가가 중요해요. 노력 안 하면 메달이 나오지 않지요. 저는 정말 열심히 운동했어요. 지금 생각해보면 그때가 제일 좋았던 것 같아요, 아련하게. 금메달이냐 은, 동이냐는 제가 부가적으로 가져가는 거예요. 중요하지 않아요. 물론 메달을 따고 사람들이 알아봐주는 건 좋지만, 메달을 땄기 때문에 제가 여기 있다고 생각하지 않아요. 성실했던 그 모습 덕분에 지금의 제가 있다고 생각해요.

신용관   감독인 지금의 입장에서는 금메달과 은메달, 동메달이 다르지 않습니까?

현정화   성취욕이지요. 내가 가져가는 성취욕. 그 느낌은 좋아요. 선수들에게 성취욕을 주고 싶어요. 그건 본인에게 자신감으로 오거든요. 성취욕이 없으면 진취적이지 않고, 발전이 없어요. 이기는 느낌, '아, 내가 이것 때문에 하는구나'라는 느낌은 반드시 필요하죠. 열심히 노력했는데 아무것도 못 따고 상처받고 자괴감 생기고, 그거는 아니잖아요. 내가 노력한 만큼은 가져가야 된다, 저는 그렇게는 가르치죠.

인터뷰는 체육관 한쪽에 있는 작은 방에서 진행됐다. "우리는 지금도 그를 통해 한국 여자탁구를 추억하고 한국 여자탁구의 미래를 들여다보고 있다"는 평가를 받고 있는 현정화 감독. 저녁 훈련 스케줄 탓에 필자 욕심만큼 충분치는 못했던 인터뷰 시간 동안 남자 선수들이 잠깐씩 들러 현 감독에게 인사를 했다. "응, 그래" 하는 그녀의 모습에서 따뜻함이 배어나왔다. 마치 선수들의 이모나 누님 같은.

최재천

이화여대 교수

글쓰기 과외받는
세계적 석학의 노력

"

윌슨 선생님은 인생을 그냥 산 사람이 아니에요. 어마어마한 노력을 들여서 산 사람이지요. 제가 그래도 이만큼이라도 살아남을 수 있었던 건, 뭘 하든 공부를 꾸준히 하지 않으면 오래 못 간다는 걸 그분을 통해 뚜렷이 봤기 때문이에요.

"

　　　　　　　최재천 이화여대 에코과학부 석좌교수는 우리나라 자연과학계의 '스타'다. 각종 교양 강좌 섭외 1순위로, 공중파 TV 프로그램에도 심심치 않게 등장하고 있다. '지식의 통합' 쯤에 해당하는 'consilience'라는 용어를 '통섭(統攝)'으로 번역, 대중화한 학자이기도 하다. 필자는 1999년 최 교수의 첫 저작인 《개미 제국의 발견》 출간 때 한국 언론 중 거의 처음으로 인터뷰를 한 인연이 있다. 당시엔 미국에서 돌아온 신진 학자였으나 10여 년 만에 그는 각 대학에서 끊임없이 러브콜을 던지는 '거물'이 되었다.

　서울대 출신에 하버드 대학 박사라는 학력도 흔치는 않으나, 그의 이력에서 동료 교수들이 가장 부러워하는 부분은 세계적인 석학인 에드워드 윌슨(Edward Wilson, 1929~) 하버드 대학 명예교수의 제자라는 점이다. 《사회생물학Sociobiology》(1975)이라는 저서로 이 분야의 새로운

장을 연 윌슨 박사는 개미 연구의 일인자이자, 《인간 본성에 대하여On Human Nature》(1979)와 《개미The Ants》(1991)로 '가문의 명예'라 할 퓰리처상을 두 차례나 수상한 특급 저술가이기도 하다.

신용관　우리나라 젊은이들에게 현재 막강한 영향력을 행사하고 있는(웃음) 최 교수님의 멘토는 누구입니까?

최재천　막상 그런 질문을 받고 나니 좀 애매하네요. 누구라고 딱 집어 말하지 못하는 내 자신이 이상하게 느껴지기도 하고.

신용관　당연히 윌슨 교수님으로 예상했는데요.

최재천　네, 그럴 수도 있는데. 그분이 학문적으로 자꾸 실망을 주셔서… 이상한 소리를 계속 하셔서….

신용관　수십 년 동안 학계의 흔들리지 않는 권위로 인정받고 있는 분인데도 그런 일이 가능한가요? 과학자에게 실망한다면, 최 교수님 보시기에 비과학적 주장을 하기 때문에 그런 겁니까?

최재천　그렇다기보다는 동기가 별로 좋지 않다는 데 더 문제가 있는 거죠. 그러니까 '포괄 적합도inclusive fitness'라는 개념을 통해 이 분야에서 처음으로 유전자의 관점에서 인간 존재를 보게 했던 윌리엄 해밀턴(William Hamilton, 1936~2000) 교수, 다윈 이래 가장 위대한 과학자로 칭송받은 그분을 이 세상에서 가장 유명한 존재로 만든 이가 윌슨 선생님이거든요. 해밀턴의 수학이 듬뿍 들어 있는 문제의 논문을, 우리 선생님(윌슨)이 본인의 수학 실력으로는 제대로 읽어내기 어려웠음에도 굉장한 노력을 들여 읽은 뒤 '야, 이거였구나!' 깨닫고는 해밀턴의 논지를 적극적으로 뒷받침했거든요.

신용관   그런데요?

최재천   그런데 그분이 돌아가신 뒤 갑자기 그분을 지지한 게 잘못이었다며 지지를 철회하시고, 우리 분야에서 모든 학자들이 지난 몇십 년 동안 죽은 이론으로 처리한 소위 '집단선택설group selection'이 맞다며 들고 나오신 거예요. 돌아가신 분한테 그러는 것도 좀 그렇고…. 윌슨 선생님에게 대중적 관심의 초점이 되지 않으면 못 견디시는 병이 있는 건 아닐까 싶기도 하고. 1998년에 펴낸 《Consilience》도 윌슨 선생이 어마어마한 바람을 일으킬 것이라며 엄청난 선인세를 받고 쓴 책이거든요. 그런데 생각만큼 잘 안 됐어요. 오히려 저를 지금 질투하신다는 소문도 있는데. 한국에서는 어떻게 그게 그렇게 대단한 반응을 일으켰냐면서.

신용관   우리야 '후생가외(厚生可畏)'나 '청출어람(靑出於藍)'이라는 말도 있을 정도인데, 직계 제자의 성공을 질투하시다니.(웃음)

최재천   제가 선생님께 그랬어요. '그건 선생님이 잘못 생각하셨다. 그게 그렇게 큰 반향을 일으킬 수가 없다. 옛날에 《사회생물학》 책 냈을 때의 반응을 기대하셨다면 그건 선생님 계산착오다. 선생님이 그동안 우리를 그만큼 훈련시켜놨기 때문에 이제는 우리가 그걸로 흔들릴 독자가 아니다.' 그 얘기를 들으면서 굉장히 섭섭해 하시더라고요. 그러고는 이제 10년쯤 흐른 시점에 또 터뜨리신 거예요. 스포트라이트를 끊임없이 받고 싶어 하시는 거 같은.

신용관　'대중의 관심'이란 게 마약 중독보다 더하다잖습니까? 오죽 하면 '무플'보다 '악플'이 낫다고 하겠습니까? 그런데 집단선택설은 누가 최초로 주장했나요?

최재천　누가 딱히 주장했다기보다는 생물학자들 거의 모두가 저지른 실수였어요. 흔한 비유로 동물들이 서로 으르렁거리기는 하는데 끝까지 죽이지는 않잖아요. 서로 죽이다 보면 다 죽어서 종(種) 자체가 없어지니까. 그러므로 자제하는 능력이 있는 집단은 살아남고 그렇지 않은 집단은 다 죽었다, 이런 식으로 설명을 한 거예요. 그런데 해밀턴 교수는 개체도 아니고 유전자라고까지 얘기를 한 거지요. 도킨스의 '이기적 유전자'라는 개념이 바로 그건데, 그 이기적 유전자가 저희 분야에서는 가장 중요한 개념이거든요. 이걸로 몇 십 년을 저희가 먹고 살고 있는데, 갑자기 다 뒤집어엎고는 '봐라, 집단이다. 결국은 제대로 된 놈들이 많은 집단이, 그런 국가가 살아남는 거 아니냐'고. 사실 윌슨 선생님은 처음부터 이해를 잘 못한 분이거든요. 물론 그럴 만한 이유도 있어요. 윌슨 선생님은 개미를 연구하셨기 때문에. 개미는 개미 군락 하나가 한 개체인 것처럼 행동한단 말이죠. 그래서 우리는 이걸 '초개체superorganism'라고까지 불러요. 여왕개미가 죽으면 결국 전체가 다 죽어요. 더 이상은 번식을 못하니까 일개미들까지 다 죽고 끝난단 말이죠. 그런 연구를 평생 하신 분이라서 그분에게는 개미 군락 전체

가 하나의 개체처럼 여겨지지요. 그런데 개미 군락은 말 그대로 집단
이잖아요. 그러니까 집단이 중요한 것이죠.

신용관   개미 외에 다른 동물들의 생태를 이해하는 데는 다소 편견이
있을 수 있겠군요.

최재천   문제는 다른 동물들 전체를 다 파악해서 쓰신 책이 《사회생
물학》이란 말이에요. 개미 얘기만 아니라 코끼리, 사람까지 다 넣어서
쓰셨어요. 엄청난 포괄성을 지니신 분이 갑자기 이제 와서 개미로 자
신을 환원시켜 얘기하니 다 실망하는 거죠. 왜 이러시나, 하며.

신용관   집단선택설도 일리가 있지 않나요?

최재천   집단을 위해서 좋은 일이 선택된다는 주장인데요. 지금도 자
연 다큐멘터리를 보면 '종족보존을 위하여' 번식을 한다는 멘트가 나
오더라고요. 그런데 제가 제 안사람이랑 섹스할 때 종족보존을 위해서
하는 거 아니거든요. 내가 좋으니까, 일단 내 말초신경이 좋으니까 하
는 거고, 내가 자식을 낳으려고 하는 거지, 내 조국을 위해서, 호모 사
피엔스Homo sapience의 미래를 위해서 내가 섹스를 한다?

생물학자는 가끔 너무도 자연스럽게 '섹스'를 언급한다. 그나마 의사
들은 '부부생활' 정도로 돌리는데. 필자 같은 인문쟁이들은 이럴 때 깜
짝깜짝 놀란다, 촌티 나게.

신용관   (시침 뚝 따며) 아, 그럼요. 그렇지만 자기 유전자를 남기기 위

해서 하는 면이 있지 않나요?

최재천   그렇죠. '자기' 유전자를 남기기 위해 하는 거지 내 '종족'의 유전자를 남기기 위해 하는 건 아니거든요.

신용관   (뒤늦게 자신이 한 말을 되새기며) 아, 종족의 관점이 아니라 내 유전자! 그렇군요.

최재천   그런데 집단선택설은 기본적으로 그런 거거든요. 집단을 위해서 하는 일들, 이게 선택의 초점이라는 건데. 그건 말이 안 되는 거예요.

에드워드 윌슨,
생각하고 노력하고 행동하는 삶

신용관   그럼 윌슨 교수는 최 교수님의 멘토가 아니게 된 건가요?

최재천   참 그것도 애매해요. 한 번 멘토가 영원히 멘토여야 된다, 그런 건 아닐 테니까. 분명히 지금 제 삶을 꾸리는 데 가장 큰 영향을 준 몇 분 중 한 분이에요. 그분의 삶에 대한 태도 같은 걸 제가 알게 모르게 옆에서 굉장히 많이 보고 배웠더라고요.

신용관   사례를 한두 가지 들어주신다면.

최재천   이를테면…, 세상은 그분을 어마어마한 천재로 생각하겠지만, 그렇게 탁월한 분이 아니시거든요. 순발력이 상당히 부족하다고 저는 평가했어요. 우리가 토론을 하고 있으면 슬그머니 사라지세요.(웃음) 행여 토론 중에 윌슨 선생님한테 질문이라도 하면 거의 100% 정말 말도 안 되는 썰렁한 조크를 하고는 슬쩍 사라지세요. 그런데 그렇게 상황을 회피하고 방으로 돌아가서 문을 닫아걸면 한 달 뒤에 책이 한 권 나와요.(웃음)

신용관 진득하니 앉아서 책을 쓰시는군요.

최재천 순간순간 분석하는 능력은 그렇게 탁월해 보이지 않는데 뚝심 있게 앉아서 종합하는 능력, 여러 갈래의 자료들을 좌악 끌어와서 종합하는 능력은 어마어마하게 탁월한 거죠. 윌슨 선생님은 원래 글을 잘 쓰신 분이 아니에요. 워낙 어렸을 때 학교를 많이 옮겨 다녔다고 해요. 초등학교 때 아버지가 전근을 많이 다녀서 학교 교육을 썩 체계적으로 받지 못했어요. 그냥 외톨이로 산으로 들로 뛰어다니고 뱀 잡고, 뭐 이러고 산 사람이다 보니까 사실 기초가 그렇게 튼튼하지는 못했거든요. 학부를 앨라배마 대학을 다녔단 말이에요. 그러다가 앨라배마 대학에 있는 곤충학과 교수 눈에 띄어서 그 대학 대학원에 진학했다가 하버드 대학에 있던 개미 연구하는 교수와 우연히 만났는데, '넌 여기 있을 놈이 아니다, 하버드로 와라' 그래서 전학을 가서 학위하고 거기 교수가 됐죠. 처음엔 다른 하버드 교수들이 별로 상대를 안 해줬어요.

신용관 미국도 그런가요? 거 참.

최재천 그럼요. DNA 이중나선구조를 밝혀서 노벨상 받은 제임스 왓슨(James D. Watson, 1928~)이 하버드 대학 같은 과 교수였거든요.

윌슨 선생님의 《자연주의자Naturalist》라는 책에 왓슨 보기 싫어서 교수 회의 가기 싫다는 얘기가 나와요. 이 세상에서 만나본 사람 중에 최고로 저질이다, 그렇게 책에다가 썼다니까요. 왓슨이 윌슨 선생님과 마주 앉았는데 "어떻게 우표 수집하는 놈도 교수냐" 이렇게 대놓고 험담을 했다는 거예요. "우리는 DNA 분석하고 있는데 누구는 개미 잡아가지고 핀이나 꼽고, 그것도 과학이냐"라고. 그러니까 너무 주눅이 들어서 못 가겠더라는 거예요.

신용관　흔히 '왓슨 앤 크릭Watson & Crick'으로 묶어 부르는데 그중에서 왓슨이 약간 약은 쪽 아닌가요? 남의 연구 업적을 가로챘다는 둥 별 얘기가 다 있는데.

최재천　네, 그렇죠. 그 양반이 품성이 뭐 그렇게 썩 좋은 사람은 아닌데. 왓슨이 노벨상 받고 기고만장하던 시절에 문제가 터진 게 있어요. 윌슨 선생님이 테뉴어(tenure, 종신재직권)를 먼저 받은 거예요. 하버드 대학에서 윌슨 선생님을 먼저 정교수로 임명한 거죠.

신용관　테뉴어를 주는 주체는 누굽니까?

최재천　대학이죠. 위원회가 만들어져서 심사를 하지요. 하버드는 전통적으로, 세계적으로 훌륭한 교수들한테 전부 편지를 보내서 이 사람이 이 분야의 최고냐, 라고 물어요. 하버드 교수로 있어도 하버드 테뉴어를 받을 확률이 제가 있을 때는 10%가 안 됐어요. 그러니까 너무 험악한 분위기가 조성되는 거지요. 왓슨 입장에선 자기가 매일 핀잔주던 놈이 자기보다 먼저 정교수가 딱 됐으니. 유명한 일화인데요, 왓슨이 혼자 1인 시위를 했어요. 매일같이 피켓 들고 학교 건물 앞에서. 노벨상까지 받은 사람이. 어떻게 저놈이 나보다 먼저, 이렇게.

신용관　　아니꼬운 거죠.(웃음)

최재천　　왓슨은 1년 뒤 아예 학교를 관둬버려요. 롱아일랜드에 있는 콜드스프링 하버 연구소라는 데로 가버렸다고요. 그러니까 어떻게 보면 지금 윌슨 선생님이 받고 있는 모든 건 꿈같은 거예요. 사실은 바닥에서 올라오신 분인데, 그 기저에 있는 게 엄청난 노력이에요. 앞서 말했듯 글을 그렇게 잘 배운 분이 아니에요. 어쩌면 맞춤법도 제대로 못했을지도 몰라요. 그런데 이분이 생각하셨죠. '글을 제대로 쓰지 않고 과연 내가 학자로서 성공할 수 있을까?' 그래서 교수가 된 이후에 글쓰기 가정교사를 두고 공부하셨어요. 라이팅writing에 대해서. 완전히 자기 자신을 뜯어고쳐가지고 글쓰기를 배워서 한 사람이에요.

신용관　　그건 우리나라 교수님들도 배워야 되겠는데요.

최재천　　그 결과, 현재 사이언스 라이팅science writing 분야에서 (엄지손가락을 세우며) 이거잖아요. 그분의 《The Insect Societies》라고 그게 참 기가 막히게 잘 쓴 책인데, 《사회생물학》 나오기 몇 년 전에 나왔어요. 그 책에 대해 MIT 교수가 쓴 〈뉴욕 타임스〉 서평기사가 유명하게 돌아다니는데, '윌슨의 글을 읽고 무슨 뜻이냐고 묻는 사람은 없다'라고 했어요. '굴드의 글은 읽고 나면 무슨 뜻이냐고 우린 물어야 된다.' 그러니까 굴드의 글은 화려하긴 한데 도대체 무슨 얘기를 하는 건지 생각해야 하지만, 윌슨의 글을 읽고 무슨 뜻이냐고 묻는 사람은 아무도 없다는 거죠.

최 교수가 인용한 굴드는 미국의 유명한 고생물학자 스티븐 제이 굴드(Stephen Jay Gould, 1941~2002) 전 하버드 대학 교수를 말한다. 현대 진화이론 발달에 큰 영향을 끼쳤으며, 1974년부터 2001년까지 27년 동안 미국 자연사 박물관이 발간하는 월간지 〈자연사 Natural History Magazine〉에 300편이 넘는 에세이를 연재했다. TV 과학 프로그램에서 강의도 하며 현대 진화이론을 대중화하는 데 크게 기여한 인물이다.

신용관   최상의 찬사네요.

최재천   글을 굉장히 명확하게 쓴다 이거예요. 사이언스 라이팅에선 그게 최고의 생명력이거든요. 원래 그걸 할 줄 알았던 사람이 아니라 어른이 다 되어서, 그야말로 중년에 배워서 해낸 사람이에요. 거기다가 윌슨 선생님이 쓴 책 중에 은근히 제일 날리는 책, 사람들이 가장 높게 평가하는 책이 《A Primer to Population Biology》예요. 말하자면 '개체군 생물학 입문서' 정도 되겠네요. 이 책은 수학으로 동물·식물·개체군들이 어떻게 커가는지를 설명한 거예요. 아까도 제가 말씀드렸지만 윌슨 선생님은 수학을 제대로 배운 분이 아니에요. 이것도 자기 제자 중에 수학과 나온 친구를 박사학위를 주고 그 친구랑 앉아서, 그 친구한테 수학을 배워가면서 쓴 책이에요. 그런데 그 책이 '수학 생태학'의 최고 고전이에요.

신용관　　그것 참 재밌는 얘기네요.

최재천　　이 양반은 인생을 그냥 산 사람이 아니에요. 어마어마한 노력을 들여서 산 사람이에요.

신용관　　사실 우리나라에서 서울대 교수가 한번 됐다 그러면, 제가 봐온 모습이 다 그렇지만, 공부합니까, 몇 명 빼놓고? 그런데 세상에, 세계 최고라는 하버드 대학 교수가 된 다음에도 자기에게 부족한 것들을 메우기 위해서….

최재천　　제가 지난 2009년 신문 기고 때문에 정식으로 인터뷰를 한 적이 있는데, 그러시는 거예요. "세상은 스티븐 제이 굴드가 지상 최대의 진화생물학자인 줄 알고 있다. 그런데 그 사람이 연구를 관둔 게 언제냐." 사실 굴드는 달팽이 연구 좀 하다가 상당히 일찍 연구를 접고 글만 썼어요. 그런데 워낙 박식하다 보니까 명성이 마구 올라갔거든요. 그런데 윌슨 선생님은 제자를 안 키웠어요. 제자 키우는 시간이 아까운 거지요. 당신만 챙기는 분이었어요.

신용관　　학파school에 대한 욕심이 있으면 후계자들을 양성했을 것 같은데요?

최재천　　개인적인 성향인 거 같아요. 윌슨 선생님이라고 제자를 사랑하지 않은 건 아니라고 생각해요. 저도 사랑했고 다른 제자들도 다 사랑했는데 그런 시간 투자하기를 굉장히 아까워하신 거지요. 그러니까 윌슨 선생님한테 추천서를 받았다는 건 우리 학계에서는 대단히 힘이 있는 일이거든요. 예를 들어서 제가 어디 직장을 얻으려고 했을 때 추천서를 써줄 것 아니에요? 나중에 안 사실인데 윌슨 선생님의 추천서는 추천서를 받았다는 사실만이 중요하지 내용은 전혀 중요하지 않다 그러더라고요.(웃음) 웬걸, 제가 미시간 대학에서 심사하는 입장이 돼서 윌슨 선생님이 저에 대해 쓴 추천서를 봤어요. 원칙적으로 안 되는데, 사무직 할머니 잘 꼬셔서.(웃음) 제가 미시간 갈 때 선생님이 딱 세 줄 썼더라고요. '내 학생이었다, 괜찮은 놈이다, 이상.'

신용관　　죽인다~.(웃음)

최재천　　그런 면에서는 선생님이 밉기도 한데, 윌슨 선생님은 지금도 개미 논문을 쓰시거든요. 1년에 한두 권씩 책을 쓰며 온갖 세상일을 다 해요. 의회에도 출석하고 배우 해리슨 포드를 만나서 재단 만들고, 뉴트 깅리치 전 하원의장 만나 뭐도 하고, 할 거 다 하면서도 수시로 문 닫아걸고 개미 잡아서 숫자 세고, 그런다는 거죠.

신용관　　정말 존경할 만하네요.

최재천　　제가 이렇게 얘기하면 자칫 웃기는 소리로 들릴지 모르지만, 그래도 제가 이만큼이라도 살아남을 수 있는 건 그분한테서 그런 모습을 봐서예요. 뭘 하든 공부를 꾸준히 하지 않으면 오래 못 간다는 걸 뚜렷이 봤거든요.

신용관　　그리고 최 교수님은 실망하셨다고 했지만, 평생 지켜오던 신조와 다른 내용을 말년에 뒤집는 것도 학자적 양심 아닌가요? 굳이 그렇게 하지 않고 그동안 쌓아온 기득권을 향유하면 되는데도.

최재천　　그렇죠. 자기가 도저히 못 받아들이겠어서 마지막 순간에 실토하는 건데, 우리나라 학계에는 없는 일이지요. 사석에서는 얘기들 하세요. 어르신들 보면, "사실 나는 그렇게 생각 안 하는데 내가 지금 와서 그 얘기해봐. 나는 완전히 지조 없는 학자 된다고"라 말하지요.

신용관   정리하자면 윌슨 선생님께 배운 것은 노력하는 학자의 태도 그리고 자연과학자로서의 양심에 충실한 것, 그 두 가지 정도가 되겠네요.

최재천   사실 윌슨 선생님이 워낙 바쁜 분이라 몇 번 못 만나뵀어요. 그런데 그냥 한 10년 그분 곁에서 지켜보면서 저도 모르게 제가 그분을 닮아간 건 분명해요. 저도 원래 노력파가 아니었거든요. 당일치기하고 이런 사람인데(웃음) 그분 곁에 있으면서 생각하고 기획하고 노력하는 걸 배운 것 같아요. 학위를 사회에 진출하는 자격증으로 쓰는 게 아니라 향후 학자로서 끊임없이 연구하는 출발점으로 삼는.

제자 논문을 밤새워 읽는 스승, 윌리엄 에버하드

신용관   조금 내용을 바꿔서 《이기적 유전자The Selfish Gene》란 책이 인생을 바꿨다고 말씀하셨잖아요. 그러면 도킨스(Richard Dawkins, 1941~) 옥스퍼드 대학 석좌교수가 어떤 멘토 역할을 한 건 없습니까?

최재천   그 책을 읽게 된 계기가 윌슨 선생님의 사회생물학 수업시간에 윌슨 선생님 책과 더불어 부교재로 읽으라고 해서였으니, 어떤 의미에서는 포함되어 있죠.

신용관　저도 인터뷰 준비하면서 읽었습니다만, 문장이 재밌더군요.

최재천　도킨스 교수에게 2009년인가 물어봤어요. 문장력이 좋은데 크면서 작가가 되고 싶다는 생각을 한 적 없느냐고. 한 번도 해본 적이 없다기에 그럼 어떻게 해서 글을 그렇게 잘 쓰냐 물었더니 누구나 다 하는 거 아니냐면서 옥스퍼드 대학 학생이라면 누구나 글을 많이 쓸 수밖에 없다고 말하더라고요. 이게 참 좋은 얘기예요. 옥스퍼드나 케임브리지, 하버드, 심지어 MIT 같은 곳에서는 글쓰기 훈련이 교육의 가장 중요한 부분이거든요. 우리가 '공돌이'라 부르는 MIT 학생들도 무조건 사야 되는 책이 (글쓰기 교재인) 《The Elements of Style》이에요. MIT 학생들은 반드시 구입해서 읽어야 해요. 도킨스 얘기가, 거의 모든 수업에서 글을 써내야 하는데 자긴 그게 좋았다는 거예요. 그런데 우리는 교육을 그렇게 안 하잖아요.

신용관　서울대가 올해부터 이과 논술을 없앤다고 발표했습니다만.

최재천　없앨 것까지야. 서울대 교수 시절에 논술고사 이전 세대와 이후 세대의 학생들을 비교해봤는데 리포트를 읽어보면 논술 세대가 확실히 나아요. 훈련받은 아이들이 판에 박은 짓을 하는지 어떤지는 몰라도 최소한 앞뒤가 맞는 문장을 쓰더라고요. 왜 그걸 버려야 하나.

신용관　애들한테는 부담이 돼도, 사실 인생을 사는 데 꼭 필요한 자질인데 말이죠. 어쨌든 윌슨 교수님 말고 또 멘토로 언급할 만한 분이 있나요?

최재천   이렇게 얘기하면 또 혼날지 모르지만 제가 하나 보여드려야

될 게 있네요. (연구실 책장에서 논문을 뽑아들며) 이게 제 박사학위 논문인

데요. 윌슨 선생님이 저를 미워하기 시작한 빌미를 제가 제공한 게 이

거예요. 여기 'Acknowledgments(감사의 말)'를 보면 'Edward O.

Wilson has been a source of encouragement and comfort'라고

윌슨 선생님 얘기를 하죠. 그런데 그 바로 아래를 좀 보세요.

최 교수 박사 논문 제목은 '민벌레의 진화생물학'(The Evolutionary

Biology of Zoraptera · 1990)이다. 거기에 있는 글은 다음과 같다.

"My Smithsonian advisor, William G. Eberhard, and Mary Jane

West-Eberhard deserve special thanks for their genuine interests

and kindness. Bill has been my mentor and a constant source of

inspiration. I will be extremely pleased, if I can become half the

man and scholar he is when I grow up. (스미소니언 지도교수인 윌리

엄 에버하드와 메리 제인 웨스트-에버하드의 진정한 관심과 친절에 특별히 감사한

다. 빌은 나의 멘토이며 영원한 영감의 원천이다. 내가 앞으로 한 인간으로서나 학자

로서 그의 반만이라도 따라간다면 그만 한 기쁨이 없을 것이다.)"

세계적인 자기 지도교수에게는 "에드워드 윌슨은 격려와 위안의 원

천이었다"고 단 한 줄만 던져놓고 이런 극찬을 올리게 만든 이들은 과

연 누구란 말인가.

신용관 　 스미소니언이라면 얼마 전 칼럼에 쓰신 곳 아닙니까?

최재천 　 맞습니다. 제가 스미소니언 열대 연구소에서 연구원 생활을 하면서 제 박사학위 논문을 완성했거든요. 윌리엄 에버하드는 하버드에서 학위를 한 분이고요. 메리 제인은 미시간에서 학위를 한 분인데 둘이 만나 결혼했고, 남미 콜롬비아에 가서 연구생활을 하다가 지금은 스미소니언 열대 연구소의 수석 연구원으로 있어요. 각각 거미와 말벌 분야에서 세계 최고 수준의 학자들이지요.

신용관 　 그분들은 어떤 점에서….

최재천 　 아까 말씀드린 대로, 윌슨 선생님은 워낙 바빠서 제가 논문을 하나 써서 드리면 깨끗하게 그냥 돌아와요. 안 읽으셨지요. 제일 뒷페이지에 'Keep up the good work(계속 정진하라)', 이렇게만 써서 주시거든요. 그런데 이분들은 제가 찾아가면 집으로 초대해 일단 저녁을 같이 먹은 뒤 저와 마주 앉아서 2시, 3시까지 제 연구주제만 갖고 밤을 새우는 거예요. 국내외를 막론하고 이 세상에서 제 지도교수란 분들 중에 그런 모습을 보인 사람은 아무도 없어요. 그분들도 세계 최고의 학자들이에요. 이곳저곳에 써 보내야 할 논문들이 밀려 있는데도 오로지 저를 위해 시간을 내는 거지요. 그게 너무너무 고마웠어요.

신용관 　 저도 석사하는 동안 제 지도교수님을 손에 꼽을 정도로만 뵐 수 있었어요. 어렵게 자리 마련해서도 별 질문 없으셨고. 정말 눈물 나겠네요.

최재천 　 야, 세상을 이렇게 살 수도 있구나 싶었죠. 그래서 저도 워낙 바쁘다 보니 학생들하고 시간을 많이 못 보내지만, (출입문을 가리키며) 저 문이 언제나 열려 있거든요. 내가 당장 뭘 해야 해도 학생이 들어오면 저도 절대로 마다하지 않아요.

시간 가는 줄 모르고 최 교수의 이야기를 듣다 보니, 자기 길을 열심히 찾는 사람에게는 좋은 멘토들도 알아서 어울려주는구나, 싶다. 간단치 않은 인생의 길에 일급 동행자를 얻는 행운은 능력일까, 축복일까. 즐겨 애용하는 사자성어로 '운칠기삼(運七氣三)'을 꼽는 인간 유형의 필자는 안경 너머 최 교수의 작은 눈을 가만히 들여다볼 뿐이었다.

조윤선

여성가족부 장관

평생의 공부법과
끈기를 가르쳐준 엄마

험악한 산도 일단 들어가보면 사람들이 만들어낸 길이나 지도나 표지까지 정말 잘돼 있으니 지레 겁먹을 필요가 없어요. 부딪칠 만하죠. 인생도 똑같아요. 미리 걱정하지 말고 그냥 일단 닥치면 길이 보인다는 걸.

모두가 스마트폰을 들고 다니고 줄기세포로 동물 복제까지 하는 이 시대에도 여전히, 사법고시 합격은 한국 사회에서 '가문의 영광'이다. '사시(司試) 1,000명' 시대든, 로스쿨 시대든, 사시에 대한 열광은 일제강점기나 지금이나 다름이 없다. 마찬가지로, 금배지 단 국회 입성 또한 여전히 그 출신고(高)와 출신 지역의 영광이다. 299명 각자가 헌법기관인 만큼 일리는 있다. 또 마찬가지로, 월급쟁이 넥타이들의 임원 승진은 급격한 피라미드 조직의 최상층에 깃발을 꽂는 쾌거로, 군인이 별(星)을 다는 것과 진배없다. 야근과 빨간 날 근무를 밥 먹듯 하는 것도 언젠가 임원이 되리라는 실낱같은 희망 하나 때문 아닌가.

조윤선 여성가족부 장관은 이 세 가지를 다 이뤄본 사람이다. 서울대 외교학과 출신으로 사법고시를 통과했으며, 국내 최대·최고 로펌인 김앤장 법률사무소 변호사였고, 한국시티은행 부행장 겸 법무본부장을 역임했다. 18대 국회의원으로 여의도에 입성, 한나라당 최장수 대변인이라는 기록까지 남겼다. 18대 대선에는 박근혜 당시 후보를 지근거리에서 보좌하며 신임을 얻어 박근혜 정부 초대 내각의 장관으로 전격 발탁됐다. 게다가 신장 167cm의 훤칠한 체형에, 한국 의정사를 통틀어도 몇 손가락 안에 들 미인이다. 그렇다고 사회적으로 성공한 여성들이 흔히 그러하듯 '혼자 사는 여자'도 아니다. 남부럽지 않은, 아니 남들이 부러워할 남편과 자식들까지 있다.

그런 조 장관의 첫 번째 멘토는 모친이다. 미리 경고하지만, 이번 인터뷰를 읽는 독자는 틀림없이 조물주가 얼마나 불공평한지 뼈저리게 느끼게 될 것이다. 하긴, 일찍이 니체가 말했지, 신은 죽었다고.

인터뷰는 조 장관이 한나라당 대변인을 사임하고 19대 총선에서 종로구청장 출마를 준비하던 2012년 4월에 이루어졌다.

평생의 공부법 배운
초등 2학년

신용관   아버지도 아니고, 어머니가 멘토시라고요?

조윤선   저희 엄마한테 제가 그런 걸 배운 거 같아요. 뭘 하나 하면 꾸준하게 하는 끈기. 또 아버지에게는 일단 무조건 해보는 도전정신.

신용관   어머님이 끈기 있는 모습을 자식한테 보일 기회가 있었나요?

조윤선   저희 엄마는 무지하게 그런 게 많아요. 예를 들어, 제가 초등학교 때 무척 덤벙거렸어요. 필통도 잃어버리고 숙제도 만날 빼놓고 가고 그랬거든요. 그래서 서울대 심리학과 장병림 교수께 심리테스트를 받기도 했어요. 엄마 손에 이끌려서. 얘가 정서불안 아니냐며. 테스트 결과 약간 주의가 산만하다고 나왔어요.

신용관   요즘 같았으면 ADHD(주의력결핍 과잉행동장애) 판정 받았겠네요, 잘못하다간.

조윤선   그것까진 모르겠지만, 시험을 보면 만날 문제를 빼먹고 쓰고 뭐 그러는 거예요. 그래서 엄마가 시험 날이면 필통에 쪽지를 적어놨어요. '윤선아, 한 문제도 빼놓지 말고 다 풀어라'고.(웃음)

신용관   오죽 답답하셨으면.

조윤선   그래서 엄마가 저를 옆에 딱 앉혀서 문제집을 펴놓고, 공부는 이렇게 해야 하는 거라고 차근차근 가르쳐주셨어요. 그렇게 한 학기를 하고는 그다음 학기에 성적이 굉장히 올라서 노력상을 받았어요. 그게 초등학교 2학년 때였는데, 제 인생 내내 공부하는 방법을 그때 제대로 배운 거지요. 또 제가 초등학교 1학년 때 피아노를 배우기 시작했는데 너무 싫어했어요. '너 피아노 칠래, 숙제할래?' 그러면 차라리 공부하겠다고 할 정도로. 세상에, 그걸 중2 때까지 했잖아요. 엄마가 뭐가 됐든 할 수 있을 때까지 해야 된다고 강조해서.

신용관   '타이거 맘' 에이미 추아 예일대 교수처럼, 강요하진 않으시되 옆에서 하게 하셨단 거죠?

조윤선   강요라는 생각은 안 들었고요, 저는 그냥 엄마가 얘기하니까 당연히 해야 한다고 생각했던 것 같아요.

신용관   모친이 약국도 하셨습니까?

조윤선   제가 초등학교 2학년 즈음까지 하셨어요. 그때 기억은 좀 있어요.

신용관   모친이 실제 본인 삶에서도 끈기의 모범을 보이셨는지요?

조윤선   주역 공부 같은 것도 몇 년을 지속하시고, 서예도 그렇고요. 한번은 약사들에게 한의사 자격증을 준다며 시험을 본 적이 있었어요. 엄마가 그때 50대셨는데, 어려운 한자로 가득한 책을 펴놓고 정말 어마어마하게 열심히 공부하시더라고요.

신용관   어우, 대단하시네!

조윤선   제가 사시 떨어졌을 때와 동생이 대학 떨어져서 재수할 때가 겹친 적이 있어요. 가진 거라곤 자식밖에 없다고 생각한 분이 아들딸 둘 다 낙오자가 되어간다고 생각하자 심리적으로 힘드셨나 봐요. 엄마 인생 최악의 시기였죠. 당시 한 2년을 매일 새벽기도를 나가시더라고요.

신용관   모친이 교회 다니시나 보죠?

조윤선   아니, 불교요. 새벽기도 드리러 절에 가셨어요. 제가 사시 공부하는 기간이 길어지니까 어머님이 자수를 배우셨어요. 학이 두 마리 있는 쌍학흉배(雙鶴胸背) 아시죠? 조선시대 문관 당상관, 왕의 종친 등이 관복의 가슴과 등에 붙이던 거요. 제가 시험공부 하던 기간 내내 낮에도 불을 켜놓고 수를 놓으시는 거예요. 제 공부 진도에 맞춰서. 제가 독서실에서 공부하고 와보면 엄마는 하루 종일 집에서 수를 놓고 계셨죠. 그렇게 만든 한국 자수 작품이 되게 많아요. 병풍도 있고 베갯잇도 있고. 남동생 결혼할 때 사모관대에, 며느리 족두리에 수도 놓아주시고.

조 장관의 부친은 평생 다니던 직장에서 은퇴한 뒤 작은 개인사업을 하셨다. 맏딸에게 무엇보다 모험심을 가르쳤다. 해외여행이 흔하지 않던 시절, 갓 스물을 넘긴 딸의 등을 떠밀어 유럽 배낭여행까지 보냈다. '젊은 시절엔 뭐든지 해봐야 한다'며 3박 4일 지리산 종주도 시켰다. 대학 4학년이던 당시, 집에 도통 전화를 안 해 부모님이 조난 신고를 하기도 했다고 한다.

부친은 딸의 의견을 존중하는 타입이었다. 대입 시험에서 서울 법대를 가고도 남을 점수를 받았지만, 모교를 방문한 외교학과 선배의 꼬드김에 외교학과 지망으로 돌린 딸에게 단 한마디 재고(再考) 요청이 없었다.

84학번 동기 10여 명과 동행한 지리산 종주는 조 변호사의 뇌리에 깊은 인상을 남겼다. "남을 따라가는 건 굉장히 쉬워도 무기력해지기 십상인 반면, 선두에 서서 간다는 건 두렵고 힘들어도 사람을 굉장히 기운 나게 만든다는 걸 알았어요. 산길은 지도로도 자세하게 돼 있고, 표지판도 상세하잖아요. 조그만 갈림길 같은 게 나와도 먼저 간 산악 회원들이 빨간색이면 빨간색 똑같은 리본을 묶어놓았고. 그래서 그걸 따라가면 길을 잃지 않아요. 너무너무 험악한 산인 것 같아도 일단 들어가면 사람들이 만들어낸 길이나 지도나 표지까지 정말 잘돼 있으니 지레 겁먹을 필요가 없어요. 부딪칠 만하죠. 인생도 똑같아요. 애 낳으면 어떻게 키우냐고 미리 걱정하지 말고 그냥 일단 닥치면 길이 보인다는 걸."

다른 것도 절감했다. "어느 구역에서 제가 첫 번째로 나서봤어요. 그랬더니 뒤따라갈 때는 그렇게 잘 보이고 정확히 판단되던 갈림길이 제가 딱 선두에 서니까 안 보이는 거예요. 어디로 가야 할지 헷갈려서 일행을 엉뚱한 길로 잘못 끌고 간 적도 몇 번 있었어요. 그래서 '아, 리더가 된다는 게 이렇게 어렵구나'를 느꼈죠. 우리가 60년 동안 선진국의 200년, 300년 모델을 뒤따라가면서 너무나 빨리 모든 걸 체득했는데 이제는 따라할, 벤치마킹할 대상이 없다, 우리가 선두 대열에 서 있는데 이제 뭘 가지고 가야 하나, 그런 느낌 말이지요. 현재 우리나라 리더들이 외로움과 책임감을 맞닥뜨리고 있다는 거지요."

노(老) 판사의 가르침, "늘 험블하게 살라, 돈 때문에 봉사 기회 놓치지 말라"

신용관   너무 가족 애기만 하는 듯합니다만….

조윤선   (더 하고 싶은 표정이 역력하면서도) 김앤장에서 일하며 만났던 선배들, 그리고 저랑 그때 같이 일했던 외국의 카운터파트 변호사들이 있어요. 그때 외국의 파트너 변호사들로부터도 굉장히 많이 배웠어요. 일하는 방법과 태도.

신용관　뭐, 한국에서 제일 똑똑한 분들이 모여 있는 곳이니….

조윤선　제가 김앤장에서 사시 출신 여성 1호예요.

신용관　아, 그렇습니까?

조윤선　미국 변호사는 몇 명 있었지만 제가 들어가기 전에 국내 사시 출신 여성 변호사는 없었어요. 13년 동안 거기서 죽도록 일한 이유에는 그것도 있어요. 제가 잘못하면 여자 변호사는 다신 안 뽑겠구나, 하는. 제가 사시 성적이 수석·차석처럼 좋은 사람도 아니고 그냥 중간 정도였으니까 정말 이를 악물고 일했어요. 진짜 기를 쓰고.

신용관　김앤장에서 배운 바를 좀 구체적으로 말씀해주시지요.

조윤선　법률에 근거해 판단을 내리면 되는 법관과 달리 변호사는 의뢰받은 사건과 관련해, 이게 안 될 때 차선책은 무엇인가, 위험부담을 얼마만큼 하면 어떤 해결책이 있는가, 그런 걸 가르쳐줘야 하거든요. 그렇게 전략적으로 생각하는 걸 많이 배웠어요. 항상 대안을 제시하고. 비상시 대책이 늘 있어야 하는 거예요. 어렸을 때는 모르는 문제가 있어도 자존심이 상해서 모른다 소리를 못하는데 연차가 올라갈수록 제 전문분야가 아닌 건 가장 잘 아는 사람을 꼭 사내에서 찾아서 물어봐야 해요. 이런 식으로 같이 일하면 아이디어도 풍부해지고 더 안전하고 더 창의적이고 더 좋은 생각이 나오거든요. 그런 것에 익숙해져서 아주 좋았어요.

신용관   기억 안 나시겠지만, 몇 년 전에 조 변호사님 처음 뵀을 때
제게 그랬어요. "김앤장 사람들 일 처리하는 거 보면 정말 혀를 내두를
정도"라고.

조윤선   오랫동안 주눅이 많이 들었어요. 그래서라도 여기서 기 안
죽고 지내려면 정말 열심히 하는 방법밖에 없다고 생각했죠.

신용관   김앤장이라는 직장이 조 변호사님의 인생에 끼친 영향이 크
군요.

조윤선   회사에서 연수를 보내줘서 워싱턴에 갔어요. 그때 법원에서
일하면서 아주 좋은 판사님을 만났지요. 미국 연방 판사는 종신직이에
요. 죽을 때까지 하는 건데 정말 권위 있는 자리예요. 연방 항소 법원
에 있었는데 거기 판사님 중 한 분이 닉슨의 워터게이트 사건 때 보조
검사를 하고, 박동선 코리아게이트 때 주(主) 검사를 맡아서 우리나라
에도 몇 달간 머물면서 수사했던 분이에요. 30년 검사로 생활하다 판
사가 되셨죠. 한국에 애정이 있으셔서, 제가 한국에서 왔다고 하니까
저를 데리고 차도 많이 마시고 말씀도 많이 해주셨어요. 그때 한 달에
한 번씩 아침에 판사와의 대화를 갖는 시간이 있었어요. '로 클럭law
clerk'들 모아놓고 하는.

신용관   '로 클럭'이요?

조윤선   거기 로 클럭은 예비 판사 같은 사람이에요. 정말 법대에서
1등 하는 애들만 하는. 그곳 판사 한 명당 로 클럭이 3명씩 있어요. 저

는 외국인이니까 자격이 안 됐고. 그런데 제가 인턴으로 넉 달 일했거든요. 로 클릭들하고 인턴하고 모여 있으면 판사님들이 돌아가면서 응접실에서 아침 먹으면서 얘기하는 게 있었어요. 그런데 거기서 폴 미셸이라는 판사님이 "내가 사회에 나갈 영 로여lawyer, 법조인들에게 인생에서 반드시 생각해야 할 것들을 몇 가지 가르쳐주겠다"고 하더라고요. 그걸 지금도 정확히 기억하고 있습니다.

그 내용은 다음과 같다. 판사의 말을 옮기는 대목이었으므로 조 변호사는 영어를 그대로 사용했다. 이해를 돕기 위해 일부러 영어 단어를 최대한 병기하겠다.

"첫째, 모든 조직의 이해관계interest는 개인의 그것과 갈등conflict이 있다. 조직에 좋은 것이 반드시 개인에게 좋은 것은 아니다. 로펌에 들어가면 바로 다양한 분야의 여러 가지 일을 하면서 성장하고 싶겠지만, 상당 기간은 소송팀에 들어가 서류더미에 파묻혀서 분류indexing하는 작업만 맡겨질 거다. 그게 여러분의 이해관계와 조직의 이해관계가 상충하는 최초의 사건이 될 것이다. 이때 정말 현명한 사람은, 조직의 이해관계와 나의 이해관계를 같은 방향으로 일치align시킨다. 내게 도움이 되는 게 조직에도 좋게, 조직에 도움이 되는 게 나에게도 좋게 만드는 사람이 현명한 변호사다.

둘째, 언제나 멘토가 있으니 늘 멘토를 찾아라. 여러분보다 20년, 30년 선배들 가운데 경험 많고 연륜 있고 후배들에게 가르쳐줄 준비가 되어 있는 사람이 당신의 멘토다. 당신이 지향하는 바를 이미 실천하고 있는 사람, 당신이 닮고 싶은 사람, 당신이 정말 필요로 하는 이야기를 잘해줄 수 있는 사람을 찾아라. 그 사람에게 계속 어드바이스를 구하라. 나(폴 미셸 판사)는 검사일 때는 이런 사람, 판사일 때는 저런 사람 등 여러 멘토를 구했다.

셋째, 모든 일에는 우선순위가 있다. 그래서 매일 해야 하는 일, 일주일, 1개월, 1년, 10년에 한 번 할 일 등을 구체적으로 나눠서 그 일들의 프라이어리티priority에 맞게 해야 한다.”

신용관　　군이 변호사나 법조인이 아니더라도, 새겨들을 만한 좋은 말씀이네요.

조윤선　　아, 한 가지 더 있었어요. “이제 여러분이 로펌에 나가면 월급을 많이 받는다. 그런데 좋은 차나 좋은 집을 사서 월급에 맞춰 살지 말고 늘 험블humble하게 생활하라”고요. 그네들은 보통 월부로 생활하는데, “(로펌에서 변호사로 일하는) 너희에게 국가가 이런저런 자리에서 (판사나 검사로) 봉사를 해달라고 오퍼offer할 때, 월부금을 못 낸다는 이유로 그 오퍼를 거절하는 경우가 생긴다. 네가 국가를 위해서 봉사해야 하는데, 월급이 줄고 월부금을 못 갚아서 봉사할 기회를 놓치는 것이다”라면서요. 사람의 삶이라는 건 늘 ‘하강(下降) 경직성’이 있대요. 함부로 수입에 맞게 호사스럽게 살지 말고, 험블하게 살라고 하셨죠. 마지막에는 “내가 나 자신이나 가족 이외에 내가 속한 커뮤니티, 내가 사는 나라에 대해 무슨 기여를 하고 있는지 늘 보라"고 그러시데요. 감동적이죠? 아마 제가 갓 법대를 졸업한 사람이 아니라, 7년을 로펌에서 치열하게 일하다가 간 상황이었기 때문에 더 와 닿았던 것 같아요. 이 로펌에서 섭섭했던 기억들, 나를 부속품처럼 여긴다는 생각, 그리고 다른 사람들은 다 좋은 일 주는데 나만 만날 3D 일 시킨다는 피해의식을 갖고 있었거든요. 남자들은 뭐 고등학교 선후배다, 고향 선후배다, 하며 서로 난리인데 저는 남자 고등학교도 안 나왔지, 법대도 안 나왔지, 첫 번째 여자 변호사라 선후배도 없지. 그래서 만날 저는 뒷전이고 아무도 나를 챙겨주지 않는다는 생각을 뒤에서 늘 하고 있었으니까요.

꽤 공감하며 듣다 보니, '내가 아는 인간 중에서 가장 괜찮은 인간의 모습'을 가진, 심지어 무진장 돈 잘 버는 남편과 조석(朝夕)으로 만나는 유부녀에게 무장해제 공감이라니, 내 현실과 동떨어진 이 무슨 시추에이션인가 싶었다. 인터뷰 말미에, 또, 앞으로 듣게 될 마누라의 잔소리에 대한 공포감이 스멀스멀 등을 타고 올라왔다.

별 수 없다. 선수 치는 수밖에. "여보, 당신은 내가 아는 인간 중에서 가장 괜찮은 인간의 모습을 가졌어요, 정말이야." …더 혼나는 거 아냐?

조경란

소설가

<u>내가 먹어치운 요리책들,</u>
<u>그리고 요리하고 싶은 이야기들</u>

66

자신의 모든 팁, 모든 노하우를 보여주는 책은 없어요. 그래서 어떤 요리책이든, 실제로 음식을 만들면서 시행착오를 겪게 돼요. 저는 저만의 레시피들을 따로 찾고 있는데, 그건 전부를 말해주지 않는 요리책들 덕분이네요.

99

소설집 《풍선을 샀어》(2008)로 동인문학상을 수상한 조경란 작가는 몇 가지 남다른 특징을 갖고 있다. 우선, 마흔이 넘도록 태어난 장소에서 지금까지 계속 사는 매우 희귀한 케이스다. 서울 봉천동에서 나고, 성장하고, 지금까지 줄곧 머물고 있다. 소설을 처음 쓰기 시작한 옥탑방에서만 20여 년 가까이 혼자 살고 있다. 둘째, 작가로 등단한 다른 이들이 대학생활을 즐기거나, 다른 직업을 갖고서 사회생활을 하거나, 어떤 여성은 결혼해서 애까지 낳았거나, 하다못해 배낭 하나를 메고 세계 곳곳, 또는 전국 각지를 떠돌아다니고 있었을 20대 초반 시절에 대학진학도 마다한 채 완벽하게 혼자만의 시간을 보냈던 특이한 이력을 갖고 있다. 정확히는 20세부터 25세까지다. 식구를 제외한 어느 누구도 만나지 않으며 방에 틀어박혀 책만 읽었다.

또한 그녀는 우리 문단에서 영어로 인터뷰가 가능한 몇 안 되는 작가다. 간단한 대화를 나누는 수준이 아니라 영어로 자신의 작품 세계를 설명하고, 영미권 기자·독자들의 어떤 질문에도 답할 수 있는 수준의 영어를 구사한다. 이는 작가로서 예상보다 훨씬 큰 장점이다. 프랑스어를 완벽하게 구사하는 홍상수 감독에게 유럽권 기자와 팬들이 보내는 호의를 생각해보라.

반면 소설가가 직접적이든 간접적이든 경험이 많으면 직업적으로 유리하다는 가정을 세울 때 조 작가는 다소 불리해 보인다. 일단 사회생활 경험이 일반인에 비해 턱없이 부족할 뿐 아니라, 본인이 강력히 부인할지 모르겠으나, 연애 경험도 많아 보이지 않기 때문이다. 한 가지 분명한 건, 남자 손을 처음 잡아본 게 28세 때라는 사실이다!

마지막으로, 사소할지는 모르겠으나 매우 강렬한 특성으로 그녀가 '아주 우아한' 화법을 구사한다는 점이다. 작가 조경란을 한 번이라도 만나 얘기를 나눠본 사람은 모두 수긍할 특성으로, 재벌가 며느리 역할을 맡은 탤런트 김희애의 어투나 표정을 떠올리면 틀림이 없겠다. 게다가 그녀는 어떤 질문에 대한 대답을 생각할 때 머리를 약간 옆으로 돌린 뒤, 마치 19세기의 사진 모델처럼 30초~1분가량 그 상태를 유지한다. 물론 시선도 어느 한 지점에 고정된 채다. 그래서 필자는 그녀에게 'fifteen degrees Jo'(15° 조)라는 별명을 붙였다. 그녀가 도통 사회생활을 안 하는 탓에, 불행히도(?) 좀처럼 퍼지지는 않고 있다. 그런 그녀가 인터뷰 초장부터 자신은 멘토가 없다고 걱정이다. 필자의 밥벌이 전선에 빨간불이 환하게 켜졌다.

신용관　(인터뷰 승낙은 왜 했느냐는 표정으로) 아니, 책을 끼고 사셨으니 닥터 지바고라든가, 위대한 개츠비라든가, 그리스인 조르바라든가 있을 거 아니에요? 참고로 조윤선 변호사는 아주 유능한 변호사인 남편이 멘토라던데.

조경란　음, 그 얘길 들으니까 제가 왜 남자를 못 만나고 결혼을 못 하는지 알 것 같아요. 제가 멘토 같은 남편감을 찾고 있었던 거 같아요. 실제로 이상형에 대한 질문을 받았을 때 제 대답이 언제나 '존경할 수 있을 만한 사람'이었거든요.

신용관　그 대답을 질문으로 바꿔서, 남자에게 어떤 속성이 있을 때 존경심이 생깁니까?

조경란　넓은 마음과 깊은 이해심?

신용관　무엇에 대한?

조경란　나와 세상에 대한, 특히 내가 모르는 나와 내가 보지 못한 것에 대해서 나에게 넌지시 일러줄 수 있는 사람.

신용관　조 선생이 하는 일에 대한 이해심도 물론 포함되겠죠?

조경란　물론, 크죠. 그리고 제가 이 세상에서 가장 듣기 좋아하는 말이 사랑한다는 말이 아니라 자랑스럽다는 말이거든요. 나한테 그런 말을 해줄 수 있는 남편.

신용관　그거 참 좋은 말이네요. 저는 한 번도 누구한테 그런 말을 해 본 적이 없네요. 자식한테도.

조경란　자식 둔 외국인들은 입에 달고 산다잖아요. 네가 무지 자랑 스럽다, 너를 사랑한다고. 좀 배우세요.

신용관　(짐짓 근엄한 표정으로) 자식 키워보지 않고서 쉽게 말하시면 안 됩니다. 어쨌든 그런 분을 찾다가 몸도 마음도 피폐해지는 거 아닌 가요?(웃음)

조경란　글쎄요, (고개가 15°로 기울어지기 시작하면서) …마음이 피폐해 져서는 안 되겠지요. 어떤 경우에든….

신용관　아니, 농담을 하는데 그렇게 진지하게 받아들이시면 제가 어 쩝니까.

조경란　제가 농담 못하는 거 모르셨어요? 하하. 근데 그런 상대를 일부러 찾은 적은 없는 것 같아요. 몇 년 전, U. C.버클리에서 작가 레 지던스 마치고 돌아오는 비행기 안에서 생일을 맞았어요. 12월 31일. 개인적으로 저는 마흔을 넘기기가 가장 힘들었거든요. 기내에서 담요 를 뒤집어쓰곤 정말 여러 가지 생각을 했어요. 그리고 다짐했죠. 인생 은 정말 알 수 없고 뜻대로 되는 것도 아니지만, 만약 결혼이나 자식 같은 것을 선택할 수 있다면 저는 하지 않겠다고요. 그건 뭐랄까, 한 여성으로서, 한 작가로서의 미래에 대한 일종의 각오 같은 것이었을 거예요.

신용관　스무 살에서 스물다섯 살까지 왜 그렇게 책을 붙들고 있었을까요?

조경란   내가 뭐가 되고 싶은지 확신이 들지 않아서 대학 진학도 포기했지요. 선뜻 다시 시도해볼 수 없었어요. 당시는 '히키코모리'(引き籠り, 사회생활을 거부하는 은둔형 폐인)라는 말도 없을 때였는데, 딱 그거였죠. 그냥 닥치는 대로 읽었어요. 남독이었던 것 같아요. 그 시기에 집장사를 했던 아버지가 마침 일생 중 가장 수입이 많을 때라 책값 걱정은 별로 안 했어요. 광화문 네거리에서 서대문 방향에 있던 공씨책방과 서울대 학생들을 위한 봉천동 대학서점, 두 군데에서 살다시피했어요. 대학서점에 있는 거의 모든 책들을 읽었어요. 그거였던 거 같아요. 멘토가 없었어요. 그래서 저는 책에서 찾고 싶었던 것 같아요.

신용관   그럼 책이 멘토인 셈인가요?

조경란   그때 제가 읽었던 책들이 저에게 어떤 영향을 미쳤는지 정확히는 모르겠지만, 문학하는 삶을 살라는 길을 제시해준 건 맞아요. 그렇다면 나의 멘토는 책인가? 이 세상의 위대한 책들인가? 아니에요. 아니에요. 제 멘토는 책이 아니에요. 책은 저를 이끌어주기도 하고 가르쳐주기도 했지만 저를 쓰러뜨리기도 하고 좌절시키기도 하고 절망에 빠뜨리기도 하는 존재이기 때문에 책은 멘토라고는 할 수 없어요.

신용관   뒤늦게 대학에 진학한 이유는?

조경란   대학에 입학한 때가 스물여섯 살이었어요. '문학하는 사람들 곁에라도 있어보자'는 심정이 컸어요. 입학 전에 평론가 김현 선생님의 모든 책을 다 읽고, 또 그분이 언급하신 거의 모든 문학작품들을 찾아

읽었어요. 수업 교재들도 일부는 이미 읽었던 책이었어요. 1년은 시를 썼고, 그 뒤엔 소설을 썼어요. 그러곤 졸업을 앞두고 곧 등단했지요.

조경란은 1996년 동아일보 신춘문예에 단편 〈불란서 안경원〉이 당선되어 문단에 나왔다. 바로 그 해에 장편 《식빵 굽는 시간》으로 제1회 문학동네 신인작가상을 받으며 화려한 신고식을 했다. 결코 다작(多作)이 아닌데도 오늘의 젊은 예술가상(2002), 현대문학상(2003) 등 주요한 문학상을 수상, 상복도 있는 편이다.

100권의 요리책, "그러나 누구도 노하우를 100% 전수하지는 않아요"

신용관   인생에서 가장 중요한 20대 초반에, 그것도 5년씩이나 책에 파묻혀 살았는데도 책은 나의 멘토가 아니었다?

조경란   네, 아니에요. 오늘 말씀드리고 싶은 저의 멘토는 두 가지인데 책은 아니에요. 그러나 만약 책에 한정시켜 이야기해야 한다면 요리책, 세상의 좋은 요리책, 그건 저의 멘토가 될 수 있습니다.

신용관   어떤 점에서요?

조경란   일단 저를 일으켰고, 저를 즐겁게 해줬으며, 또 저를 살아 있게 하고, 제가 어떤 것을 잘할 수 있다는 것을 알려주고, 살아갈 이유도 주고. 다른 사람을 즐겁게 해주기도 하고….

신용관   요리책의 가치는 그야말로 요리를 실제로 해야 알지 않나요?

조경란   합니다. 그러니까 보통은 조금 넘게.(웃음)

신용관   인생에서 20대 초반은 제일 중요한 시기 중 하난데, 그 시절에 본 요리책이 몇 권쯤 되나요?

조경란   그 시기에는 요리책은 생각하지 않았고 즐겨보지도 않았어요. 요리책을 본격적으로 찾아본 건 스물여덟 4월부터.

신용관   달까지 기억하시네요.

조경란   그해는 온통 잊을 수 없는 일들이 많았어요. 처음으로 제빵·제과 학원에 등록했고요. 스물여덟 살이었고, 1월 1일자 신문을 통해서 등단도 했거든요. 신춘문예에 당선되자마자 혼자 기림사라는 절에 들어가 지내다 돌아왔어요.

신용관   등단을 했으면 작품을 쓰셔야지 왜….

조경란   신문에 이름이 나고 제 글이 실리는데, 기분이 이상했어요. 소설 쓰는 일이 제 업(業)이라는 확신이 그때까지도 없었고, 기쁘지 않았어요. 습작하기 시작한 지 불과 1년밖에 안 됐을 때 등단한 거여서 그랬을까요. 자신도 없었고 어떤 확신 같은 것도 안 들었어요. 그런 자신을 추스르느라 '자, 이제부터 내가 좋아하는, 마음도 가볍게 할 수 있는 일을 찾아서 해보자'라고 생각하고 처음 찾은 것이 빵을 굽는 일이었어요. 요리는 빵부터 제대로 구울 줄 알고 난 다음에 본격적으로 시작할 요량이었지요.

신용관   집에 요리책이 몇 권이나 있으세요? 권수가 중요하진 않지만.

조경란   역시 세어보진 않았는데요, 한 100여 권쯤 되지 않을까요. 요리책 그리고 커피, 술에 관한 책들.

신용관   100권이요? 책이라는 건 적정수준이 되면 버려야 되잖아요. 집에 책이 얼마나 있으시기에.

조경란   한 2년 전인가, 어떤 기자분이 작업실 취재차 오셔서 책들을 세다가 포기한 적 있어요. 그러곤 기사에 2만여 권이라고 쓰셨던데, 작업실이 그럴 만한 공간은 안 돼요.

신용관   그래도 만 권은 넘네요?

조경란   넘어요. 저도 몇 번인가 세보다가 그만뒀어요. 1년에 한두 번씩 작정하고 책을 버리는데, 그래도 좀 있네요.

신용관   요리에 관한 소설은 몇 편 정도 쓰셨어요?

조경란   단편으로 쓴 건 한 10편 정도 되는 것 같아요.

신용관   지금까지 단편을 몇 편 쓰셨는데요?

조경란   45편가량? 소설집 한 권에 보통 8~9편의 단편이 들어가니까. 지금 여섯 번째 소설집 준비하고 있거든요.

신용관   그중에 10편을 썼으면 요리 이야기가 거의 20%네요.

조경란   그런가요? 올 봄이 돼서 한 생각인데요, 요리에 관한 이야기는 언젠가 한 번 다시 쓸 겁니다. 산문이든 소설이든. 요리책 보고 음식을 만들고 먹는 걸 좋아하고 그것에 대한 생각을 정말 지치지도 않고 해서 그럴까요. 스스로 생각하기에 '다른 건 몰라도 그쪽으로는 좀 준비가 돼 있군' 하는 느낌이 들곤 해요. 언제 쓰게 될지는 모르겠지만.

신용관   요리 영화도 즐겨 보십니까?

조경란   아주 좋아합니다. 〈바베트의 만찬〉으로 시작해서 〈달콤 쌉싸름한 초콜릿〉, 〈301 302〉, 〈카모메 식당〉, 기내에서 보고 훌쩍거리기도 한 〈에덴〉 그리고 며칠 전에는 영국 영화 〈토스트〉.

신용관   〈301 302〉는 오래된 영화죠. 요리에 대한 영화들이 만족스럽습니까?

조경란   그런 생각은 해보지 않았어요. 그냥 봅니다. 편하게요. 매달 산문 연재하는 게 있는데요. 다음 달에는 요리책에 관한 글을 쓸까 해요. 요리책 읽기의 즐거움과 씁쓸함에 대해서요. 요리책 읽으면서 든 생각인데요. 전부를 다 말해주는 책은 없는 것 같아요.

신용관   해당 요리의 전 과정을?

조경란   전부. 자신의 모든 팁, 모든 노하우를 보여주는 책은 없어요. 어느 누구도 자신의 노하우를 100% 전달하지 않아요.

신용관   그건 일종의 영업 비밀인가요?(웃음)

조경란   글쎄요.(웃음)

신용관   요리책의 씁쓸함은 뭡니까?

조경란   모두 다 이야기해주지 않는다는 점? 그래서 어떤 요리책이든, 실제로 음식을 만들면서 시행착오를 겪게 돼요. 기호라는 게 있어서 재료의 양을 조절하게 되기도 하고요. 그래서 저는 저만의 레시피들을 따로 갖고 있어요. 그러고 보니 그건 전부를 말해주지 않는 요리책들 덕분이네요.

신용관   특별히 좋아하는 요리 분야가 있습니까?

조경란   일본 요리 좋아합니다. 저는 육식을 별로 좋아하지도 않고 즐기지도 않는데요, 제법 해내는 요리는 고기 요리인 것 같아요. 가족들이 좋아하거든요.

신용관   고기 요리가 복잡해요?

조경란   복잡하진 않지만 깊은 맛을 내기는 어렵죠. 양념을 많이 안 넣으면서 그런 맛을 내야 하니까. 익히는 온도도 중요하고요. 특히 설탕을 쓰지 않으면서도 고기 종류에 따라 적절히 다른 과일과 채소를 선택해 단맛을 이끌어내는 게 까다로워요.

신용관   일본 요리는 어떤 점이?

조경란   일본 요리는 재료 본연의 맛을 살리는 데 치중하고 계절에 따라 식재료가 달라져요. 그리고 밥상에다 계절을 그대로 옮겨놓는 요리를 하죠. 맛도 맛이지만 일단 감각적이에요. 그런 걸 제대로 해보고 싶고, 잠깐 배워본 적도 있는데 지금은 혼자서 책들을 찾아보며 조금씩 합니다. 최근 몇 개월 동안 열심히 했던 건 유기농 채식 베이킹이었어요.

신용관   저는 사람을 판단할 때 몇 가지 편견을 갖고 있는데요. 가령 동물을 좋아하는 사람치고 악한 사람 없다든지, 비록 제가 요리에 취미는 없지만 요리 좋아하는 사람들은 평화를 사랑하는 사람이라고 믿어 의심치 않거든요. 다른 사람과의 공존을 꾀하는 사람들이니.

조경란   그런 면이 있어야지요, 작가니까요. 그런데 사실 요리는 혼자 그걸 만들고 준비하는 시간이 좋아요. 힘들 땐 스스로 어떤 것을 치유하고 있다는 느낌이 확실하게 들기도 하거든요. 예를 들면 밀가루랑 귀리 있지요? 부드럽고 바삭거리는 것. 그런 귀리 같은 것을 만지작거리고 있으면 복잡하게 엉켜 있던 생각들이 사라지는 것 같아요. 최근 몇 개월은 그렇게 혼자 마음을 달래며 보냈어요. 그것도 깊은 밤중에.

신용관　　자식이 커가면서 언뜻언뜻 까맣게 잊고 지내온 제 어린 시절이 기억날 때가 있는데 그중에 참 행복했던 기억 하나가, 커다란 상을 마룻바닥에 펴놓고 밀가루 반죽을 넓적하게 밀어서 옛날 스테인리스 밥공기로 동그랗게 찍어내 만두피를 만들던 거예요. 얼마 전에 엇비슷한 모습이 텔레비전에 나왔는데 콧잔등이 찡해지면서 그 시절로 돌아가고 싶더라고요. 부모가 전형적인 경상도 분이라 애정표현을 언어로 하는 분들이 아닌데, 아 그때 내가 참 행복한 어린 시절을 보냈구나 하는 생각이 들었어요. 내 자식이랑 이런 걸 같이 하면 녀석들이 아버지의 애정을 느낄까, 뭐 이런 생각을 했죠.

조경란　　저는 그걸 믿어요. 저희가 어렸을 때 정말 가난했거든요. 그런데 그때는 가난이 뭔지 잘 모르잖아요. 그러니까 오히려 행복한 거죠. 제가 여동생만 둘인 맏딸인데 초등학교 들어가기 전부터 다 같이 모여앉아 밀가루 반죽해서 칼국수를 끓여먹었거든요. 그때 밀가루 만지던 그 공간에서 느꼈던 공기들, 감정들, 이런 걸 잊을 수가 없어요. 요즘 그걸 오후에 조카들하고 하고 있죠. 같이 밀가루 반죽해서 쿠키 틀로 찍어내고 굽고. 그래서 동생 부부들이 좋아해요. '고품격 보모'라

면서요.(웃음)

신용관   없는 집에 칼국수가 있나? 수제비지요.

조경란   맞아요, 수제비. 제가 최초로 만든 빵이 연탄불 위에다 밀가루 반죽을 구운 거였거든요. 초등학교 들어가기 전에.

신용관   그런 게 있어요?

조경란   없죠. 그냥 연탄불 위에다가 밀가루 반죽을 굽는 거였죠. 그걸 저는 빵이라고 생각했던 거고요. 그러곤 곧 도넛을 튀기기 시작했어요. 연탄불 앞에 쭈그리고 앉아서. 그 부엌, 그 기름냄새가 아직도 기억나요.

어쩌다 전업 작가와 마주앉아 이런저런 얘기를 나눌 기회가 되면 바로 이런 게 좋다. 까맣게 잊고 살아온 것, 앞으로도 하얗게 잊고 살아갈 게 분명한 것들이 새록새록 떠오른다는 점 말이다.

신용관   그래도 멘토가 되려면 뭐든 상호성 비슷한 것이 있어야 되는데. 요리책은 상호성이 제한적이지 않나요?

조경란   그 말에는 동의할 수 없어요.

신용관   그러면 요리책이랑 대화도 가능합니까?

조경란   그건 굉장히 어리석은 질문이라고 생각하고요.

신용관   (한방 먹었다는 심정으로) 하하하. (웃는 게 웃는 게 아니다.)

나를 빛으로 이끄는
'긍정의 나'

조경란　　실은 저한테도 멘토가 있는데요, 다른 분들이 오해하실까 봐 조금 조심스럽긴 해요. 저는 제가 늘, 항상, 거의 둘로 나뉘어 있다고 생각합니다. 지금 여기에 앉아서 아는 분과 즐겁게 이야기하고 있는 나, 그리고 저만큼 떨어져서 창가에 앉아 원고 걱정을 하고 있는 나. 책을 읽는 나와 원고를 쓰는 나. 음식을 먹는 나와 체중조절을 해야 한다고 말하는 나. 술을 먹고 싶어 하는 나와 술을 참아야 한다고 말하는 나. 집에 있고 싶어 하는 나와 집을 떠나고 싶어 하는 나. 불안에 사로잡힌 나와 거기서 벗어날 수 있다고 말해주는 나. 나이 들었다고 생각하는 나와 그렇지 않다고 말해주는 나. 이렇게 매번 매 순간, 제가 저를 지켜보고 검열하는 거나 마찬가지지요. 제가 좋아하는 말 중 하나가 '레이어드layered 피플'이에요. 층이 있고 겹이 있는. 그래서 사람은 어려운 거고요.

신용관　　다층적 인격을 좋아하시나 보죠?(웃음)

조경란　　사람은 누구나 많은 겹을 갖고 있잖아요. 저는 우리가 그런 존재라고 생각해요. '긍정의 나'와 '부정의 나'가 항상 충돌하고 있어요. 그래서 저의 첫 번째 멘토는 긍정의 나예요. 그래서 언제나 부정의 나가 승(勝)하려고 할 때 긍정의 나가 저를 이끌어주죠. 그동안 여러 번 문학을 포기하고 싶었던 때마다 긍정의 나가 '아니야, 여기서 멈추면 안 돼, 조금 더 가봐, 처음에 문학을 시작했을 때를 생각해봐'라고 저한테 속삭이는 거죠. 하지만 대부분 부정의 나가 힘이 세지요. 괴롭고, 포기하고 싶고, 다 놔버리고 싶고, 때로는 죽음도 생각하고, 늘 두려움에 시달리고, 술에 취해 있고. 하지만 지금까지 결정적인 순간에는 부정의 나보다는 긍정의 나가 저를 이끌어줬어요. 내가 어떻게 살아야 할지를 알고 있는, 책을 많이 읽은, 이성을 유지하고 있는, 저를 빛 쪽으로 이끌어내려 하는 긍정의 나가 저의 첫 번째 멘토인 것 같아요.

신용관　'다 잘될 거야', 이런 건가요?

조경란　다는 아니겠지만 지금보다 나을 거야, 믿는 대로 될 거야, 지금 제대로 가고 있는 거야, 라고 말해주는 거지요. 저는 사실 친구도 없고 찾아뵙는 스승도 없고 언니나 오빠도 없었기 때문에 늘 혼자서 모든 걸 해결해야 했거든요. 지금도 저는 그렇게 생각하는데, 사람은 자기 자신을 똑바로 바라볼 수 있어야 해요. 그래야 부끄럽지 않은 사람이 될 수 있거든요.

신용관　그렇죠. 떳떳해야죠. 작업실에 혹시 거울이 많습니까?

조경란　딱 한 군데, 화장실에만 거울이 있어요. 작업실엔 책상 하나밖에 없어요. 커피를 내려 마실 수 있는 작은 싱크대하고. 거기는 인터넷, 전화, 텔레비전, 초인종, 이 4가지가 없어요.

신용관　본인을 세상으로부터 격리시키기 위해서겠지요.

조경란　제가 거울을 보면서 눈을 똑바로 쳐다봐요. '잘하고 있는 거지? 괜찮은 거지?'라고 제가 저한테 물어봐요. '긍정의 나'에게 묻고 있는 거겠죠. 확인받고 싶어서.

신용관   그렇다면 부정의 나는 멘토 역할을 합니까?

조경란   부정의 나를 미워하진 않아요. 부정의 나가 없다면 긍정의 나를 발견하지 못했겠죠. 부정의 나 때문에 상당히 괴롭고, 하루에도 몇 차례씩 마음이 지옥을 왔다갔다하지만 뭐랄까, 좀 단단해진다고 할까? 뭔가 큰 시련이 와도 쉽게 무너지지 않는.

꾸며낸 이야기,
그러나 진실된 이야기꾼

신용관   어떤 소설을 쓰고 싶으세요?

조경란   저는 제가 대중적이지 않다는 걸 잘 알고 있어요. 그렇다고 한국 문학사에 제 이름이 거론될 거라고, 역사에 남을 거라고도 생각하지 않아요. 그럴 욕심도 없고요. 다만, 제가 저의 기대치를 넘어서는 그런 작품을 쓰고 싶어요. 저를 만들어준 세상의 어떤 책들 같은, '좋은' 소설 쓰고 싶어요. '잘 쓴' 소설이 아니라.

신용관   이런 질문이 실례가 안 된다면, 쓰면서 제일 몰입했던 작품은 무엇인가요?

조경란   《혀》라고 말할 수 있습니다.

신용관   그게 제일 많이 팔린 작품인가요?

조경란　글쎄요. 정확하진 않지만 아마 3만 3,000부쯤 나간 걸로 기억하고 있어요. 아, 《식빵 굽는 시간》은 조금 더 나갔을 거예요. 근데 저는 사실 그것을 크게 염두에 둔 적은 없어요.

신용관　많이 팔리는 걸?

조경란　네. 뭐랄까, 저는 처음 문학을 시작했을 때부터, 아니 소설가로 등단했을 때부터 제가 그렇게 독자들과 세상과 소통을 잘, 원활하게 하는 문학작품을 쓰지 못할 거라는 걸 알았어요. 제가 읽어왔고 작가를 꿈꾸게 만들었던 작품들도 그런 쪽은 아니었거든요. 이상한 말 같겠지만, 제가 작가인 저 자신한테 갖는 기대치가 있어요. 그런데 지금 그만큼 못 쓰고 있잖아요. 17년이 되도록 한 가지 일만 하고 있는데도요. 가르치는 일도 안 하고, 다른 직업도 안 갖고, 밤새우고 오후에 일어나서 하루 종일 내 마음대로 시간을 쓰면서도 말이에요. 그러면 재능이 없는 거예요. 작가로서의 재능이.

신용관　머릿속으론 이해가 되지만 동인문학상까지 받으신 분이 "나는 내 기대치에 여전히 전혀 못 미치고 있다"고 하면 섭하죠.

조경란　동인문학상 세 번 떨어지고 네 번째에 받았어요.(웃음) 동인문학상을 받았다고 해서 스스로 느끼는 제 문학적인 성취감이 올라가는 것은 아닙니다. 물론 상은 기쁘고 감사하게 받기는 했지요.(웃음) 뭐랄까, 꿈이 조금 더 있기도 하고요, 일단 제 기대치에 미치는 그런 소설을 여태 못 써내고 있기 때문에 가슴이 답답해요. 매일 매일…. 고흐가 한 말을 작업실에 써 붙여봤어요. "내 그림이 내 기대치에 얼마나 미치지 못하고 있는지 생각할 때마다 가슴이 무너지는 듯한 고통을 느낀다"라는 말. 그런데요, 자신에 대한 기대치는 높여서 갖는 게 좋지 않을까 생각해요. 그래야 그 비슷하게라도 갈 수 있으니까요.

신용관　영미권에 번역된 작품들 판매량은 어느 정도인가요?

조경란　단행본은 《Tongue》밖에 없고요. 단편들이 몇 편 문학잡지나 웹사이트 같은 데 실렸는데 반응들이 나쁘진 않은 것 같아요. 《Tongue》은 제가 마지막으로 들은 게 한 5,000부 정도? 부수나 숫자에 약해요.(웃음)

신용관　영어를 잘하시는데, 영문으로 된 걸 직접 검토해보신 적이 있나요?

조경란　잘하는 게 아니라 좋아하는 거죠. 영문으로 번역된 제 글은 모두 먼저 읽어봅니다. 검토가 아니라 그냥 읽어보는 거예요.

신용관　마음에 안 드는 부분은 이런 건 내 의도와는 다르다고 지적하신 적도 있나요?

조경란　없습니다. 저는 그런 건 안 할 거예요. 번역이 완전한 창작분야라고는 생각하지 않지만요, 그건 번역가를 믿고 맡겨야지요. 이를테면 어떤 영화감독이 제 원고를 갖고 영화를 만들겠다고 했으면 저는 아마 계약서에 사인만 하곤 뒤돌아서서 잊어버릴 거예요. 그다음은 영화를 만드는 사람의 몫이에요. 원작에서 뭐가 어떻게 달라지든.

신용관　아직 시나리오를 파신 적은 없군요?

조경란　저는 한 번도 드라마, 단편 드라마, 영화, 한 편도 팔아본 적이 없어요.

신용관 　돈 되는 건 하나도 없었군요.(웃음)

조경란 　없어요. 그러면서도 난 가르치는 일도 안 할 거야, 월급 받는 일도 안 할 거야, 그건 나를 긴장시키지 못하거든, 이러고 있으니, 참. 돈 되는 일은 평생 못할 것 같아요.

신용관 　본인이 스스로 자기를 한계 짓고 있으니 그 기운이 퍼져서 들어올 제안도 안 들어오지요. 한 번 정도는 외도(?)를 해서 3만에서 그치는 게 아니라 30만, 300만도 팔아보셔야.

조경란 　제가 2007년 11월에 처음 작업실이라는 걸 얻었어요. 그게 5,000만 원짜리 방이거든요. 그런데 지난 2월에 그 방을 내놔야 할 형편이 돼버렸어요. 몇 년 동안 생활비를 제대로 못 벌었으니까. 그때 정신이 번쩍 들더라고요. 도대체 내가 한 달에 얼마나 벌고 있는 거지? 하하하. 무서웠어요, '생활'이라는 게. 국민연금이라는 것도 이번에 처음 들었어요. 지금으로서는 역시 무리지만.

신용관 　어째서 수십만, 수백만 베스트셀러는 못 쓸 거라고 단정 짓지요?

조경란 　사실 제 소설이 쉽게 읽히지는 않잖아요.

신용관 　대중을 너무 무시하는 거 아닙니까?

조경란 　그럴 리가요. 하지만 솔직히 제가 독서에 익숙지 않은 분들, 학력이 아주 낮은 분들도 쉽게 읽을 만한 글을 쓰고 있다고 말하기는 어렵겠죠. 상징이나 행간의 의미도 일부러 크게 장치해 놓고 있고요.

독서라는 게 그냥 책을 술술술 읽어내는 행위에 그쳐서는 안 되잖아요. 행간의 의미를 파악하고, 읽기를 통해서 스스로 무언가 발견해야 하는 거라고 생각해요. 저는 독자들 만나는 자리가 있으면 항상 이야기합니다. 제 책은 지하철에서 5분, 쉬는 시간에 5분, 그렇게 읽지 마시라고요. 집중해서, 한 자리에 앉아서 한 편 끝날 때까지 읽으셔야 이해하실 수 있을 거라고요. 안 읽힌다, 무슨 뜻인지 모르겠다, 너무 어렵다, 그렇게 말씀하시기 전에 말입니다. 이상한가요?

신용관 아, '소비'되기를 원치 않으시는군요. 딱 정색을 하고 앉아서 읽으라는 건데. 이야, 이거 참…. 시대 역행적인 건 아시죠?

조경란 네. 당연히 알죠, 제가 그런 사람이라는 거. 저는 휴대폰도 아직 2G를 쓰고 전자책이나 페이스북, 트위터, 이런 것들에는 크게 관심이 없어요. 원래 모든 게 느리고 더디고 좀 구식인 그런 사람인 거죠.

이후 조경란은 현재의 자신을 만드는 데 헤밍웨이가 끼친 영향에 대해 이야기해줬다. 젊어서부터 좋아한 것이 아니라 마흔이 넘은 어느 날 밤 《노인과 바다》를 읽고부터 완전히 푹 빠져버렸다고 한다. 그 '남성성'에. 자연스레 화제는 영화로 옮겨갔고, 필자는 그녀가 한 달에 영화 25편을 보는 말 그대로 영화광임을 처음으로 알게 됐다. 그것도 경건한 자세로 책상 앞에 앉아서 본다. 그게 예의이기 때문이란다. 감독은 〈스테이션 에이전트〉의 톰 매카시와 〈싱글맨〉에서 톰 포드가 만들어낸 스타일을 좋아한다. 특히 우디 앨런 마니아라 영화는 물론 그가 쓴 책도 빼놓지 않고 다 구해 읽었다.

아, 그리고 빠뜨려서는 안 될 그녀의 말. "전 대한민국의 작가가 아니라 세계의 작가예요. 진짜 저는 한국의 작가라고 생각한 적이 거의 없어요. 무슨 문학에 국내용과 세계용이 따로 있겠어요? 문학엔 어떤 한계, 편견, 바운더리boundary도 없어야 한다고 생각해요. 자유롭다고 느끼지 못한다면 글쓰기 의미가 지금만큼 크지 못할 거예요. 같은 이유로 제가 여성작가라고 생각해본 적도 없습니다."

이날 인터뷰가 마무리된 뒤 필자는 작가 조경란을 흠모하는 출판사 편집자 몇 명과 저녁을 함께했다. 조경란은 술을 잘 마실 뿐 아니라 아주 좋아하는 작가다. 술이 돌자 예의 '15°'도 뜸해졌다. '생각'을 벗어나 '느낌'에 충실하고 있다는 뜻이다.

아주 유쾌한 저녁 자리였고, 늦은 밤 집으로 돌아가며 필자는 어째서 세상 남자들이 저 매력적인 여성을 그냥 내버려두고 있는지 참으로 궁금했다. 그 봄밤에 어디선가 농염(濃艶)한 라일락 향이 켜켜이 흐르고 있었다.

박맹호

민음사 회장

"자기 인생 에디팅 위해
멘토 잘 만나야지요"

잠스가 이런 뜻의 말을 했어요. 제 표현으로 바꾸면, 세상의 기계라는 것은 다 비슷비슷하다. 그런데 에디팅editing하기에 따라서 위대한 작품도 되고 허접한 물건도 된다. 자기 인생의 에디팅을 위해 멘토를 잘 만나야지요.

인문사회계열 출신이라면 민음사의 책 한 번쯤 접하지 않고 30대를 맞이하긴 힘들었을 것이다. 1966년 설립돼 창립 50주년을 목전에 두고 있는 민음사는 매출액 기준으로 1~2위를 다투는 단행본 출판사다. 1972년 '세계시인선', 1974년 '오늘의 시인 총서'를 발간, '문학과지성 시인선'(문학과지성사)·'창비시선'(창작과비평사)과 함께 상업적인 시집 붐을 일으켰다. 1976년 문학 계간지 '세계의 문학'을 창간하고, 이듬해엔 '오늘의 작가상'을 만들어 이문열, 조성기, 강석경, 이만교 등 중견 작가들을 발굴했다. 1981년엔 '김수영 문학상'을 제정했다. 1990년대 들어 인문사회과학 분야 이외에 아동도서물도 출판하기 시작했다. 비룡소(1994), 황금가지(1996), 사이언스북스(1997) 등의 자회사를 설립했다. 큰딸 박상희가 이끈 비룡소는 국내 최대 아동전문 출판사로 성장, 민음사 전체 매출의 상당 부분을 차지하고 있다.

이 민음사를 세운 박맹호 회장은 충북 보은 출신이다. "박씨 땅 밟지 않고 보은을 지날 수 없다"는 말이 있었을 정도의 갑부 집 맏이였다. 가업 잇기를 원했던 부친의 뜻과 달리 서울대 불문과를 졸업한 뒤 '돈 안 되는' 출판업에 홀연히 뛰어들었다. 서울대 조소과를 나온 맏딸은 물론, 서울대 산업공학과를 졸업한 뒤 뉴욕대학에서 멀티미디어 아트를 전공한 차남이 사이언스북스를, 지금은 쉬고 있는 장남은 서울대 경제학과를 나와 미주리주립대에서 경영학 석사를 딴 뒤 오랫동안 민음사를 경영했다. 단지 돈만 많은 게 아니라 보기 드문 '서울대 집안'인 셈이다. 맏며느리가 자회사 '민음인'을 이끌고 있으니 말 그대로 '출판 집안'이기도 하다. 강남출판문화회관 민음사 회장 집무실에서 진행된 인터뷰 내내 박맹호 회장은 필자에게 전혀 하대(下待) 없이 존칭어로 시종했다.

신용을 잃으면 모든 걸 잃는다

신용관 부친의 뜻을 거스르고 출판업을 시작하신 것으로 알고 있습니다만.

박맹호 선친은 유아독존의 사고와 행동방식을 가지신 분이었지요. 제가 출판을 한 이유 중에는 아버지에 대한 반발심도 있었는데, 돌이켜보면 내가 해온 행동이 아버지하고 똑같더라고요.(웃음) 늘 아버지에 반발하며 살았다고 생각했는데 실제로는 닮았으니, 나의 멘토는 아버지인 셈이지요.

신용관   부친께서 사업을 하셨던가요?

박맹호   하셨죠. 스케일이 저보다는 훨씬 컸죠. 제가 하는 출판 같은 건 그것도 사업이냐며 인정을 안 하셨지요.

신용관   어느 분야의 사업이었나요?

박맹호   시골 유지라는 게 대개 정미소 아니면 운수업이에요. 정미소를 충북에서 가장 크게 한 편이셨어요. 박(朴)자, 기(起)자, 종(鍾)자를 쓰셨는데, '보은대동정미소'라는 회사였어요. 그걸 기반으로 해서 몇 번 국회의원에 출마하시기도 했고요. 번번이 고배를 마셨는데도 회복해서 다시 도전하시더라고요. 7전 8기라는 말도 있지만, 그 살아 있는 실례와 같은 분이셨어요.

신용관   형제가 어떻게 되십니까?

박맹호   7남매예요. 내 아래로 남동생이 하나 있고, 위로 누님 한 분 계시고 여동생이 넷 있어요.

신용관   그러면 2남 5녀. 그중에 맏아들이셨네요. 당연히 부친께선 맏아들이 본인의 사업을 이어야 한다고 생각하셨을 텐데요.

박맹호   그걸 갈망하셨는데 제가 들어주지 않아서 지금도 죄송해요.

신용관   왜 안 들어주셨습니까?

박맹호   우선 제 적성에도 맞지 않았고, 또 시골이라는 한계를 제가 못마땅해 했죠. 시골 유지 따위 해봤자 아닌가 하는…. 가풍도 뜻에 맞지 않았고요.

신용관   어쨌든 부친께서는 맏아들을 서울대 불문과에 보내실 때 졸업하면 당연히 내려와서 가업을 이을 줄 알았는데, 회장님께서 되지도 않는(?) 출판사를 하겠다고 하신 거네요.

박맹호   학교도 제가 선택한 거예요. 원래 영문과를 지망했는데, 성적이 좋지 않아서 재지망으로 불문과에 배당되었어요. 어쨌든 사업도 사업이었지만, 선친께서는 정치에 야망이 있어서 당신 정치기반 좀 챙겨달라, 이런 요구도 있었지요. 그건 제 적성에 전혀 맞지 않았어요.

신용관   부친께서는 출마만 하시고 당선된 적은 없나요?

박맹호   제5대 때 한 번 했죠.

신용관   5대 국회요? 하하. 그게 몇 년입니까?

박맹호   4·19 나던 때.

신용관   아, 1960년이요? 어느 당으로 나가서 되셨어요?

박맹호   민주당이었어요. 사업을 하시면서도 평생 민주당이라는 야당에 소속되어 있었어요. 그래서 사업하면서 엄청 힘들어하셨는데, 그때마다 불굴의 투지로 일어나더라고요. 그 점은 늘 감탄했고, 나는 도저히 저렇게 못하겠다 싶었어요. 하지만 제가 가장 불만이었던 것은 집에 개인생활이 없다는 거였어요. 늘 유권자가 몰려와서, 동네 여관방도 아니고…. 견딜 수가 없었어요. 저는 성격상 조용하고….

신용관   혼자 있는 시간도 좀 필요하고 그러셨겠어요.

박맹호　　저는 사실 제가 문학에 관심 있는 줄 몰랐어요. 그런데 습작을 몇 번 끼적거렸더니 여기저기에서 입선이 되더라고요.

신용관　　소설이요? 시요?

박맹호　　산문이었지요. 별 볼일 없는 데서….

신용관　　문재(文才)가 있으신 거죠. 회장님이야 시답잖은 데라고 말씀하시지만 그래도 그게 아무나 됩니까? 어쨌든, 멘토라 할 때는 이런 점이 있습니다. 직접 부친께서 회장님을 앉혀놓고 애야 인생은 이렇다, 가르치진 않았지만 선친의 생활 속 모습, 평소 모습을 나도 모르는 사이에 배웠거나 나도 내 아버지와 이렇게 비슷하게 살아가고 있었구나, 하는 느낌을 받아야 멘토인 듯합니다. 하신 말씀 중에서는 불굴의 의지, 포기하지 않는 자세, 이런 걸 말씀하시는 것 같습니다.

박맹호　　그런 점도 있죠. 또 하나는 고압적이고 남의 말을 듣지 않는 면이랄까요. 그런 환경을 무척이나 싫어하며 자랐는데 어느 날 보니 제가 아이들한테 똑같이 하더라고요.

신용관　　자제분들한테요?

박맹호　　우리 근섭(장남)이가 그래요. 내가 출판하는 걸 좀 도와달라니까 안 하겠대요. 저하고 맞지 않아서 못하겠다고 하더라고요. 하지만 (내가 강요하니까) 할 때는 잘했어요. 우리나라에 장르문학을 잘 정착시켰고, 《부자 아빠 가난한 아빠》 등 몇 가지 히트작을 냈는데, 그건 나하고 맞지 않았거든요. "야, 기왕이면 본격적으로 인문학을 하지 왜 변두리 쪽을 하니?" 이런 식으로 늘 타박했지요. 인정하지 않은 거죠. 아이가 참고 참다가 재작년인가 "저는 출판 재미없어요. 내일부터 안 나옵니다" 말하더니, 그날로 사라져서는 지금까지 안 나와요.

신용관   뭘 하고 있습니까? 장남은.

박맹호   산천유람할 거예요, 아마. 매일 등산 가고.

신용관   부친께서는 회장님이 출판하는 것을 결국 인정하신 셈 아닌가요, 결과적으로?

박맹호   인정했다기보다는 아버지하고 나하고 경제권이 다르니까 충돌할 일이 없었어요. 당신은 당신 사업해서 잘되고 나는 내 사업해서 먹고사니까 다툴 일이 별로 없었죠. 하지만 어머니는 "이 방앗간 어떡하냐, 이 자동차 어떡하냐" 하며 늘 안타까워하셨어요. 정미업에서 나중에는 버스 사업도 했으니까요. 조금 맥락이 다른 얘기지만, 저는 소위 전통사상에 대해서 꽹장히 개혁적이라고 생각해왔는데, 실제로는 옛날 사람들처럼 살고 있더라고요. 가령 제사를 모신다든지, 대가족주의를 인정한다든지… 이런 점은 대체로 답습하는 게 아닌가 생각해요.

신용관   부친께서는 실례지만 대학 교육을?

박맹호   한학 대가 중에 임창순 선생이라고 있어요. 임 선생하고 같이 한학 동문수학을 했어요.

신용관   그러면 고등학교까지만 하시고 한학을?

박맹호   고등학교도 안 다니셨고 한학만 하셨어요. 그런데 머리가 아주 좋은 양반이에요.

신용관   옛날 방식의 공부를 하셨군요.

박맹호   조실부모를 해서 그러셨을 거예요.

신용관   아, 회장님의 할아버지 할머님이 일찍 돌아가셨군요. 그럼 거의 혼자 힘으로 글을 읽으신 거네요.

박맹호   아주 탁월하신 분이에요. 스무 살에 보은에서 납세 1등 기록을 낸 분이니까. 그 이후로도 돌아가실 때까지 평생 그 타이틀을 내놓지 않았죠. 얼마나 탁월한 분이었는지, 기억나는 일화 하나만 말씀드리죠. 아버님께서 해방 후 서울로 올라오셨는데, 당시 미군 부대가 지금 한남동에 진주하고 있었어요. 거기서 건설회사를 했어요. 동광건설주식회사라고. 그때 미국 여자를 세컨드도 아니고 서드로 데리고 사업을 하더라고요. 당신은 영어를 하나도 못하면서, 영어하는 미국 여자를 데리고 살면서 사업을 벌이실 정도였으니.

신용관   부친이 몇 살 때 얘깁니까?

박맹호   그게 30대 정도일 거예요.

신용관   아니 스무 살 전에 보은에서 뭘로 돈을 버셨는데요. 그때도 정미소였습니까?

박맹호   정미소가 아니고 부동산을 하셨어요.

신용관   이야, 정말 대단하시네요.

박맹호   지금도 보은에서는 신화적인 인물이에요. 그래서인지 사회활동만으론 부족하다, 국회의원도 하겠다고 나서신 거지요. 정주영하고 비슷한 사람이에요.

신용관   제가 볼 때는 부친의 그런 사업 감각, 요즘 표현으로 비즈니스 능력이 물론 회장님께도 갔지만, 하나 건너서 손주한테 간 게 아닌가 싶네요. 박근섭 사장한테. 출판계에서는 "자기 아버지가 평생 책 팔아서 번 돈을 투자로 3년 만에 벌었다"고 회자되던데요.

박맹호　　예, 그랬대요.

신용관　　그렇게 벌 수 있는데 왜 책 하나하나 만들어서 이 고생을 하며 벌겠냐, 그러니 울화통이 터지지 않겠느냐, 그게 출판계의 중론이었어요. 이건 제 비유입니다만, 몽고 벌판에서 뛰어다녀야 될 사람을….

박맹호　　그게 내가 참 잘못한 거라고 생각해.

신용관　　연전에 박근섭 사장과 저녁 먹으며 이런저런 이야기를 나눈 적이 있습니다만, 일반적으로 출판인들이 대개 꼼꼼함, 치밀함 이런 게 필요한데 박 사장은 거시적으로, 매크로하게 보고 분석하는 능력이 탁월하더라고요.

박맹호　　요새 라디오에 〈교육을 말합시다〉라는 프로가 있던데, 그걸 듣다 보니 내가 아이를 왜 이렇게 몰았을까, 이런 회한이 들더라고요.

신용관　　뭐 자식이 자식의 인생만을 살기가 쉽지 않죠. 박 사장이 처음에 민음사 영업부장으로 들어와서 한 10년 했죠? 많이 참았죠, 그 양반도?

박맹호　　어유, 많이 참고 병도 나고 그랬지.

신용관　　회장님과 달리, 자기 부친하고 동종 업종이라는 게 결정적인 문제였던 것 같군요.

박맹호　　그러니까 애들한테는 간섭하지 말아야 되는 거더라고요.

신용관　　그건 그렇고요. 부친께서 했던 말씀 중에 회장님에게 영향을 많이 끼친 것이 있습니까?

박맹호　　"절대로 신용을 잃지 마라. 신용을 잃으면 모든 걸 다 잃는다." 그 말씀을 하셨어요. 그래서 저는 평생 사업하면서 은행 거래를 잘 안 했어요. 신용 잃기 딱 좋은 일이라서요. 출판업은 어음 끊어서 돈을 돌리다 보면 망하기 쉬운 구조예요. 그래서 예금은 맡겨도, 은행 대출이나 신용거래는 극히 꺼려왔죠.

신용관　　사업 초반에는 자금도 필요하셨을 텐데요?

박맹호　　아, 그건 마누라 고생을 많이 시켰어요. 마누라가 약국을 했거든요. 거기서 버는 돈을 몽땅 긁어다 쓰고 또 쓰고. 10원짜리, 20원짜리 약을 팔아서 목돈을 대는데 (남편이) 이자도 안 가져와, 본전도 안 가져와, 그러다 과로로 쓰러졌어. (한숨을 크게 쉬며) 이야~ 참담하대. 인사동에 있는 내과에 입원해 있을 때, 처가 식구들이 다 왔는데 몸 둘 바를 모르겠더라고요. 마누라가, 이런 얘기하면 좀 우습지만, 고등학교 때고 대학교 때고 1등을 놓치지 않은 아가씨였거든.

신용관　　재원이시네요.

박맹호　　그런데 어디서 이런 날탕한테 맡겨가지고 이 고생을 시키느냐는 눈으로 날 보는 듯하니까 정말 몸 둘 바를 모르겠더라고.

신용관　　몇 살 아래시죠? 회장님보다.

박맹호　　두 살.

신용관　　잘못하셨네요. 많이 잘못하셨네요.

박맹호   많이 잘못하다마다. 그래서 지금도 내가 "모든 건 마누라의 힘이다. 나의 힘의 원천은 마누라다." 이런 얘기를 기회 있을 때마다 쓰고 반복하고 있어요. 허허허.

신용관   그 와중에도 회장님 신용이었으면 당연히 은행에서 돈을 빌릴 수 있을 텐데도 대출을 안 하셨단 말이에요?

박맹호   안 했어요. 갚을 능력도 없고. 빌려오면 틀림없이 못 갚는다, 그러면 금치산자나 파산자가 된다, 이런 생각에. 그냥 꾸물거려도 나 혼자 하자, 그래서 평생 은행 융자 없이 살았어요.

신용관   사업이야 그렇다 치고 내 집 마련, 자식들 집 마련, 사옥 마련, 이때도 은행 돈이 안 들어갔단 말입니까?

박맹호   스텝 바이 스텝으로 했어요. 노량진 사옥이 아마도 민음사 첫 번째 사옥일 텐데, 아버님이 나 결혼했을 때 1억을 내서 사주신 집을 팔고, 내가 따로 들었던 전세금하고 건물에 들어 있던 세입자들 전세금을 합해서 인수했어요. 거기서 한 발짝 한 발짝 올라온 거예요.

아는 사람만 아는 팩트fact인데, 국내 단행본 출판사들이 매출액을 발표할 때 거의 모든 회사들이 출고액을 기준으로 한다. 우리나라 출판은 위탁판매 시스템이라, 출판사에서 서점으로 나간 책들 가운데 팔리지 않은 책들은 수개월 뒤 다시 반품되는 일이 허다하다. 그래도 일단 회계상 매출로 처리하는 게 관례다. 그러나 민음사는 철저하게 수금액 기준으로 발표한다. 창고에서 얼마가 나갔든 책이 소비자에게 팔려 실제 들어온 돈을 매출로 친다는 얘기다. 그 철두철미함이 어디서 연유하나 궁금했는데 이번에 의문이 풀렸다. 수십 년 동안 사업하면서 은행돈 한 푼 안 썼다면 뭐 더 할 말이 있겠는가.

신용관   민음사가 지난 수십 년 동안 은행 돈 10원 한 장도 안 썼다는 게 믿기지가 않네요. 그러면 회장님 입장에서는 요즘 몇몇 출판사 사장들이 사업이 안 된다는 이유로 직원 월급을 안 준다, 체불·체임한다는 게 이해가 안 되겠네요.

박맹호   그런 일은 절대로 없지요.

신용관   정말로 이해가 안 될뿐더러, 그냥 불한당 같은 인간이라고 생각하시겠네요?

박맹호   하하하. 그 대신 월급이 짰지. 짜게 달려왔어요.

책 꾸준히 읽는
3만 명이 사회를 지탱하는 힘

신용관   부친 외에 영향을 받은 분은 없습니까?

박맹호   그 외에는 전부 책 같은 데서 영향을 많이 받은 편이에요.

신용관   사상가나 작가가 한둘이 아니겠습니다만, 그중에서도 한두 명을 굳이 꼽으신다면?

박맹호　　카네기의 《인간 처세학》이란 책이 있어요. 그 책에 '누구나 만나면 공손하게 대하고 칭찬하라'는 말이 있어요. 그게 그 책 전체의 근본정신이에요. 중학교 때 읽어서 세세한 내용은 기억나지 않지만 그 말이 나한테 깊이 뿌리 내렸던 것 같아요. 그래서 지금도 험담을 거의 안 하는 편이에요.

신용관　　아유, 험담만 안 하시는 정도가 아니지요. 출판계에서 2세들이 경영 일선에 다 적극적으로 등장하고 있는데요. 회장님 자제분들의 경우는 벌써 10년, 5년이 되어가는데 다들 평들이 좋아요. 물론 세평이 전부는 아니지만 비즈니스 세계에서 좋은 평판 듣는 게 쉬운 일은 아니잖습니까. 그러면 중고등학교 학창시절 말고 성인이 된 이후에 크게 영향을 받았다고 느껴진 책이 있나요?

박맹호　　그건 내 출판 궤적하고 마찬가진데, 우선 기억나는 건 《바람과 함께 사라지다》에 나오는 그 불굴의 투지! 스칼렛 오하라가 끝까지 살아남아서 농장을 되찾는 이야기요. 그리고 로맹 롤랑의 《베토벤의 생애》라는 책이 있었죠. 저도 어려서부터 귀가 그렇게 나빴어요. 양쪽 귀가 다.

신용관　　특별한 계기가 없이요?

박맹호　　아니, 어려서부터 중이염이 쭉 있었죠. 나중에 양쪽 모두 수술을 해서 완치됐지만. 거기서 헤어나오고 싶은 마음이 절실했는데, 베토벤 역시 귀 때문에 얼마나 고생을 했어요? 그래서 아주 감동했죠. 그 사람이 그런 조건에서 작곡도 하고 지휘도 하고, 충격이었어요. 철학 쪽으로는 윌 듀런트라는 사람이 있어요. 《철학 이야기》를 쓴 사람 말이에요.

신용관   (긴가민가하면서도 시침 뚝 따면서) 예, 유명하죠….

박맹호   읽으면서 철학책이 재밌는 줄 처음 알았어요. 확~ 서광이 비치는 거 같았죠. 니체고 하이데거고 다 나오는데 그렇게 흥미로울 수 없었죠. 그리고 서머싯 몸의 《달과 6펜스》하고 《인간의 굴레》도 감명 깊게 읽었어요. 고등학교 들어가서부터는 중국 고전을 읽기 시작했죠. 고전이라야 《수호지》, 《삼국지》 등인데, 저는 삶의 방법론을 《삼국지》에서 배웠다고 할 수 있어요. 《삼국지》는 내가 언젠가는 한번 만들어 보자고 생각했어요. 그래서 나중에 이문열에게 제안해 쓰게 했죠. 사상적으로 전체주의에 혐오감을 갖기 시작한 건 조지 오웰의 《1984》 덕분이에요. 정말 큰 충격을 받았어요.

신용관   멋진 소설이죠. 맞습니다.

박맹호   내 사상의 한 지표였던 것 같아요.

책 이야기가 시작되자 박 회장의 표정이 환해졌다. 정말 출판이 천직이구나 싶다. 척박한 환경에서 좋은 책, 읽을 만한 책을 만들겠다는 일념 하나로 평생을 매진한 사람, 까탈스러운 작가들 비위를 맞추고, 수지타산을 맞추기 위해 평생 노심초사한 사람, 그 탓에 몸이 완전히 망가져버려 중국까지 날아가 간(肝) 이식을 받아 죽을 고비를 간신히 넘긴 사람, 그런 사람이 책과 사상가 얘기가 나오자 화색을 띠기 시작했다.

신용관   회장님 말씀을 들으니, 민음사가 세계문학전집을 낼 만하군요. '세계의 문학'이란 계간지도 내고 있고.

박맹호   학교 다닐 때 보았던 세계문학전집이 참 불만스러웠어요. 어떻게 이렇게 만들까, 책이 이러면 안 되는데, 그런 생각이 들어서 언젠가 이걸 내가 만들어 봐야겠다고 생각했어요. 일본에서 세계문학전집을 20권 내지 30권 정도 규모로 만들고, 우리나라에서는 거의 그걸 표절해서 써먹었는데, 이걸 내가 제대로 좀 해봐야겠다고 결심했죠. 그리고 세계문학전집이 어떻게 20권이냐, 최소한 1,000권 2,000권은 될 거다, 그러니까 내가 시작해보자, 했던 거지요. 민음사 세계문학전집이 금년에 300권이 나와요.

신용관   불황이 계속 깊어서 이제 책들이 너무 안 나간다고 아우성인데요. 책이 잘 안 팔리는 거야 어제 오늘 일이 아니지만 특히 2010년 이후는 심한 듯합니다. 직원을 줄인 회사도 많고요. 가계 소득이 줄어들 때 서적구입비, 영화관람비, 유흥비, 이런 게 줄어드는 건 너무나 당연한 거지만 특히 우리나라처럼 웬만해선 교육비를 안 줄이는 분위기에선 책이 너무 안 팔리고, 또 베스트셀러의 면면이 뭐 그렇게 대단한 책인가 싶기도 한데요.

박맹호   제가 1960년대에 처음 책을 냈을 때의 베스트셀러하고 지금 베스트셀러하고는 그야말로 100만 배는 차이 납니다.

신용관   질이요? 부수가요?

박맹호   질도 그렇고 부수도 그렇고요. 늘 사람들이 책을 안 읽는다고들 말하지요. 그런데 한국 정도 인구 규모만 해도 언제나 10만 명, 더 축소하면 3만 명 정도는 계속 책을 읽습니다. 이 사람들이 결국 사회를 끌고 나가고 사회를 지탱해 나가는 힘이에요. 많이 팔리는 책이 전부가 아니에요. 이제 책의 형태가 전자책이 될지 지금과 같이 종이책의 형태로 남을지는 잘 모르겠지만, 종이책은 종이책대로 전자책은 전자책대로 지속될 거라고 봅니다. 책을 읽는 사람은 늘 있으니까요.

신용관   알겠습니다. 마지막으로, 인생의 멘토는 필요한가요?

박맹호   필요하죠. 이번에 《스티브 잡스》를 읽으면서 깨달았는데, 삶이라는 것은 결국 끝없는 열정과 끊임없는 추구가 아닌가 싶어요. 그건 어떤 자극에 의해, 또는 자각에 의해 시작됩니다. 멘토에게 자극을 받아 출발할 수도 있는 거라고 생각해요. 잡스가 이런 뜻의 말을 했어요. 제 표현으로 바꾸면, 세상의 기계라는 것은 다 비슷비슷하다. 그런데 에디팅하기에 따라서 위대한 작품도 되고 허접한 물건도 된다. 나하고 사상이 같더라고요. 자기 인생의 에디팅을 위해 멘토를 잘 만나야지요.

박 회장은 지금도 매일 회사로 출근해, 주요 작품에 대해서는 제목과 본문 레이아웃부터 광고 문안까지 직접 진두지휘한다. 50년째다. 물리지도, 질리지도 않는가 보다. 인생 에디팅을 말할 자격이 충분한 것이다.

불현듯 엉뚱한 상념 하나. 에디팅으로 해결될 인생이라면 가능성이 있는 셈이겠지. 어떤 인생은 '리셋' 내지, 아예 '포매팅'이 필요하니까. 부잣집 도련님으로 평생 호의호식하며 살 수도 있었을 노신사가 '영원한 편집자' 반백년 내공을 품은 채 희미하게 웃고 있었다.

주철환

JTBC 대PD

내 인생 저 멀리서
빛나는 등불

66

나는 기본적으로 질릴 정이라는 낙관에서 출발해. 농부가 꾸준히 땅을 경작하고 좋은 씨앗을 뿌리잖아? 초기에는 땅이 안 맞고, 비료가 안 맞어서, 경험이 부족해서, 날씨가 이상해서 안 될 수도 있어. 그래도 꾸준히 하면 언젠가는 반드시 결실을 맺게 돼 있거든.

99

미국인이 평생 갖는 직장의 수가 평균 9곳
이라는 통계를 본 기억이 있는데, 주철환 JTBC 대PD야말로 그동안 거
친 직장 수로만 보면 영락없는 미국인이다. 동북고등학교(교사),
MBC(PD), 고려대학교(강사), 이화여대(교수), OBS 경인TV(사장),
JTBC(본부장). 교사·강사·교수서부터 방송사 PD·본부장·사장까지
스펙트럼이 넓기도 하다. 게다가 그냥 이런저런 조직을 거친 것이 아
니라 뚜렷한 족적을 남긴 이력이었다. MBC에선 〈퀴즈 아카데미〉
(1987), 〈우정의 무대〉(1990), 〈일요일 일요일 밤에〉(1991), 〈TV 청년내
각〉(1994), 〈토요일 토요일은 즐거워〉(1996) 등과 같은 간판 프로그램
을 맡은 스타 PD였다. OBS 경인TV 사장 시절엔 〈주철환과 김미화의
문화전쟁〉(2008)을 직접 진행하기도 했다. 상복도 많아 한국방송대상
우수작품상을 두 차례나 받았고(〈퀴즈 아카데미〉, 〈우정의 무대〉), 한국방

송위원회 프로그램 기획부문 대상(1997)과 제12회 한국방송프로듀서상 공로상(2000)도 받았다. 《주철환 프로듀서의 숨은 노래찾기》(1991)를 필두로 《PD는 마지막에 웃는다》, 《30초 안에 터지지 않으면 채널은 돌아간다》, 《상자 속의 행복한 바보》, 《PD마인드로 성공인생을 연출하라》, 《청춘》, 《더 좋은 날들은 지금부터다》 등의 저서를 냈으며, 그 와 중에 모교 고려대학교에서 국문학 박사학위까지 받았다. 〈100분 토론〉 으로 유명한 방송인 손석희 JTBC 보도담당 사장이 처남이다.

주철환 대PD와는 두 차례 만났다. 이 책 구상 초기인 2011년 늦가 을에 만났을 땐 종편(종합편성채널) 출범 직전이라 인터뷰하는 1시간가 량 내내 쉴 새 없이 전화를 받고, 보고를 듣고, 결재를 했다. 정말 '눈 코 뜰 새 없다'는 말을 실감했는데, 그래선지 묻는 말에 대답은 별로 하지도 않으면서 스마트폰을 잡고 "신 기자, 이 노래 좋지 않아?"라며 노래만 불러제꼈다. 이번에는 인터뷰 전에 사무실에 기타 따위가 없는 지 확인하고서야 질문을 시작했다. 서로 안면이 있고, 주 대PD가 편한 걸 즐기는 스타일이라 반말 대답이었다. 그대로 옮긴다.

신용관   종편 출범한 지 이제 6개월째인데요, 재미있으세요?

주철환   나는 뭐 재미가 없으면 의미도 없다고 생각하며 사는 사람이 고. 어제 내가 젊은이의 문상을 갔다 왔어. 나보다 20년 아래인 친구가 죽었어, 갑자기. 우리 회사 직원인데. 사고로 죽었지. 계단에서 다리를 삐끗해서 굴러떨어졌어. 머리를 다쳐 뇌사상태가 된 지 한 보름 됐는데 어제 죽은 거야. 그걸 보면서 인생은 뭐, 아등바등 살 필요 없다, 살아 있는 동안 즐겁게 살자, 그런 생각을 더 강하게 했지.

신용관　원래도 그런 생각을 갖고 있으신데….

주철환　응. 더 강하게.

신용관　최근 종편이 잘돼가냐고 물었는데, 그 말씀을 하신 거 보면….

주철환　나는 기본적으로 잘될 것이라는 낙관에서 출발해. 이건 절대 망하지 않아. 특히 우리 종편은.(웃음) 결국은 이런 거거든. 농부가 꾸준히 땅을 경작하고 좋은 씨앗을 뿌리잖아? 초기에는 땅이 안 맞고, 비료가 안 맞아서, 경험이 부족해서, 날씨가 이상해서 안 될 수도 있어. 그래도 농부가 꾸준히, 이솝 우화에 나오는 말로 'Slow and steady wins the race'의 심정으로 하다 보면…. 그리고 꼭 'win'할 필요도 없다고 봐. 어쨌든 이 나이에 직장생활할 수 있다는 게 좋은 것이고, 내가 젊은이들을 만날 수 있다는 게 좋은 것이고, 신용관 같은 똑똑한 사람이 찾아와서 얘기해주는 것도 고마운 것이고, 그런 거지 뭐.

노래 자체로
삶의 방향을 제시하는 이, 김민기

신용관　지난번 만났을 때 가수 김민기 씨가 멘토라고 말씀하셨는데,

김민기라는 인물이 왜 멘토인지 충분히 설명해주시지 않았어요.

주철환　다시 얘기하지 뭐. 그런데 동어 반복이 될 수도 있겠어. 동어 반복을 한다면 그만큼 나에게는 확고하다는 거야. 김민기라는 사람은 내가 동시대를 살아온 사람으로서, 특히 내가 정서적으로 아교질일 때 만난 사람으로서 나에게 가장 큰 영향력을 준 사람이야. 내가 고등학교 1학년 때야. 〈아침이슬〉 나오고 난 뒤인데, 진명여고 강당에서 김민기를 멀리서 처음 봤어. 양희은이라는 사람은 그보다 전에 보았고. 김민기라는 수줍음 많은 청년이 소개받던 장면을 나는 또렷이 기억해. 왜냐면 나는 김민기라는 이름을 너무 잘 알고 있었으니까. 〈아침이슬〉, 〈서울로 가는 길〉, 〈백구〉…. 그때 김민기의 노래들이 기독교 방송에서 나올 때마다 그걸 모두 녹음하고 따라 불렀을 정도로 내 영혼을 사로잡았거든. 그날 내가 그 사람의 외모를 보고, 그 사람이 짧게 말하는 걸 보며 아, 저 사람, 외로운, 참 좋은 사람이란 느낌이 들었어. 죽은 사람 중에 내가 제일 멋있다고 느낀 사람이 윤동주야. 그 당시 김민기가 내겐 윤동주 이미지하고 중첩됐어. 윤동주의 삶은 너무 착하고 의연한 그런 삶이잖아. 그런데 김민기가 그렇게 보였어. 김민기를 실제로 만나 얘기 나눈 건 MBC 들어가서였어.

한 번이라도 주 대PD를 만나본 사람은 알겠지만 그는 일단 말이 많고, 게다가 길다. 문단과 출판계에서, 별다른 질문을 받지 않고도 하루 종일 말할 수 있는 사람으로 이어령을 꼽는데, 필자 보기엔 주 대PD도 만만치 않다. 적절히 개입하지 않으면 3초짜리 질문 하나에 30분도 대답할 능력이 있는 이다.

신용관 일종의 '고결함'을 느꼈단 말인가요?

주철환 난 고결이란 단어를 좋아하진 않아. 왜냐면 고결이란 말은 뭔가 진실된 상황이라기보다는 그냥 현혹된 상태에서 말하는 거 같아.

독자들도 느꼈겠지만, 그는 표현 하나도 그냥 대충 넘기는 법이 없다. 이미지와 말로 먹고사는 방송인들에겐 보기 드문 속성이다. 국문학 박사라 그럴지도 모르겠다.

신용관 김민기 씨 처음 만났을 때는 어땠나요?

주철환 MBC에 들어가서도 김민기에 대한 내 일편단심은 변함이 없었고, 결국 김민기를 만났잖아. 그때 나는 국문과 박사과정을 다니고 있었어. 박사학위 논문으로 김민기 연구를 하고 싶었어. 그때 내가 관심 있었던 게 '노래는 어떻게 세상을 바꿀 수 있는가?', 즉 노래의 힘이었어. 지금도 일차적 관심사 중 하나야. 그래서 김민기를 만나서 처음 한 말이 "저는 논문으로 선생님을, 김민기라는 사람을 연구해보고 싶습니다"였지. 나이는 다섯 살 차이나지만 (자료에 따르면 네 살이지만, 그의 말 그대로 적는다) '선생님'이라 부른 이유는, 나한텐 그가 큰 산맥이니까. 그랬더니 피식 웃으시면서 "그거 하지 마세요" 그러더라고. 그에겐 윤동주와 마찬가지로 수줍음과 세상에 대한 적절한 거리, 그리고 부끄러움이 있어. 잘못을 해서 부끄러운 게 아니라, 세상에 적극 뛰어들지 않는 것에 대한 부끄러움이겠지. 윤봉길 의사나 안중근, 유관순 이런 분들은 불의를 보면 용감하게 뛰어드는 사람들이잖아?

〈지하철 1호선〉(독일 원작을 번안해 김민기가 직접 연출한 뮤지컬) 연출자로서의 김민기를 만나 장시간 인터뷰한 경험이 있는 필자로선 주철환 대PD의 이런 묘사에 100퍼센트 공감한다. 58세 이하 대한민국 국민이라면 일생에 최소한 한 번을 불러보았을 '국민 가요' 〈아침 이슬〉을 만든 김민기는 〈호밀밭의 파수꾼〉을 남긴 희대의 은둔 작가 J. D. 샐린저에 버금가는 칩거형 인간이다.

신용관   구체적으로 김민기의 어떤 점에 매료된 겁니까?

주철환   그 사람은 일단 있잖아. 자기가 세상에 대해 하고 싶은 말, 세상이 이렇게 되었으면 좋겠다, 라고 하는 바를 상당히 압축적이고 농축된 언어와 음률로써 표현했잖아. 그것이 내 마음 밭에 뿌려진 거지. 나는 그 영향을 너무 많이 받은 거야.

신용관   〈지하철 1호선〉은 당연히 보셨죠?

주철환   정말 많이 봤어.

신용관   역시 그동안 주 대PD가 김민기 씨에 대해 갖고 있던 그 모든 걸 재확인시켜주는 작품이었나요? 역시 대단하다는?

주철환　나는 그 형이 대단하다는, 그런 단어가 걸맞지 않다고 생각해. 김민기 형은 그냥 너무나 주관이 뚜렷한 분인 거 같아. 나하고 달라. 나는 범접할 수가 없어. 나는 평가에 연연하는 사람이잖아. 나는 좌고우면(左顧右眄)한단 말이야. 신용관이 나를 어떻게 생각할까, 이러면서. 그 형은 그런 게 없어. 자기의 길을 가는 거야. 그런 점이 훌륭한 거야.

신용관　MBC 재직 시절에 음악 PD 하신 적 있으시죠?

주철환　많지. 〈음악캠프〉라는 대중 음악프로를 내가 처음 만들었어. 그거 기획자가 나야. 지금은 〈쇼 음악중심〉으로 이름이 바뀌었지만. 그리고 대학가요제를 제일 많이 연출했잖아. 내가 1994년부터 1999년까지 6년을 연출했어.

신용관　그때는 신나셨겠네.

주철환　너무 행복한 시기지.

신용관　직접 음반도 내셨지요?

주철환　두 개 냈지.

신용관　재킷 타이틀이 뭐죠?

주철환　〈다 지나간다〉(2009) 하고 〈시위를 당겨라〉(2011). 내가 안 줬어, 자기한테?

신용관　〈다 지나간다〉는 주셨어요. 그렇게 멘토라고까지 부르는 김민기 선생의 영향이 이 음반에도 당연히….

주철환　당연하지.

신용관　어떤 점에서?

주철환   내가 민기 형의 작품을 굉장히 좋게 보고 있잖아. 그 형 것 따라 하고 싶겠지. 그 형의 노래엔 있잖아, 구질구질함이란 게 없어. 아주 단정해. 깔끔하고. 그런데 거기에 세상 풍경이 들어가 있어. 그리고 어떤 노래들은 아포리즘, 명상이 빚은 어떤 주옥같은 결정체가 있어. '내가 올라간 그 봉우리~' 하는 〈봉우리〉나 '거친 들판에 푸른 솔잎처럼~' 하는 〈상록수〉 같은 노래를 들으면, 그 노래 자체로 우리에게 삶의 방향을 제시하고 있잖아. 너무너무 좋은 거지.

노래 얘기 나오면 빨리빨리 끊어야 한다. 노래마다 끝소절까지 전부 부르려 하기 때문이다.

신용관   팝은 전혀 안 들으세요?
주철환   전혀 안 듣는다면 말이 안 되고, 팝을 열심히 들었던 시기가 있었지. 그런데 지금은 그럴 여건이 안 돼. 지금은 내 삶에 즐겨야 할 것들이 너무 많아.
신용관   가요는 순위에 있고?
주철환   이 아이폰에 음악이 700여 곡이 들어 있는데. (안경을 노인처럼 내려 써 아이폰 화면을 들여다보며) 어디 보자, 정확히 725곡이네. 다 나의 추억과 관련된 노래야. 이 노래들은 다 내 삶의 어떤 장면과 함께 있어.
신용관   사연 없는 노래는 없다? 예를 들면?
주철환   예를 들어 〈Heart of gold〉라는 노래가 있어, 닐 영의. 알아?

신용관   들어봤죠. 옛날 노래잖아요.

주철환   그렇지. 1970년대 초반에 나온 노랜데. 내가 고등학교 때 우리 반에 너무너무 잘생긴 애가 전학을 왔어. 굉장히 공부도 잘했고 노래도 잘하고 선망의 대상이었지. 어쨌든 그 애가 수학여행 가는 기차 안에서 〈Heart of gold〉를 불렀어. 'I wanna live, I wanna give~' 기타 치면서. 너무 멋있는 거야. 어떤 노래를 들으면 그 노래가 확 나를 그물처럼 뒤덮을 때가 있는데, 듣는 순간 이렇게 아름다운 노래가 있나 싶었어. 지금도 그 노래 들으면 고등학교 시절이 생각나.

신용관   725곡 중에 가요와 팝의 비율이?

주철환   3대 1 쯤 될 거야. 가요가 3.

신용관   가요 중에 최신곡도 있어요?

주철환   있지. 버스커버스커 노래 다 있어.

신용관   이야, 버스커버스커까지. 걸그룹 노래는 없어요?

주철환   〈롤리폴리〉. 왜 롤리폴리가 있냐면 요번에 우리 여기 신입사원들의 행사를 내가 연출했어. 그때 물어본 거야. 너희가 같이 가볍게 춤을 출 수 있는 노래를 해라. 그러니까 애들이 그걸 하겠다 그러더라고.

놀라운 일이다. 필자도 티아라의 〈롤리폴리〉에 '영감 받아'(?) 생애 처음으로 돈 주고 벨소리 다운을 받은 적이 있으니까. 심지어 이 노래를 계기로 '걸 그룹 유감(遺憾)'이라는 잡문까지 썼으니까. "왓 어 코인시던스! What a coincidence"

신용관   참 괜찮다 생각하는 걸그룹 있으십니까? 가요를 사랑하는 입장에서?

주철환   가요를 사랑한다는 표현은 난 별로 쓰고 싶지 않아. 그냥 음악이라는 것이 나의 삶으로 관통하는 거야, 음악이.

신용관   오케이, 그건 그렇고. 국문학을 하셨고 박사과정까지….

주철환   박사야, 박사과정까지 한 게 아니고 난 박사야. 박사 학위를 받은 지 10년이 넘었어.

　　죽겠구먼. 누가 뭐라나. 박사나, 박사과정이나. 말이 그냥 나온 거지. 거참.

인생의 회중전등 같았던
중학교 국어 선생님

신용관   박사 학위까지 받으신 걸 보면 공부를 무진장 하고 싶으셨나봐요.

주철환   네버never야. 솔직히 고백할게. 그냥 있잖아, 나는 왠지 뭔가 해야 할 것 같다는 생각이 들었어. 그렇지만 왜 했는지 모르겠어.

신용관   말이 돼요?

주철환   말이 안 되지. 내가 봐도 설득력이 없다. 이런 거 같아. 학교라는 것이 나를 좀 안정시켜줄 거라는 막연한 기대가 있었던 거 같아.

신용관   제 눈엔 별로 불안정해 보이지도 않은데.

주철환   지금은 그렇게 된 거지. 학교라는 곳이 내가 가장 잘할 수 있는 곳이라는 생각은 들었는데 '이제 나는 교수가 되고 싶다'라는 생각은 한 적이 없어. 그런데 운명이 나를 그렇게 만들었어. 이게 다 운명론이야. 나는 석사도 하고 싶은 생각이 없었어, 사실은. 그런데 왜 했느냐? 군대를 늦게 가는 바람에 석사를 한 거야. 몸무게가 안 나갔잖아. 46.5kg. 군대 신검 네 번 받았어. 그러니까 네가 불성실한 인터뷰어야.

신용관   (쩔쩔매며) 사전에 준비를….

주철환   응, 전혀 없어, 네가. 그런데 약간 놀라운 게 있어. (타박에 미안하다 싶었는지) 신용관은 김민기랑 너무 비슷해. 목소리가 비슷하고 얼굴도. 민기 형하고 되게 비슷한 게 있어. 그건 감사할 일이지. (이 정도면 충분하다고 믿었는지) 공부 얘기 계속할래. 그래서 석사도 그냥 별 이유 없이 간 거야. 그런데 나한테 은사님이 계셔. 그 은사님이 대학원 가라고 그러신 거 같아. 그래서 대학원 간 거야. 석사를 땄더니 선생님이 박사도 하래. 그래서 했지. 신철수 선생님이 멘토지. 내 국어 선생님. 난 공부하는 스타일은 절대 아니야.

신용관   어쨌든 국문과를 나오고 글을 이렇게 좋아하고 가까이하고 잘 쓰시면….

주철환   글을 좋아하는 것도 아니야. (갑자기 골똘히 생각하며) 난 이런 거 같아. 분명한 현시욕구가 있는 거 같아. 나를 드러내고 싶어. 그런데 내가 뭐 장동건도 아니고, 이건희 회장의 아들도 아니니 내가 사람들에게 나를, 내 존재를 알리려면 뭘 해야 되는가. 나의 얄팍한 재주가 글쓰기였던 거야.

신용관   그렇다면 기자를 하지 왜 PD를 하신 거예요?

주철환   기자는 나한테 안 맞아. 내가 쓰고 싶지 않은 글을 써야 된다는 게 싫어. 어디로 가서 취재를 해라, 명령을 받잖아. 난 그런 건 못해. 저기 불났다, 빨리 가라. 난 지금도 기자는 참 어려운 직업이라고 생각해.

신용관   다시 멘토 얘기로 좀….

주철환   그렇지. 내 인생에서 이 사람이 없었다면 내가 어떻게 됐을까 하는 분은 아까 말한 중학교 때 국어 선생님이야. 신철수 선생님. 그분이 고3 때는 내 담임선생님이 되셨어. 나한테 지대한 영향을 미친 분이시지.

신용관   어떤 점에서요?

주철환   그분은 '나도 저런 사람이 되고 싶다'는 느낌을 줬어. 김민기 같은 사람은 내가 그 같은 사람이 될 수 없다는 것을 잘 알거든. 김민기는 경기중·경기고에 서울대를 나왔잖아. 그 사람 나하고 레벨이 다르다고 느꼈어. 그 사람은 고급스러운 사람이야. 격조 있는 사람. 그 형은 또 그림을 그리시잖아. 예술가야 예술가. 나는 예술가가 못 된다고 생각해.

신용관　아니, 음반을 두 장이나 내시고서….

주철환　아니, 나는 예술가는 아니고, 그냥 나는 용감한 사람이야. 용감하거나, 뻔뻔하거나, 운이 좋거나. 그런데 김민기는 멀리 보이는 등불 같은 사람이고. 아주 가까이서 정말 내 인생의 회중전등, 플래시가 되어준 분은 신철수 선생님이야.

신용관　그 선생님은 연배가?

주철환　지금 70대 중반 정도.

신철수 선생님에 대한 얘기는 포털사이트에서 '내 인생의 선생님'과 '주철환'을 치면 누구나 볼 수 있다. 국어 시간에 끼적인 글에서 주 대PD의 문재(文才)를 알아본 신 선생님 덕분에 국어 공부를 열심히 하게 되고, 고려대 국문과에까지 진학한 얘기를 진솔하게 풀어놓은 글이다.

신용관　참 좋은 인연입니다. 선생님을 잘 만나서 인생 방향이 바뀌었네요. 대부분은 선생님 잘못 만나 수학 싫어하고, 역사 싫어하고….

주철환　난 해마다 스승의 날 그 선생님을 만나. 그것도 십 몇 년 됐어.

신용관　댁으로 찾아가시나요?

주철환　찾아가기도 하고 선생님과 사모님 모시고 내가 좋은 음식점에서 식사를 대접하고 촌지를 드려. 여행가시라고.

신용관　야, 갑자기 달라 보이는데요. 대단하시다. 멋있습니다.

주철환　멋있어? 십 몇 년 전부터 선생님에게 해마다 돈을 약간씩 드

렸어. 그 선생님이 너무 고마운데 내가 어떻게 해야 되나, 이런 생각이
들었어. 그런데 그 선생님 은퇴하셨으니깐 연금을 받고 있다지만 여유
가 있지는 않으실 것 같다, 그래서 5월 달에는 선생님 어디 다녀오세
요, 하며 드려.

 고교 졸업 후 1~2년 찾아뵙다가 완전히 소식을 끊은 필자 입장에서
는 정말 부러운 모습이었다.

아버지 탓에 외로운,
아버지 덕에 섬세한

신용관   혹시 멘토라고 부를 만한 분이나 인생에 영향을 끼친 분들 중
여성분은 안 계시나요?

주철환   그건 우리 어머니. 어머니가 난 두 분이야. 내 생모는 내가 여
섯 살 때 돌아가셨어. 나를 키워주신 양모가 계셔. 그분이 2009년 7월
25일 돌아가셨어. 그분에 대한 이야기도 많이 썼어. 내 고모님이야. 아
버지의 여동생. 고모님한테 입양됐고 나를 키우셨지.

신용관   고모인데도? 자제가 있으실 거 아니에요, 고모도?

주철환   없어. 세상에 이런 분이 있나 싶은 그런 분이야. 한없는 사랑
을 보여주셨어, 나에게.

신용관   어떤 사랑인데요?

주철환   무한사랑이야. 일일이 예를 들 수 없어. 그분은 무조건 나를 칭찬해. 잘했다, 최고다. 항상 나에게 자신감을 불어넣어줘.

신용관   아니 그런데 아빠의 여동생이 키우면 주 대PD님의 아빠는 누가 되는 거예요?

주철환   없지. 그분은 과부야, 청상과부. 남편도 없고 자식도 없이 나를 키운 거야.

신용관   주 PD님의 아버지는 어떡하고?

주철환   같이 안 살았어. 나는 우리 아버지를 너무 싫어했어. 우리 엄마가 돌아가시고 새엄마가 들어왔는데 나는 그분과는 한 번도 같이 산 적이 없었지. 그런데 우리 아버지가 방랑자 같은 사람이야. 아버지와 평생 대화를 두 시간 정도밖에 안 한 것 같아. 우리 아버지가 살아계시면 지금 백 살도 넘겠네.

신용관   그러시군요. 그러면 주 PD님은 형제가 없으세요?

주철환   있지. 다만 같이 안 살았지.

신용관   누구의 아이들이에요?

주철환   응? 돌아가신 우리 엄마의 자식들이지. 6남매 중 나만 고모에게 입양되고, 결혼한 큰누나 빼고 모두 새엄마 밑으로 들어갔어. 나는 고향이 경상남도 마산이야. 우리 고모님이 서울에서 조그만 구멍가게를 하며 가난하게 살았는데 나를 데려다 기르신 거야.

신용관   그럼 마산에서 갑자기 서울로 오신 거네요, 그때.

주철환   그렇지. 엄마 돌아가시고.

신용관   노래를 좋아하실 수밖에 없구나. 외톨이였구나.

주철환   내가 옛날엔 뭐든 일이 안 되면 아버지 때문이야 아버지 '탓' 이야, 이랬는데 어느 순간부터 아버지 '덕분'이야, 라는 말이 나오더라고. 그 이유가 뭔가 생각해보니까 아버지 덕분에 외로움을 많이 느꼈고, 아버지 덕분에 그리움이 많이 쌓여서, 아버지 덕분에 상상력이 풍부해졌어, 내가.

신용관   하하하. 틀린 말은 아니네요.

주철환   아버지가 고마워. 사실 나는 그냥 외로운 유년시절, 소년시절을 보냈어. 정말 가난하게 자랐어. 당시 우리 가게가 시장에 있었는데 거기 다락방도 있었고 신문지가 많았지. 신문에서 영화 광고를 스크랩했던 기억이 나. 그게 내 유일한 취미생활이었어. 왠지도 모르겠어.

신용관   딴 세계가 그리워서….

주철환   완전히 딴 세계지. 〈아낌없이 주련다〉, 〈맨발의 청춘〉 뭐 이런 것들을 스크랩하면서 약간 나르시시즘에 빠졌던 것 같아. 나는 나를 되게 사랑했어. 자기 암시를 거는 거지. 너는 괜찮다, 너는 괜찮은 놈이다, 그렇게 스스로. 우리 고모님은 억척스런 분이야. 문맹자였지. 나에 대한 전폭적 사랑과 신뢰를 쏟아부으셔서 나는 너무너무 자유롭게 살았어.

신용관   집이 그렇게 가난했으면 동화책이나 책도 학교에 있는 거 정도나 봤겠네요?

주철환　약간 자기 합리화인데, 나는 책을 많이 읽는 것에 대해서는 부러워하지도, 남에게 권하지도 않아. 이런 말을 쓴 적도 있어. "책 많이 읽는 것을 자랑하는 것은 밥 많이 먹는 것을 자랑하는 것과 비슷하다."

신용관　하하하.

주철환　내 이론이야. 밥을 많이 먹는 게 뭐가 자랑스러워? 좋은 걸 꼭꼭 씹어서 제때에 먹고 운동을 해야지. 나는 메디테이션meditation, 명상, 생각을 많이 한 사람이야. 그건 확실해. 그래서 사람들의 얼굴을 보는 걸 너무너무 좋아해, 지금도.

신용관　말동무가 없었던 거죠. 고모님이 말씀이 많지 않은 편이었나요?

주철환　시간이 없었어. 우리 고모님은 바빠. 먹고살아야 하니까. 난 혼자만의 시간이 엄청 많았어.

신용관　그런 입장에서 아들 둔 아버지들한테 조언 한마디 하시라고 부탁 받는다면?

주철환　나는 소위 '애비 없는 자식'이었잖아. 내가 지금 대학생 아들이 하나 있는데, 나는 걔를 야구장, 낚시터에 데려가거나 등산을 같이 간 적이 없어. 그런 걸 내가 싫어하니까. 그런 경험이 하나도 없어, 나는. 남성적 체험이라는 게 없어. 아빠가 없었기 때문인 것 같아. 친구들 사이에서도 나는 굉장히 여자 같은 애였어.

신용관　상처 받고?

주철환　상처 받았다고 표현 안 해. 축구 같은 걸 해본 적이 없다는 건 특이한 거지. 애들이 끼워주지도 않고, 워낙 못하니까. 농구는 말할 것도 없고, 해본 적이 없어. 그런 스포츠의 세계가 하나도 없는 거야. 몸도 약했고. 사십 몇 킬로밖에 안 됐어, 스물여섯 살 때까지는. 그런데 내가 상상하기를 좋아하고, 생각하고, 음악듣기를 좋아하고 그런 거잖아. 끼적거리는 걸 좋아하고. 다락방 예술세계지 뭐. 그렇게 살았잖아. 그러면서도 사람들이 나에게 해주는 좋은 말이 있었어. 귀엽다. 항상 귀여움 받고 자랐어. 가게에 오는 아줌마들이 "아유~ 애 어찌 이렇게 귀여워요?" 학교 선생님들한테도 귀염 받았고. 내 생활기록부에는 한결같이 온순하다고 써 있어. 난 온순한 사람이야. 절대 누구하고 싸우질 않았으니까. 우리 아들한테도 내가 사랑받는 거야, 내가 볼 땐. 우리 아들은 '내가 우리 아버지를 보호해줘야 된다'고 생각하는 것 같아. 그런 느낌이야.

항상 밝게 웃는 표정의 그에게 이런 성장 배경이 있을 줄 몰랐다. 그의 지독한 음악 사랑도 이제는 이해가 되었다. 이순(耳順)이 내일모레인 그는 인터뷰 날도 청바지에 얇은 반팔 티셔츠 차림이었다. 필자의 눈엔 그 모습이 '영원히 소년이고 싶은 열망'처럼 보였다. 아니, 어쩌면 그는 50년째 이미 소년으로 살고 있는지도 모르겠다. 시청률과 SNS가 난무하는 첨단 미디어 현장에서 자기만의 다락방을 몰래 품고 있는….

유정아

방송인

이끌어줄 멘토 아닌
내 안의 탁월함을 찾아라

66

자기 안에서 좋은 점들을 끄집어내는 방법을 알려주는 게 가장 좋은 교육이죠. '아레테 arete'라는 단어가 있잖아요, 어떤 존재든 갖고 있는 그 존재만의 탁월함. 가장 좋은 사과는 구성원 각자의 내부에 있는 것들이 다 제대로 발현돼 나와 그 '아레테'들이 향상하는 사회가 아닐까요?

99

'엄친아'만큼 '한국적인' 조어(造語)가 있을

까. ① 집을 줄여도 사교육비는 줄이지 않는 불굴의 교육열 ("아무개는

대치동 ○○학원 다녔다더라") ② 자식을 독립된 개체 아닌 나(부모)의 분신

으로 여기는 자식관(觀) ("창피해서 엄마 동창회도 못 나간다") ③ 인성·덕

성·체력·친화력·리더십 등 모든 것을 제치고 오로지 "어느 대학을

갔냐" 하나로 자식 교육의 성패를 일도양단(一刀兩斷)하는 일류대병 ("서

울대를 아무나 가냐?") ④ 나(내 자식)의 성취도를 독자적 가치기준, 과정

상의 노력, 자기만족도 등이 아닌 남(친구·친척·제삼자·이웃의 자식)의

성취도와 끊임없이 재어보는 비교병 ("아무개 집 아들은 의대 다닌다더라")

⑤ 애정 어린 격려로 밝은 내일을 기약하기보다 질책과 비난으로 답답

한 오늘에 발목 잡히는 한탄병 ("넌 왜 그 모양이냐?"). '①+②+③+④+

⑤=엄친아'인 이 놀라운 용어는 유럽·아메리카·아프리카·오세아니

아·중동 등지에서는 찾아볼 수 없는 대표적인 '우리의 것'이다. 동남아와 인도·일본에도 없고, 혹시 중국 일부 대도시에나 있으려나?

방송인 유정아는 '엄친딸' 원년 멤버(그녀의 20대 때는 이 용어가 없었다)쯤의 이미지로 다가온다. 서울대 사회학과-연세대 대학원 신문방송학 석사-KBS 16기 아나운서로 이어지는 이력에, 170cm의 당당한 체격과 미모가 영락없는 '엄마 친구 딸'이다.

사람들에게 상처받았을 때 꺼내 읽는 책

신용관 단도직입적으로 묻겠습니다. 유정아 씨의 멘토는 누구인가요?

유정아 요새 멘토, 소통, 공감, 이런 말들이 너무 과잉 남발되는 것 같아서 안 하려고 했는데…. 저의 경우는 책인 것 같아요. 책 전반. 그다음으로는 글을 쓴다는 것, 글을 쓰는 행위. 책이라고 말하지만 사실 중고등학교 10대 때 남들보다 깊이 있게 많이 읽었다는 생각은 안 들지만요.

신용관 실례지만 어느 고등학교를 나오셨죠?

유정아 세화여고. 원래는 강북에 살다가, 강남 붐이 불던 초등학교 6학년 때 구반포로 이사를 갔어요. 저희 엄마 아빠는 그런 걸 빨리 좇아가는 타입은 아니신데. 막 세워진 신흥 세화여중·세화여고를 다닌 거죠.

그래도 어렸을 때 문학적인 면은 있었던 것 같아요. 처음 반포로 이사 간 집이 현충원 앞쪽 강이 보이던 곳이었어요. 그때 처음으로 제 방이 생겼어요. 초등 6학년 때 인도에서 개최하는 무슨 국제적 시 대회가 있었는데, 제가 쓴 '한강의 물결' 운운하던 시가 입상한 적이 있어요.

신용관   어려서부터 글재주가 있었네요. 모친이 매우 자랑스러워하셨겠어요. 똑똑한 딸을 두셔서.

유정아   그 외엔 특별한 일이 없었어요. 대신 고등학교 1학년 겨울방학 때 《토지》를 다 읽었던 건 자부심을 갖고 있어요. 사람들과 얘기해봐도 그 소설을 완독한 분은 별로 없더라고요. 저희 어머니가 늘 하시는 말씀이 "남들이 볼 때는 딸 잘 키웠다고, 좋은 딸 뒀다고 부러워하지만 나 속 썩은 건 아무도 모른다" 그러세요.

신용관   하하하. 무슨 속을 썩이셨는데요?

유정아   저는 굉장히 반항적이에요. 특히 엄마랑 안 맞고. 그렇기 때문에 누가 자신의 부모가 멘토라는 얘기를 읽거나 들으면, 저는 여러 가지 감정이 복합적으로 들어요.

신용관   어머님이 사회적 성취욕이 많은 분이세요?

유정아   아니요, 그냥 주부세요.

신용관   그런데 왜 어머니에 대해서 그렇게 반감이 들었을까요?

유정아   저희 엄마는 저랑 많은 게 달라요. 일단 굉장히 체격이 작고요. 자식에게 사회적 성취를 강조하진 않았지만 칭찬에 매우 박한 스타일이세요. 저는 한 번도 칭찬을 듣고 자란 적이 없어요. 잘한 건 칭찬하지 않고 못한 것은 엄격하게 꾸짖는 편이셨어요. 그러니 제가 지치잖아요.

신용관　변형된 '타이거 맘 tiger mom'이시구먼.

유정아　그런데 엄마로부터 좋은 점을 하나 익혔다면, 우리 엄마는 남에 대한 잣대와 자기 자신에 대한 잣대가 똑같아요. 스스로에 대해서도 똑같이 가혹한 잣대를 적용하세요. 그래서 제가 솔직히 피곤한 성격이긴 해요. 엄격함이라고나 할까. 엄마가 엄격했기 때문에 저도 그걸 배웠고, 어디 가서도 자식 자랑 전혀 안 하고 닦달하는 스타일이었으니까. 저는 그게 참 싫었기에 제 애들한테는 굉장히 너그럽게 해요. 되도록 칭찬하려 노력하고.

신용관　아버님은 어떠셨나요?

유정아　아버지는 외국에서 일하셔서 중고등학교 땐 엄마랑 남동생이랑 셋이 지내는 경우가 많았어요. 아버지가 대우건설에 근무하셔서 리비아에 오래 나가 계셨어요. 아빠가 한국에 있으면 저랑 엄마 사이에서 완충 역할을 해주셨는데, 안 계실 때는 저의 사춘기와 엄마의 완고함이 부딪치면서 충돌이 잦았죠. 엄마한테 엇나가려고 일부러 퍼머를 하기도 했어요.

신용관　모범생이셨을 것 같은데, 그 시대에 퍼머를 했다?

유정아　중학교 입학하고 첫 시험에서 전교 1등을 했는데 저희 엄마 일성(一聲)이 "다음엔 어떻게 할 거니?" 이거예요. 열세 살짜리 아이가 그렇게 뭔가를 보여드렸는데 엄마의 반응이 그러니 공부할 맘이 나겠어요? 중학생 시절 내내 이런 식으로 다시 한 번, 다시 한 번, 하다가 어느 순간 제가 탁 놓아버렸어요. '한번 당해봐라'는 심정으로. 점점 성적을 내리 꽂았죠. 고등학교 1학년 때, 이런 얘기하면 웃기지만, 물상인지 물리인지를 46점 맞고 아주 쾌재를 불렀어요. 얼마나 고소하던지. 그러다가 고3 때 정신 차렸죠. 제가 제일 잘할 수 있는 건 다른 어떤 것도 아닌 공부라고 생각해서 결국 다시 다잡았지요.

신용관　아까 말한 《토지》는 어떤 점이 좋았나요?

유정아　고교 시절, 누구나 시험을 앞두고는 공부하기가 싫어지잖아요? 그래서 늘 시험 때 소설을 많이 읽었어요. 고1 겨울방학 때 방에서 안 나오고 《토지》를 죽 읽었죠. '달구지를 타고 오는 소년' 등의 챕터 제목이 참 좋았어요. 용이나 서희의 묘사 장면, '수박색 저고리에 긴 치마' 같은 표현도. 박경리 씨가 여자이기 때문에 한복 묘사를 할 때도 다른 작가와 전혀 달랐거든요.

신용관　집에 《토지》 전집이 있었다는 얘긴데, 모친이 사놓으신 거였나요?

유정아　그렇죠. 엄마가 책을 많이 읽으세요, 아버지보다. 저는 학교 졸업 후 직장인이 되고, 30대가 되면서 점점 책을 많이 읽게 된 것 같아요.

신용관　학창시절에 책을 좋아하고 글 좀 쓰면, 일반적으로 국어 선생님과의 교류가 있기 마련인데….

유정아　고교 때 이진 선생님이라고, 지금은 돌아가셨지요. 마르그리트 뒤라스, 사무엘 베케트, 그런 작가의 이름을 그분의 입을 통해서 처음 접했어요. 덕분에 《히로시마 내 사랑》 같은 작품을 찾아 읽었던 게 생각나요. 이진 선생님 말씀을 듣고 청계천 헌책방을 혼자 찾아가기도 했어요. 그곳에서 신구문화사에서 나온 '전후 세계문학전집'이라는 걸 사왔고, 아직도 갖고 있어요. 거기에서 다른 책들에서는 보지 못했던 작품들을 많이 발견했죠. 이스라엘, 폴란드 작가 작품 같은 거.

신용관   겉보기와 달리 소설을 많이 좋아하시는군요.

유정아   저는 보기와 달리 사람으로부터 상처를 많이 받는 편인데요. 한평생 입신양명을 좇거나 솔직하지 못한 사람과 인터뷰하고 나면 너무 힘들어요. 심지어 저는 정국(政局) 같은 것으로도 굉장히 상처받아요. 지금(2012년 6월) KBS 파업 중이잖아요. 그런데 저는 프리랜서라는 이름으로 버젓이 방송하고 있고. 파업 집회하는 후배들을 뒤로 하고 방송국 엘리베이터 앞에 서면 정말 마음이 아파요. 얼마 전 언론사 모 선배와 술 마시다가 "어떻게 살아야 돼요? 12월까지 뭐 해야 돼요?"라고 묻기까지 했어요. 그랬더니 선배가 "이럴 때는 그냥 창밖 풍경 보듯 해"라는 말을 해주더군요. 그렇지만 저는 그게 잘 안 돼요. 직업상 인터뷰도 많이 해야 하고. 하루 종일 사람들로부터 상처받았을 때는 집에 들어와서 아무 책이나 끄집어내서 읽으면 여러 방식으로 위안이 돼요.

신용관   아무 책이나 읽으면 위안이 된다고요?

유정아   그럼요. 예를 들면, 히라노 게이치로의 《장송》이라는 소설이 있어요. 1840년대 파리를 무대로 해서 쇼팽의 장례식, 들라크루아와의 사교, 이런 얘기들이 나오는데, 그걸 보다 보면 이 세상에 아무리 개뼈다귀 같은 인간이 많아도 이런 훌륭한 인간이 이렇게 멋진 작품을 남기는구나, 감동하게 돼요. 30대라는 어린 나이의, 게다가 동양인이 시대를 넘나드는 안목과 장인정신으로 독자적 예술 세계를 그려내는구나, 하고 위안이 되는 거지요. 또 내 고민을 어떻게 알았나 싶게 우연찮게 책이 그 부분을 담고 있을 때도 많지요. 마치 목사 설교가 딱 자기 문제를 건드려준다고 믿는 신자처럼.

신용관　그러니까 작품에 빠진다기보다는 그런 작품을 생산한 작가의 존재에 위안을 받는다?

유정아　그럼요. 이런 작가가 있다는 자체. 또 그 등장인물들이 인간 세상을 반추하게 만듦으로써 제게 마음의 위안을 주지요.

신용관　사회학과를 나오셨는데, 그 당시 '아, 이런 책이 있었구나' 싶었던 건 없으셨나요?

유정아　대학 때는 그냥 혼돈의 시대를 보냈던 것 같아요. 나는 나름대로 인생에 대해 고민을 한다고 생각하고 사회학과에 들어왔는데 전형적인, 아주 사적(私的)인 아이였고, 사회를 보는 눈도 갖추지 못했고. 대학시절을 떠올리면 지금도 누군가에게 사기를 당한 것 같은 느낌이에요. 고민할 힘으로 좀 더 치열하게 살걸 후회가 들어요. 뭐랄까, 저는 이도저도 아닌 채로 그냥 4년을 보냈어요. 뭐 하나에 깊이 빠지거나 뭐 하나 제대로 해보지 못한 채로 선배들이 읽으라는 책을 읽고 또 학회에도 나가고 그랬지만, 저를 확 다른 세계로 끌어올리지는 못한 거죠.

신용관　사회학과니까 더 그랬겠네요, 문학부였으면 달랐을 텐데.

유정아　저는 인문적인 사람이지만 사회학과, 사회과학대학을 나왔다는 게 제 인생에 많은 도움이 돼요. 저의 부족한 점을 메워주고 사회 보는 눈을 키워줬죠.

신용관　내 인생의 책 50권 또는 10권, 이렇게 리스트를 뽑으라는 주문을 받을 때 하시는 답변이 따로 있습니까?

유정아　그런 질문을 많이 받는데, 몇 권씩 꼽는 건 있죠, 변함없이. 새롭게 읽어서 리스트에 오르기도 하고.

신용관　꾸준히 업데이트가 되는군요.

유정아　그렇지 않나요? 왜냐면 책이라는 게 그 순간에 확 와 닿으면 자기한테 더 좋은 책이 될 수도 있는 거니까. 지금 떠오르는 책이 《나쁜 소녀의 짓궂음》이라는, 노벨상 받은 마리오 바르가스 요사라는 페루 작가가 쓴 책인데 아주 나쁜 여자의 이야기예요. 나쁜 여자가 그 남자의 멘토가 되는 얘긴데 무척 흥미로웠어요.

신용관　소설을 읽으면서 '이 소설의 주인공처럼 나도 살아볼까?' 그랬던 경우는 없습니까? 영화도 좋고요.

유정아　《나쁜 소녀의 짓궂음》에 나오는 여자요. 계속 자기를 속이는 여자거든요. 전혀 진지하지 않아요. 저는 진지하잖아요. 그 사람의 어떤 가벼움? 그럼에도 그 여자는 게릴라 전사, 프랑스 외교관 부인, 일본 야쿠자의 애인 등으로 계속 모습을 바꿔가요. 독재정권 치하의 1960~1980년대 페루, 유럽 문화와 예술의 중심지였던 1960년대의 파리, 히피 문화가 꽃핀 1970년대의 런던 그리고 동양의 메트로폴리탄 도쿄 등을 배경으로 20세기 사회의 단면을 훑은 이 소설에서, 모든 등장인물이 다 죽는데 결국 이 여자만 살아남거든요.

신용관　하긴 저자 마리오 바르가스 요사가 구성도 치밀하지만 워낙 위트와 재치가 풍부하니까요.

유정아　네. 이 여자는 원래 칠레 여자인데 페루의 어느 마을에 와서 한 남자의 마음을 사로잡고 흔드는 거예요, 여우같이. 저는 또 그렇진 않거든요. 남자는 여자를 늘 사랑하고 기다리고 있고, 이 여자는 40년 가까이 매번 다른 이름과 모습으로 나타나요. 맨 마지막 순간에 여자는 또 거짓인 채로 왔지만 이 남자한테 뭔가를 남기고 떠나요. 그리고 그 소설을 읽는 우리에게도 뭔가를 남기죠. 당대의 진실이 아니라 그걸 넘어서는. 저는 시대를 넘어서는 그 어떤 걸 추구하는 사람이 좋아요.

신용관　그런데 이런 면이 있지 않나요? 저는 《안나 카레니나》를 손에 꼽을 정도로 좋아하지만 톨스토이를 좋아하는 건 아니거든요. 반대로 카잔차키스를 좋아하지만 《그리스인 조르바》를 좋아하지는 않아요. 주인공과 작가에 대한 호불호가 따로 노는 경우는 없나요? 클래식 음악도 좋고.

유정아　제가 클래식 관련 책을 두 권 썼는데, 대부분 음악가에 대한 얘기예요. 지금 KBS 1FM에서 〈밤의 실내악〉(새벽 1~3시)을 진행하면서 나름대로 여러 공부를 하고 있는데, 음악이라는 게 어떤 건 좋고 안 좋고, 어떤 작곡가는 마음에 들고 안 들고, 그러진 않아요. 작곡가의 삶들을 들여다보면 다 귀여워요.

신용관 하하하. 재밌는 표현이네요. 작곡가들의 삶이 다 귀엽다?

유정아 인간적이라고요. 베토벤이 본에서 태어나 지내다가 중간에 한 번 모차르트나 하이든한테 배우려고 1792년엔가 비엔나에 처음 왔는데 어머님이 편찮아서 다시 돌아가야 했고, 아버지마저 돌아가는 바람에 거기서 그냥 가장이 돼서 일해야 했어요. 그러다 20대가 넘어서 다시 비엔나에 와서 자리를 잡았는데….

신용관 당시만 해도 본Bonn은 음악적으로는 촌(村)이었나 보죠?

유정아 촌까지는 아니지만 비엔나가 최고였지요. 베토벤이 당시 귀족들의 작은 음악회, 프라이빗 콘서트 같은 데서 어떻게든 해보려고 했는데 이 사람의 내심은 그런 거랑 맞는 사람이 아니었던 거죠. 그럼에도 그들과 어울리기 위해 헌정도 하고, 그들의 취향에 맞추려 애를 쓰기도 했지만 고통스러운 일이었지요. 음악가의 일생을 들여다보면 많은 걸 느낄 수 있어요.

신용관 특별히 좋아하는 작곡가가 따로 있지는 않나요?

유정아 제가 뭐 하나에 특별히 빠지는 스타일이 아니에요. 어느 하나에 푹 빠져서 그 음악만 듣는다든가, 미술에 빠져서 그 그림을 사러 다닌다든가 하는 게 없어요.

신용관 그냥 관망하는 편이시군요.

유정아 뭘 특별히 찾아서 들어본 적이 없는 것 같아요. 책도 애써 구해 읽지 않고 저한테 들어오는 책을 읽어요. 예를 들어 제가 출판사

'문학동네'에서 책을 낸 뒤로 거기서 펴내는 소설 등을 제게 보내줘요. 토요일판 신문 서평란을 빠짐없이 읽고, '이건 읽어야겠구나' 하고 따로 체크해두지만 그뿐이죠. 그 가운데 내 손에 들어오면 읽지만 안 구해지면 내 인연이 아닌가 보다, 하며 지나가요.

신용관　혹시 '자기방어기제' 차원에서 일부러 몰입을 안 하려고 하는 것 같진 않으세요?

유정아　상대가 사람이라면 모르지만, 책이나 음악인데 뭣 하러 자기방어기제가 있나요. 그건 자기가 빠지고 싶으면 빠질 수도 있는 거죠.

이분처럼,
나도 '만나면 편안해지는' 사람이기를

신용관　중고등학교 때 선생님, 대학교 때의 교수들, 직장에서의 그 수많은 상사들 중에 살아오면서 영향을 크게 받은 사람이 하나도 없어요?

유정아　이렇게 얘기하면 제가 굉장히 건방져 보일 테지만, 제가 어머니의 가혹한 잣대 아래 성장해선지 웬만한 사람은 눈에…. 예를 들어 아주 훌륭했던 교수님인데 후에 장관도 하고 좋은 생각과 이념을 가지셨지만 어떤 계기에 자리나 위치에 연연하는 모습을 보이면 저로선 그 인물에 대한 실망감부터 들게 돼요.

신용관　굉장히 엄격하시다. 어떤 일관성, 온전(穩全)함에 우선순위를 둔다는 얘긴데.

유정아　사람이 부끄럽지 않게 살면서 뭔가를 잘 갖추고 사는 경우가 드문 듯해요. 기존의 '성취'라고 말하는, 사회적인 성공을 이룬 사람들에게서 전 별로 감흥을 느끼지 못해요.

신용관　제가 나중에 기회 되면 D. H. 로렌스 책을 빌려드릴게요. 로렌스가 따옴표 쳐서 쓰고 있는 'integrity(온전함)' 쪽에 가까우시네. 읽으면 좋아하시겠어요.

유정아　안 읽었네요. 제 손에 안 들어왔던 책이에요.(웃음)

신용관　로렌스가 에세이를 많이 썼는데 대부분 번역이 안 돼 있어요.

유정아　소설가 조경란 씨가 신 기자님과의 인터뷰에서 '자기 안의 긍정'이 멘토다, 라고 얘기한 것처럼 우리 내면에 끊임없이 흔들리는 자기 자신이 있잖아요? 저는 언제부턴가 그 흔들림이 너무 싫어졌어요. 사람이 어느 정도 나이 들면 '자기다움'을 갖추고, 그 시선으로 세상을 보면서 안정된 삶을 추구하잖아요.

신용관　마흔이 불혹(不惑)이란 말도 있지요.

유정아　나이 마흔이 넘어서도 나는 어째서 그렇지 못한가, 굉장히 많이 고민했어요. 그래서도 저는 마흔이 불혹이 아니라 '미혹(迷惑)의 정수'가 더 맞다고 느껴요. 물론 우리 인생의 주기가 길어졌기 때문일 수도 있지만, 어느 날 그런 생각을 한 거죠. 흔들리고 있기 때문에 계속 늙지 않는 마음으로 살 수 있는 게 아닌가? 그냥 물풀처럼 흔들리면 되는 거 아닌가? 붕 떠서 부유(浮遊)하는 게 아니라 땅에 뿌리박고 흔들린다는 건, 우두커니 서 있는 것보다 낫지 않은가? 하는 생각이 든 거예요. 흔들리고 있는 게 어쩌면 저의 힘이 아닐까 싶어요.

똑부러지는 이미지의 유정아 씨에게 이런 면모가 있으리라곤 예상치 못했다. 역시 사람은 외모나 외양으로 판단해서는 그르치기 십상이다.

신용관 　궁금증이 생기네요. 흔들린다는 표현을 쓴다는 건 '중심'이 있다는 전제거든요. 본인이 의식을 하든 안 하든 어떤 중심이 있다는 얘기가 되는데요.

유정아 　글쎄요…. 그냥 이미 흔들리고 있는 상태인 듯해요. '나'가 '흔들리는 나'인 것 같다고요.

신용관 　그래도 '부러진 90'을 살아오면서 본인에게 영향을 끼쳤던 사람이 없진 않겠죠?

유정아 　금호동에서 침술사 하시는 분이 있어요. 시각장애인이시지요. 어느 날 방송국 선배가 와서 그러는 거예요. 내가 좋아하는 어떤 침술사 아저씨가 말하더라. "유정아의 목소리를 참 좋아하는데 가끔씩 비음이 나는 게 안타깝다, 고쳐줄 수 있을 것 같다"고. 2007년 어느 비오던 날, 제가 들어도 비음이 너무 심한 거예요. 전날 술을 무지하게 마신 거죠. 그래서 제가 술을 그만 마셔야겠다, 다짐을 한 게 아니라 그 아저씨를 찾아갔어요. 만난 그 순간부터 그분이 좋더라고요. 그분하고 있으면 무장해제가 돼요. 저는 낮잠을 안 자는 타입이에요. 더구나 낮선 장소에서는 밤에도 잠을 설치는데, 거기만 가면 스르르 잠이 들어요. 마치 엿장수 아저씨의 찰칵찰칵 가위질 소리가 들리는 평온한 한낮의 어린 시절처럼 마음을 편안하게 해줘요.

신용관 그게 멘토와 무슨 관계가 있지요?

유정아 멘토라는 게 그런 거잖아요. 나도 이렇게 되어야겠다, 이 사람처럼 되고 싶다. 내가 이 장소에 찾아와 이분을 만나면 이렇게 편안해지듯, 나도 누군가한테 그런 사람이면 좋겠다는 느낌. 그런 생각을 한 건 평생 이분이 처음이자 마지막이에요.

살아오면서 그동안 얼마나 사람에 치였으면, 얼마나 사람들과의 관계에서 진을 뺐으면, 마음을 편하게 해주는 침술사를 멘토라고 부르는 걸까. 웬만한 한국 남성보다 더 허우대가 좋은 유정아 씨와 얘기를 나눌수록 필자는 속으로 당황하고 있었다.

타인의 생에 깊이 영향 미치는 것은 위험한 일

신용관 그럼 '그 경험은 정말 나에게 필요했다' 싶은 경험은?

유정아 아이를 낳았던 경험. 아주 가까운 존재고, 내 핏줄을 이어받았고, 내가 애정을 갖고서 한없이 걔네들이 잘되길 바라되 내 것이 아니라는 것을 끊임없이 내가 자각할 수 있게끔 만드는 존재.

신용관　몇 살 때였죠, 첫아이가?

유정아　94년이니까, 스물일곱? 지금 보면 굉장히 빨리 가진 거예요.

신용관　아이 둘이 몇 년 터울이죠?

유정아　1년 반인데 고3, 고2인 사내아이들이에요. 솔직히 젊은 엄마들은 어느 날 갑자기 애가 엄마가 되는 거잖아요. 애를 안고서 "엄마가 뭐 해줄게" 말하는 걸 옆에서 들으면 저는 소름이 쫙 끼쳐요. '언제 엄마인 적이 있다고 자기 자신을 엄마로 지칭하나' 싶었지요. 그런 내 모습이 무슨 문제가 있는 건 아닌가 싶었을 정도로 전 엄마가 되는 데 자신이 없었어요. 그나마 제가 애들한테 자부하는 점은 내가 걔네들의 인생을 내 걸로 만들려고 욕심 부리거나, 걔네한테 내가 뭘 가르치려 들지 않으려고 애써왔다는 것, 그거 하나예요.

신용관　그게 쉽지 않습니다.

유정아　제가 어디 특강을 가서도 그런 식으로 해요. 일반적으로 강의할 때의 즐거움은 사람들이 자기 얘기에 확 빨려들 때라고 하잖아요. 그런데 저는 청중이 제게 빠져들기 시작한다는 느낌이 오면, 갑자기 확 뒤로 빠져요. 제가 딱히 멘토가 없는 것과도 상통해요.

신용관　한발 물러서는구나.

유정아　제가 그렇게 생겨먹어서 그런지는 몰라도, 수업 때도 학생들이 저를 존경의 눈으로 보기 시작하면 일부러 약간 흐지부지 강의를 끝내버려요. 다른 사람의 인생에 깊이 영향을 미치는 걸 저는 좋게 보지 않는 듯해요.

신용관　어떤 사람에게 몰입하거나 자신을 의탁하는 걸 별로 안 좋아하시는 것 같아요.

유정아　아주 깊은 멘토와 멘티 관계는 위험하다고 보는 거죠. 저로선 어떤 사람의 사상이나 행동 등에 완전히 몰입되는 게 그 사람의 인생을 더 크게 하는 데 도움이 되는지 잘 모르겠어요. 그래서 학생들 상대로 강의할 때도 내가 동등한 입장에서 뭘 얘기해줄 수 있나 고민해요.

신용관　그러니까 '너를 이끌어줄 멘토를 찾으려 애쓰지 말고….'

유정아　"네 자신 안에서 괜찮은 것들을 꺼내려 애써라."

신용관　자기를 계속 지켜보면서?

유정아　사실 자기 안에서 좋은 것들을 끄집어내는 방법을 일러주는 게 가장 좋은 교육이죠. '아레테arete'라는 단어가 있잖아요, 플라톤이 쓴 《소크라테스의 변명》에 나오는. '덕(德)'으로 번역되는데 덕이라는 말로는 다 담기가 어려운, 어떤 존재든 갖고 있는 그 존재만의 탁월함.

'아레테'는 일반적으로 사람이나 사물이 가진 탁월성, 유능함, 기량, 뛰어남 등을 의미하는 그리스어다. 이를테면 발이 빠른 것은 발의 아레테이고, 토지가 비옥한 것은 토지의 아레테다. 플라톤과 아리스토텔레스는 도덕적인 의미에서의 덕목이나 덕성(性性)에 이 말을 적용했다.

신용관 　영어 'virtue'와 비슷하네요.

유정아 　그렇죠. 결국 덕이라는 의미가 자기 안에 있는 것들이 다 제대로 나올 때를 가리키니까. 저는 사회가 어떤 표본을 제시하고 그 표본이 되게끔 밀고 나가는 사회는 옳지 않다고 생각해요. 가장 좋은 사회는 구성원 각자의 내부에 있는 것들이 다 제대로 발현돼 나와 그 '아레테'들이 융성하는 사회가 아닐까요?

인터뷰는 효자동 인근 카페에서 이뤄졌다. 유 씨는 인터뷰 직후 교보문고 강당에서 한 제약회사 임직원들을 상대로 강연이 예정돼 있었다. 유명 아나운서 출신으로 서울대에서 '말하기 강의'를 하고 있고 관련 서적까지 낸 저자라서인지 여기저기 강연요청이 많은가 보았다. '사람으로부터 상처를 많이 받는다'는 타입으로서 초면인 청중 상대하기가 쉽지 않겠구나, 엄친딸도 나름 아픔이 있구나, 잠깐 상념에 빠져 녹음기를 주섬주섬 챙기고 있는데 유 씨의 한마디가 정신을 번쩍 나게 했다. "찻값 계산은 신 기자님이 하실 거지요?"

김성근

고양 원더스 감독

"인생은 '일구이무(一球二無)', 그래서 진실되게 살아야 해요"

66

인생은 순간들의 쌓아올림이죠. 전력투구할 기회라는 건 사람한테 그리 자주 오는 게 아니에요. 준비를 잘 해놓으라는 얘기예요. 기회가 왔을 때 그 순간에 모든 걸 걸고 전력투구할 수 있는 자세가 되어 있어야 해요.

99

'미국·일본·쿠바·호주에서 프로 리그가
열린다. 한국에는 1982년 6개 구단으로 출범한 프로 리그가 있다.' 무
슨 스포츠일까? 그렇다. 바로 야구다. 영국에서는 일찍이 배트와 작은
공을 사용하는 놀이가 성행했다. 그것을 영국 이민자들이 미국에 전해
널리 퍼뜨렸다. 1830년 보스턴에서 타운볼town ball이라는 경기가 시작
되었고, 3년 후 필라델피아와 뉴욕에서 조금씩 다른 형태의 경기가 발
전하여 베이스볼이 되었다고 한다.

1841년쯤 베이스가 고정되었고, 1845년에는 니커보커즈라는 최초
의 야구팀이 조직되었으며 경기장도 현재와 같은 다이아몬드 형태를
갖췄다. 프로야구에 대한 미국인들의 반응은 초기부터 뜨거웠는데,
1920년 보스턴에서 뉴욕으로 팀을 옮긴 베이브 루스가 54개의 홈런을
날린 것을 계기로 새로운 전환점을 맞이했다. 어설픈 구식 야구 시대

가 가고, 공격과 수비 양면에 걸쳐 더욱 세련된 기술의 현대 야구가 펼쳐지게 된 것이다.

현재 '고양 원더스'를 이끌고 있는 김성근 감독의 별명은 잘 알려져 있다시피 '야신'(野神, 야구의 신)이다. 그는 2002년 LG 트윈스를 한국시리즈 준우승에 올렸고, 2006년 6위로 정규 리그를 마쳤던 SK 와이번스를 1년 만에 정상에 세웠다. SK 임기 4년 반 동안 세 차례(2007, 2008, 2010)나 한국시리즈 우승을 거머쥐며 '김성근'이란 이름을 야구에 관심 없는 일반 대중에게도 확실하게 각인시켰다. 2009년 5월 프로야구 통산 두 번째 2,000경기 출장, 2011년 5월 대전에서 열린 한화 이글스와의 경기에서 프로야구 감독 생활 통산 1,200승 달성 등의 기록을 갖고 있으며 2007·2008년 2년 연속 한국시리즈 최우수 감독상을 수상했다.

그런 김 감독이 맡고 있는 '고양 원더스'는 경기도 고양시를 연고로 하는 대한민국 첫 번째 독립구단이다. 2011년 9월 15일 KBO에 창단 협약식을 했고, 신인 드래프트에서 지명받지 못하거나 구단에서 방출된 선수 등 재기를 꿈꾸는 야구선수들에게 프로 구단 입단 도전 기회를 부여할 목적으로 창단되었다. 2011년 12월 초까지 코칭스태프 선임 작업을 마친 뒤 12월 30명의 선수들을 뽑아 본격적인 훈련에 돌입했다. 2012 시즌부터 퓨처스리그(한국 프로야구의 2군 리그) 팀들과 경기를 갖고 있다.

신용관   우리나라 최초 독립구단을 맡고 계신데요, 특별한 계기가 있으신가요?

김성근   SK 그만두고 고양 구단주께서 아주 간곡하게 와서 팀을 맡아달라고 하셔서. 나 스스로도 야구에 봉사한다는 뜻에서, 새로운 팀의 활로를 열어놓는 게….

신용관   부탁을 잘 들어주시는 편인가 보지요?

김성근   청탁 같은 건 일절 안 받아요. 원칙에 맞게 하지.

　　일본 교토에서 태어나 그곳 고등학교 야구선수 생활까지 한 김 감독은 인터뷰 내내 작은 목소리에 단문으로 대답했다. 필자는 김 감독의 말을 알아듣기 위해 귀를 쫑긋 세운 채 긴장해야 했다. '가벼운 부탁'을 물었는데 '심각한 청탁'으로 답변이 돌아오기에 오늘 '힘든 한 판'이 되겠구나, 직감했다. 인터뷰 도중에 걸려온 전화기를 붙들고 유창한 일본어로 뭔가를 열심히 설명하는 김 감독의 모습을 보고 통역을 준비했어야 했구나, 뒤늦은 후회를 했다.

한계를 설정할 때, 너는 진다

신용관   선수들에게 일부러 가혹하게 하신다고 들었습니다. 이유가 뭔가요?

김성근   가혹하다기보다는 선수의 가능성을 찾아가는 과정이지요. 그
전까지 해온 방식, 지금 하고 있는 방식에서 벗어나야 하기 때문이죠.
사람이 극한 상황에 처해봐야 본인도 모르는 능력이 계발된다고 난 믿
습니다.

신용관   어느 정도 연습을 시키십니까?

김성근   심하면 12시간씩 한 적도 있고. 아침부터 저녁때까지.

신용관   12시간이면 아침 9시에 시작하면 저녁 9시, 아침 7시에 시작
해도 저녁 7시인데요?

김성근   그 정도는 해야 발전이 있지요.

신용관   아무리 감독과 선수가 명령과 복종의 관계라 해도 다 큰 성인
들인데요. 수틀리면 언제든 다른 팀으로 떠날 수도 있고.(웃음)

김성근   시키면 한다기보다… 자신을 위해서 해야죠. 남을 위해 하는
게 아니라.

  김성근 감독은 선수들에게 혹독한 연습을 시키는 것으로 유명하다.
그에게 '이쯤 하면 됐다'는 순간은 없다고 한다. 비가 오는 날은 더 맹
렬하게 연습을 한다. 완전히 파김치가 된 그날의 고달픔이 선수들의
가슴속에 야구 잘하고 싶다는 절실함을 만들어주기 때문이다. "바닥에
서 헤매던 선수들도 김성근 감독을 만나면 최고의 선수로 성장한다",
"만년 꼴찌였던 팀도 그가 맡으면 최고의 팀으로 거듭난다"는 얘기가

나오는 것도 이 때문일 것이다.

신용관　감독님이 어린 시절 야구하셨던 때에는 구타 같은 건 없었습니까?

김성근　일본에는 구타가 없었어요. 일본에서는 구타하다 걸리면 출전 정지예요.

신용관　아니, 1950, 1960년대인데 구타가 없었다고요?

김성근　우리나라는 과거에 구타가 많았죠. 모르겠어요, 내가 있던 지역에서는 구타 같은 게 전혀 없었어요.

신용관　야구는 어떤 계기로 하게 되었습니까?

김성근　공 던지고 놀 공간만 있으면 야구를 했죠. 우리 자랄 땐 일본에서 프로야구와 스모가 최고였으니까. 일본인들은 운동을 업(業)으로 생각 안 해요. 그냥 좋아서 하는 거예요. 우리나라 사람들만 그렇게 생각하지. 생계수단으로서의 운동, 그건 부모들의 욕심이에요.

신용관　재미로 시작했다지만 그래도 주변에서 누군가 잘한다고 칭찬과 격려를 해줬기에 그 길로 가신 게 아닌가요?

김성근　격려? 전혀 없었어요. 나는 소질이 없었으니까. 나는 뭐가 됐든 시작할 때 나의 미래를 위해서, 또는 생계나 출세를 위해서 한다고 생각해본 적이 없어요. 야구는 재미있으니까 했고, 그러다가 우리나라에 와서야 처음으로 야구하면서 살아야겠구나, 야구로 먹고살아야겠구나, 그렇게 생각했죠.

일본 가쓰라 고등학교에서 투수와 외야수로 선수 생활을 시작한 김 감독은 20대 초반 한국으로 건너와 귀화 한인의 삶을 살았다. 동아 대·교통부 선수를 거쳐 국가대표 선수로 발탁되었으며 이후 기업은행 에 입단하여 발군의 활약을 펼치지만 부상 때문에 1968년 선수 생활을 마감하였다. 1969년 마산상고 감독을 시작으로 지도자의 길을 걷기 시 작, 충암고·신일고 감독으로 선수들을 지도했다. 1982년 OB 베어스 코치로 들어가면서 프로야구계에 뛰어들었고, 1984년부터 OB 베어 스·태평양 돌핀스·삼성 라이온즈·쌍방울 레이더스·LG 트윈스 감독 직을 수행하였다. 2005년에 일본 지바의 롯데 마린스 순회 코치로 잠 시 생활하다가 2006년부터 SK 와이번스 감독으로 활동했다.

신용관　선수일 때와 감독일 때는 같은 게임이라도 임하는 입장이 달 라지겠지요?

김성근　선수는 이기는 데 전념해야 하고, 감독은 전체를 봐야 되고. 책임감이 다르죠. 사명감도 전혀 다르고.

신용관　감독으로서 천부적인 자질이 있다고 느낀 적 있으신지요?

김성근　내가 감독으로서의 소질이 있나, 그런 생각은 해본 적 없어요. 문제를 먼저 생각하면 움직이질 못해요. 이걸 내가 잘할 수 있을까, 문 제는 없을까, 걱정부터 하는 그런 자세는 잘못된 거예요. 그러면 불안 해서 일 못해요. 일단은 몰두해야지. 무조건 닥치는 대로 하고 보는 거 지. 해나가면서 해결을 하는 거지. 천직 운운하는데, 닥쳐서 해놓고 보면 자기가 뭘 하든 그게 천직이 되는 거지요.

신용관   의외로 심사숙고형(햄릿)이 아니라 행동형(돈키호테)이시네요. 타고난 성격인가요?

김성근   이런 성격은 타고나는 게 아니에요. 가정환경이 그렇게 생겼기에…. 너무 가난하게 살았고, 그래서 (나란 존재가) 식구들의 관심 바깥에 있었고…. 순간순간 (힘든 상황을) 넘겨야 하는….

신용관   경남 진양이 본관이고, 태어나기는 교토에서….

김성근   일본 가쓰라 고등학교에서 야수도 하고, 투수도 하고. 주전은 아니었어요.

신용관   형제가 어떻게 되십니까?

김성근   6남매입니다. 밑에서 둘째. 3남 3녀. 남자로는 3남. 큰형이랑 스무 살 이상 차이 나요.

신용관   주로 어머님의 영향을 받으셨나요?

김성근   나이 먹어보니까 아무래도 그쪽 핏줄이 흘러왔지 싶어요.

신용관   부친께서는?

김성근   건설현장 감독, 한마디로 '노가다'였지요. 말씀이 별로 없는 분이었어요. 우리 집안 자체가 그렇게 말이 많은 집안이 아니에요. 아버지도, 엄마도, 형제들도.

신용관   집안이 조용했겠습니다. 형제가 여럿인데도.

김성근   우리 집은 대화라고 하는 게 별로 없었으니까. 어렸을 때 아버지하고 깊이 얘기를 해본 적이 없었어요. 동네 아이들과 놀이 같은 건 많이 했지만, 집안에서는 그런 게 없었어요.

신용관　어린애답게 어리광을 부린 적도 없었나요?

김성근　전혀. 가난하니까 먹고살기 바빴지, 그때는 애 장래를 생각해 주는 게 없었잖아요. 본인들이 느끼면서 계발해나가는 거지. 원망도 없었고. 나 스스로가 살아가는 법을 하나하나 배워나갔고, 모든 걸 내가 계발했어요. 생존하기 위해선 내가 잘해야 되니까. 그래선지 이 나이 먹을 때까지 평생 남을 원망해본 적 없어요.

신용관　믿을 건 나밖에 없다?

김성근　기대를 안 했죠. 기대가 없으니까 원망도 안 하고. 집안이 어떠니 이런 거. 고등학교도 내가 해결해서 갔으니까. 학비도 아르바이트 해서 내가 벌고. 우유배달이나, 신문배달, 닥치는 대로 다 했죠. 인간으로서 기본적인 거 아니에요? 자기 힘, 능력이 없으면 살 수가 없죠.

신용관　그런 면에서 감독님은 의지가 없거나, 인생의 목표가 불명확해 보이는 사람을 접하면 한심해 보이시겠네요?

김성근　한심하다기보다 좀 불쌍해 보여요. 세상이라고 하는 게 뭔지 모르고 있구나.

김 감독의 좌우명 중 가장 유명한 것이 '일구이무(一球二無)'다. "한번 던진 공은 다시 불러들일 수 없다. 타자가 치는 공 하나에도, 수비수가 잡는 공 하나에도 '다시'란 없다." 일본에서 현역 선수로 뛰던 20대 시절 "이 화살이 마지막이라 여기고 목숨을 걸고 집중해 쏘면 바위도 쪼

갤 수 있다"는 중국 고사 '일시이무(一矢二無)'를 변형시켜 김 감독이 직접 만든 말이다.

신용관 하고많은 좌우명 중 왜 '일구이무'인가요?

김성근 인생은 순간들의 쌓아올림이죠. 전력투구할 기회라는 건 사람에게 그리 자주 오는 게 아니에요. 준비를 잘 해놓으라는 얘기예요. 기회가 왔을 때 그 순간에 모든 걸 걸고 전력투구할 수 있는 자세가 되어 있어야 해요.

신용관 그러면 인생 자체가 너무 피곤하지 않습니까?

김성근 인생이라는 건 피곤하다고 생각하면 피곤하죠. 그런 발상 자체가 문제예요. 그 사람은 이미 패자야. 일 자체를 즐겁게 생각해야죠, 사명감을 갖고. 힘들다는 것도 이상한 거예요. 남자가 여자를 사랑할 때 힘들다고 생각하나요? 여자를 좋아할 땐 천리 길도 1리처럼 여기지요. 헤어지면 만리(萬里)가 되고. 자기가 좋아하는 일이라면 힘들고 지겹다고 생각하지 않아요. 그렇게 생각하는 것 자체가 몰두도 안 하고, 즐겁지 않다는 거예요.

신용관 절박함이나 절실함, 이런 것이 필요하단 말씀으로 들리네요. 즐기긴 하되, 절실하게 해라?

김성근 쥐도 고양이한테 몰리면 거꾸로 덤벼요. 어마어마한 힘이 나와요. 절실하지 않으면 도망 다니죠. 궁지에 몰리면 자기도 모르게 존재하는 힘이 분출되는 거고. 아이디어도, 힘도 나오고. 그걸 살리는 사람이 이기는 사람이죠. 몰렸을 때 자기 한계를 극복해나가는 사람이 이기는 사람이지. 안 되겠다, 아 여기까지다, 하는 사람이 패자이지요.

메이저리그 역대 최고의 포수로 손꼽히며 '양키스 제국'을 일궈낸 일등공신 요기 베라(Yogi Berra, 1925~)가 이런 말을 했다. "It ain't over till it's over(끝날 때까진 끝난 게 아니다)." 인터넷에서 '김성근 어록'을 치면 이런 말도 나온다. "생각을 바꾸면 행동이 바뀌고, 행동을 바꾸면 인생이 바뀐다. 한계를 설정할 때 너는 진다."

신용관 그렇게 아등바등 악착같이 살다가 암이라도 걸리면 어떻게 합니까?(웃음)

김성근 암에 걸리든 뭐에 걸리든 가늘고 길게 살아봤자 아무 의미 없는 인생이에요. 존재 가치가 없는, 무의미한 인생이에요. 나는 그렇게 생각해요. 아무 데나 있는 인간이 되어봤자 아무 소용이 없는 거죠. 짧고 굵게 살아야지.

아, 너무 무겁다. 야구공 하나는 145g에 불과한데….

신용관 기업은행 선수 시절 부상으로 결국 만 26세에 선수 생활을 그만두셨지요, 그리고 이듬해 마산상고에서 감독 생활을 시작했는데요. 한국 남성 일반으로 따지자면 군대에서 전역해서 뭘 할지 고민할 어린 나이인데. 어떻게 그게 가능했지요?

김성근   살아가는 방법이 감독이어서였죠. 은행 일은 적합하지 않았어요. 한국 실정도 잘 모르고.

신용관   결혼은 언제 하셨습니까?

김성근   1967년에 했어요.

신용관   신혼시절에 큰 부상을 당한 거네요?

김성근   결혼할 때 이미 어깨는 나가 있었지요.

끝까지 최선을 다하는
야구를 해야 한다

신용관   '감독은 아버지다'라는 철학을 갖고 있으신가 보지요?

김성근   아버지는 자식을 키워야 될 의무와 책임감과 사명감이 있지요. 자식을 위해 모든 걸 내놔야지. 자식을 위해서 전력투구하고 자신을 희생할 수 있는 사람이 진정한 아버지 아닌가? 선수는 자식과 똑같아요. 자식을 버리는 부모는 없잖아요.

야구에서 한 팀의 감독과 코치, 선수들은 똑같은 디자인의 유니폼을 입는다. 주요 구기 종목 가운데 감독과 코치까지 선수들과 함께 유니폼을 입는 경우는 야구밖에 없다!

신용관　'야신'이라는 별명은 마음에 드십니까?

김성근　명예롭지요. 그렇지만 야구의 신이라는 건 있을 수 없는 거예요. 야구는 인생과 똑같이 무궁무진한 거예요. 영원히 잡히지 않는.

　2002년 11월 대구에서 열린 2002년 한국 시리즈 6차전에서 김성근 감독이 이끈 LG 트윈스는 삼성 라이온즈의 이승엽과 마해영에게 '백 투백 홈런'(back-to-back home runs, 두 타자 연속 홈런)을 얻어맞고 2승 4패로 준우승에 그치고 만다. 이후 그는 경기 중 유일하게 눈물 흘린 경기가 이 경기였다고 회고했다. 준우승 후 당시 삼성 라이온즈의 김응룡 감독에게 승부 근성을 높이 평가받아 야구의 신이라는 말을 줄인 '야신'이란 칭호를 받는다. 하지만 승장(勝將)으로부터 받은 별명이기에 김성근 감독 본인은 이 별명을 그리 좋아하지 않았다는 게 스포츠계의 중론이다.

신용관　정작 본인이 좋아하는 별명은 '잠자리 눈'이라고들 하던데요?

김성근　리더는 모든 일에 세심해야 해요. 조그만 일이라도 놓치면 안 돼요. 전후좌우 360도를 볼 수 있는 잠자리 눈이어야 하지요. 선수들이 태평양 시절에 붙여준 별명입니다. 1cm 차이, 이런 걸 놓치면 안 되거든요. 지속적인 관심으로 관찰하고.

신용관　SK 감독 시절에는 '재미없는 야구'라는 꼬리표가 따라다녔습니다만.

김성근　'이기는 야구'와 '재미있는 야구' 중 하나를 택해야 한다면 결론은 당연히 팀의 승리입니다. 감독이 져야 할 가장 무거운 책임은 패배에 관한 것이지요. 지지 않는 야구, 끝까지 최선을 다하는 야구를 해야 합니다.

　기자들은 SK의 '스몰 볼small ball'을 비판하는 기사를 썼고 팬들은 인터넷 게시판에서 편을 갈라 SK 야구가 과연 재미있는지 논쟁했다. 2000년대 후반 한국 프로야구에서 팬들이 이토록 지속적이고 열정적으로 토론했던 주제도 드물 것이다. '스몰 볼'이란 장타나 홈런보다 도루·단타·번트를 축으로, 개인플레이를 최대한 자제하고 조직력으로 승부하는 야구 방식을 일컫는다. 그러나 김성근 감독은 번트 야구와 잦은 투수 교체에 대한 비난을 귀에 못이 박이도록 들으면서도 자신의 소신을 고수했다.

눈만 똑바로 뜨면
세상 전체가 나의 멘토

신용관　선수 시절 존경하는 감독이 있으셨습니까?
김성근　그런 분은 없었어요. 책 같은 건 많이 보죠. 야구에 대한 책. 일본에는 많아요. 감독들이 쓴 책도 많죠. 노무라 감독이나 모리 감독.

다른 사람 책도 많이 봐요. 책으로부터 영향받았다기보다는 책 속에서 느끼는 게 많아요. 사실 배울 마음이 있으면 아무데서나 다 배워요. TV 오락 프로, 스포츠 중계를 보면서도.

신용관　왜 항상 배우려고 하시나요?

김성근　남의 걸 보고, 흉내 내고, 자기 걸로 만드는 게 중요하죠. 이 선수는 이게 참 좋다, 닮고 싶다, 하는 게 있으면 곧 흉내를 내요.

신용관　그럼 김 감독님의 멘토는 야구 자체라고 할 수 있겠네요?

김성근　야구 자체로도 물론 그렇지만, 눈만 똑바로 뜨면 세상 전체라고 볼 수 있죠. 나는 보고 느낀 뒤 하는 행동이 다른 사람보다 무지 빨라요. 보는 즉시 행동해요. 어찌 보면 나 스스로가 나를 만들어갔다고 할까. 생각나면 움직이니까 그 자리에서 바로 행동하는 거죠. 그러니까 문제가 나중에 많이 발생해요. 해나가는 도중에 닥친 문제를 또 해결해나가고.

신용관　앉아서 먼저 머리를 굴려보는 게 아니라 일단 행동하고 본다?

김성근　대신 그렇게 하려면 모든 준비가 돼 있어야 해요. 그래야 빨리 판단하고 결정하죠.

신용관　지금 말씀하신 게 '데이터 야구(축적된 데이터를 통해 전략을 세우고 상대방에게 대응하는 야구의 전략)'와 관련 있나요?

김성근　데이터는 맞을 때도 있고 틀릴 때도 있어요. 데이터를 믿으면 안 돼요. 직감이 제일 중요해요. 그 직감은 오랜 경험과 훈련의 축적에서 오는 거지요. 판단력도 훈련을 통해 키워지는 거니까. 야구는 즉각

즉각 판단해야 되지요. 투수를 바꿀 것인가, 타선을 조정하나, 오늘 누가 컨디션이 좋지, 안타냐 번트냐, 일일이 셀 수도 없는 요소들을 종합적으로 판단해서 그 자리에서 결정해야 하니까 직감이 가장 중요하지요.

신용관 승리라는 결과를 얻기까지, 경기 당일의 경기력과 감독의 판단력 그리고 그 경기 직전까지 선수들의 훈련량을 중요도로 따진다면 어떻습니까?

김성근 똑같아요. 5대 5. 기본적으로 야구라는 게임은 머리싸움이에요. 선수도 마찬가지고. 머리를 갖고 승부하는 게 야구예요. 세상 일이 다 그렇지 않나요?

신용관 기라성 같은 선수들을 데리고 시합하다가 그에 미치지 못하는 선수들을 상대하게 되셨는데요….

김성근 차이는 있지만, 선수를 만들어간다는 건 똑같아요. 오히려 지금 선수들을 데리고 만들어가는 게 감동이 더 깊어요. 그런 점에서는 흥미로워요. 맛이 있다고나 할까. 프로는 프로대로, 아마추어는 아마추어대로. 프로가 아닌 선수들과 좋은 성과를 만들어냈을 땐 성취감이 더 크겠죠.

신용관 그렇지만 안 그래도 '이기는 경기'에 우선순위를 두고 계신데 시합에 자꾸 지게 되면 자존심이 상하는 걸 견디실 수 있겠습니까?

김성근 야구 시합 중의 승패도 있고, 만들어가는 과정에도 승패가 있는 거예요. 가치관을 어디에 두느냐가 중요하죠. 사장들 중에 자수성가한 사람이 몇이나 있나 싶어요. 재벌 2세의 성공은 성공이 아니에요.

재벌이 100억 버는 것보다 자수성가해서 1억 버는 사람이 더 성공한 거예요. 가치관의 문제예요. 무엇이 더 가치 있는지.

신용관 성적이 잘 안 나와도 선수를 훌륭하게 키웠다면 만족하신다?

김성근 나는 만족이 없어요. 만족이라는 말을 제일 싫어해요. 사람이 후퇴하는 거예요. 만족이나 최악이나 똑같은 거예요. 만족, 타협, 한계. 이 3가지가 자기를 후퇴시키는 제일 문제되는 말들이에요. 프로세스에 얼마나 신경을 써서 인생을 살아가느냐, 그게 중요해요. 전혀 소질이 없는 사람, 1할이 안 되는 선수가 2할 5푼 치면 그게 성공이지요. 3할 때리는 선수가 2할 8푼치면 그건 아무 것도 아닌 거예요.

신용관 일본에서 성장해서 한국에서 지연·학연 따로 없이 혼자 하시다 보면, 감독님 눈에는 왜 이럴까 싶은 면들이 있지 않나요?

김성근 자기 일에 대한 신념이 부족한 게 너무 많아요. 남한테 책임을 전가하고, 신세타령하는 사람들이 많아요. 의무감과 책임감, 사명감이 부족해요. 권리 주장은 최고예요. 그러니까 사회가 어지럽잖아요. 아무도 조금도 손해를 안 보려고 해요, 한국에서는.

신용관 정정당당하게 승부하고, 최선을 다하고, 결과에 승복하는 스포츠 정신이 필요하겠네요?

김성근 그건 아마추어 정신이죠. 프로는 어떻게 해서든 결과를 내야죠. 룰 안에서, 허용된 선 안에서. 아마와 프로의 차이는 넥스트next가 있느냐 없느냐예요. 프로는 실수하면 끝이죠. 인생은 '일구이무'이지요. 그래서도 사람은 진실되게, 우직하게 살아야 해요.

신용관   요즘 강연하실 기회가 많으시겠네요?

김성근   한 달에 예닐곱 번은 강연을 해요.

신용관   좌우명이 따로 있으십니까?

김성근   일구이무. 좌우명이라기보단 좋아하는 말이에요. '활살자재(活
殺自在)'도 좋아해요. 살고 죽기는 자기한테 달려 있다. 모든 것은 자기
행동, 생각, 신념 속에 있는 거니까.

　김 감독은 사전에 필자가 약속한 1시간을 채우자 칼같이 자리에서
일어났다. 인터뷰는 강남 모 호텔 커피숍에서 진행됐는데, 종업원들의
표정이나 태도에서 그가 그곳 단골임을 짐작할 수 있었다. 김 감독이
떠난 뒤 녹음기와 수첩을 챙겨 카운터로 향하며 '수억대 연봉을 받는
프로야구 감독의 찻값까지 이 월급쟁이가 부담해야 하는 건가' 내심 툴
툴거렸는데 이런, 필자가 마신 커피 값만 지불하면 되는 것 아닌가?
내 인생과 내가 먹은 건 내 몫, 네 인생과 네가 마신 건 네 몫! 70대 연
장자의 이런 '비(非) 한국적'인 모습에 당황하던 필자는 자신도 모르게
혼잣말을 뱉고 있었다. "쿨하네!"

유진룡

문화체육관광부 장관

"내 돈 안 쓰고 남 돕는 직업이니
얼마나 좋습니까"

66

공무원의 업무에 무엇보다 '신뢰'가 가장 중요해요. 청렴에 대한 신뢰, 직원 우리 동료들이 공정하고 효율적으로 일하고 있다는 것에 대해 우리 직원들, 나아가 권력인 업계의 많은 사람들이 신뢰를 갖는다는 것이 가장 큰 자산이라는 생각이 들더라고요.

99

우리나라 공무원은 100만 명에 육박한다. 안전행정부에 따르면 2010년 말 기준 국가와 지방 공무원은 98만 7,754명이다. 2005년에 91만 5,221명이었으니 증가세로 볼 때 2013년 '공무원 100만 명 시대'에 들어서게 된다. 바닥 모를 불황의 시기에 공무원은 교사와 더불어 젊은층의 선호도 '톱 5'에 드는 직업이다. 공무원은 일단 채용이 되면 국가로부터 봉급이나 연금을 통해 안정적이고 장기적인 경제 수입을 보장받을 수 있기 때문이다.

실제로 매년 9급 국가직 공무원 시험의 평균 경쟁률은 90~100대 1에 이른다. 지방직도 마찬가지여서 2012년 서울시 공무원 임용시험 필기시험은 총 852명 모집에 8만 7,356명이 응시, 평균 102.5대 1의 경쟁률을 기록했다. 가장 인기 있는 일반행정 9급은 399명 모집에 5만 2,843명이 신청해 132.4대 1, 일반행정 7급은 92명 모집에 1만 1,072

명이 응시, 120.3대 1의 경쟁률을 보였다.

유진룡 문화체육관광부 장관은 아마도 가장 '유명세를 탄' 공무원 중 한 명일 것이다. 정부 각 부처 차관은 경력직(종전 일반직) 아닌 특수경력직(종전 별정직) 공무원이며, 그중에서도 정무직(政務職)이다. 공무원 생활의 대부분을 문화부에서 보낸 그는 문화부 직원들의 신망이 높은 것으로도 진작부터 회자됐다. 문화부 직원들의 인기투표에서 도맡아 1위를 했으며, 그가 차관 자리에 올랐을 때 '선수들' 사이에서는 "될 사람이 됐다"는 평이 지배적이었다.

그런 유 장관은 노무현 정부 시절인 2006년 8월 차관 취임 6개월 만에 경질됐다. 당시 유 장관은 아리랑 TV 부사장과 관련된 청와대의 인사 청탁을 거부했다가 양정철 당시 청와대 홍보기획비서관으로부터 "배 째달라는 말이죠?"라는 협박까지 들었다. 이 사건은 언론에 대서특필됐고, 국회 문화관광위원회는 국정감사까지 열었다. 유진룡이라는 이름이 일반 대중들에게 각인된 사건이었다. 인터뷰는 유 장관이 문화체육관광부 수장에 오르기 전인 2012년, 광화문 인근에 있는 한 허름한 카페에서 진행됐다. 인터뷰 당시 호칭은 '유 전 차관'이 정확한 표현이지만, 우리나라 관례대로 '유 차관'으로 했다.

춘지 케이크 집어던진
아버지의 팩팩함

신용관   차관님께서는 모르시겠지만 저도 광진구 자택 앞에서 하룻밤 보냈습니다. "어떻게든 만나라, 한 줄이라도 들어라"는 지시 때문에 문화부 기자들이 돌아가며 '밤샘 뻗치기'를 했지요.

유진룡   (웃으며) 이런, 죄송합니다.

신용관   차관님이 죄송해할 일은 아니죠. '배 째다'라는 속어가 신문 헤드라인을 장식했던 매우 드문 일이었습니다만.(웃음)

유진룡   그 얘기가 어떻게 알려졌는지 모르겠어요. 저는 그 얘기 들은 걸 까먹고 있었거든요. 저쪽(청와대) 요구사항을 계속 묵살하자 양쪽을 잘 아는 사람을 통해서 저한테 그쪽에서 온 워딩wording이 '배 째달란 말이죠, 째드릴게요'였지요. 사람을 통해서 그대로 전해달라고 하면서요. 저는 그 얘기를 들으면서 '웃기는 놈들이다'고 생각했지요. 그렇잖아도 그만둘까 고민 중이었기에 차라리 잘됐다 생각했고 까맣게 잊고 있었는데 어떤 경로인지 언론에 보도되더군요.

신용관   언론으로선 그만 한 워딩이 없죠, 제목 삼기로.

유진룡   아무튼 저는 들은 것조차 까맣게 잊고 있었거든요.

신용관   이미 공직에서 마음이 떠나서 그랬을까요? 상당히 화나셨을 것 같은데.

유진룡   마음이 더 차분해지더라고요. 다음 날부터 아무도 모르게 혼자 정리를 했죠. 빨리 떠나고 싶어서.

　　유 장관은 1978년 행정고시(22회)에 합격해 문화공보부 사무관으로 공무원 생활을 시작했다. 이후 문화관광부 문화산업국장, 정책홍보관리실장, 차관 등 문화 및 언론 분야 공직을 두루 거쳤다. 이명박 정부 출범 이후 을지대 성남캠퍼스 부총장과 한국방문의해 추진위원회 위원, 한국문화예술위원회 위원으로 활동했다. 문화체육관광부 장관에까지 올랐으니 5급부터 수장까지 그야말로 정직하게 올라온 셈이다.

신용관　　공무원을 지망하게 된 계기는 무엇이었나요. 무역학과(지금은 국제경제학과)를 나오셨으면 교수부터 한국은행·산업은행 같은 금융권 등 여러 선택지가 있었을 텐데요.

유진룡　　솔직히 말씀드리면, 제가 남들이 생각하듯 치열하게 뭘 선택하고 살아본 적이 별로 없어요. 그렇기 때문에 남들이 보기에는 저 사람 참 건성건성, 재수 좋게 가는구나, 이렇게 생각할 여지가 상당히 있다고 봐요. 사실 제가 특별하게 공무원이 돼야겠다는 생각으로 열심히 해서 된 게 아니거든요.

신용관　　행시는 언제 되셨습니까?

유진룡　　대학 4학년 때요.

신용관　　그게 쉬운 일입니까? 하하하.

유진룡　　저희 때는 경제가 굉장히 빨리 성장하고 있던 때라 전반적으로 취직이 잘되던 시기였어요. 저는 학교에서 아이들 가르치는 교수를 하고 싶었는데 주변에 너무나 유능한 교수 요원들이 많았어요. 학교 다니다 보면 '저렇게 똑똑할 수도 있구나, 교수는 저런 애들이 하는 거지' 싶은 친구들이 있었으니까요. 그런데 저는 상대(商大)를 다니면서도 돈을 많이 벌어야겠다, 그런 생각은 안 들더라고요.

신용관   실례지만 집이 유복한 편이었나요?

유진룡   아뇨, 그렇지는 않아요. 저희 아버지는 학교 선생님이셨거든요. 고등학교 수학 선생님. 뭐 그냥 대한민국 중산층이죠.

신용관   모친은 전업주부이셨고요?

유진룡   네. 아버님이 학교 선생님이셨기 때문에 자라면서 크게 쪼들린 적도, 크게 흥한 적도 없는…. 졸업하면 취직은 될 것이고, 그렇다면 학창시절 동안 내가 할 수 있는 게 뭘까 고민하다 우연히 시작하게 된 게 행시 공부였어요. 그때 친하게 지내던 친구들이 다 사법시험을 준비하기 시작했는데, 같이 술 먹던 친구들이 갑자기 도서관에 들어가니까 술친구가 없어지잖아요. (웃음)

신용관   하하. 그거 얘기 되네요.

유진룡   걔네들 공부 방해하겠다는 생각으로 적진에 과감하게 뛰어들었는데, 행시가 덜컥 되어버린 거예요. 그때부터 '야, 이거 해야 되나?' 고민했죠. 더구나 저희 아버님은 공무원이 되는 것에 대해 굉장히 부정적이셨어요.

신용관   반대네요. 보통 부모님들이 고급 공무원 되는 걸 좋아하시잖습니까?

유진룡　저희 아버님은 이북에서 내려오신 분인데, 성격이 칼 같다고 할까? 군인 스타일은 아니신데, 굉장히 자존심 강한 분이에요. 아버님은 공무원이 다 썩었다고 생각하셨어요. 공무원은 다 부패했다고. 제가 아버님에 대해 자부심을 갖고 있는 건 그 양반이 학교 선생을 하면서 촌지를 한 번도 안 받으신 걸로 알고 있어요. 나중에 교장 선생님을 했는데, 저희 어렸을 때 학교 관련된 사람이 부모님 안 계신 동안 집에 찾아와서 케이크를 놓고 갔는데 그 속에 수표가 들어 있었어요. 형제들은 모르고 받았다가 단체로 엄청나게 벌을 서고. 아버님이 그 케이크를 갖다가 당사자한테 집어 던졌다는 거 아니에요? 그 정도로 아버님 성격이 괴팍해요. 그런 아버지가 공무원은 다 썩은 집단이라고 생각하셨기 때문에 부모님께도 행시 준비를 한다는 말씀을 안 드렸거든요.

신용관　특이하시네요. 다들 부모님들이 전폭적인 지원을 하고, 붙으면 집안에 경사 났다고 하는데.

유진룡　전혀 아니었어요. 대학 다닐 때 제가 아르바이트로 용돈 벌어서 생활했는데, 행시 2차를 준비할 때 제가 아르바이트를 못하니까 돈이 없잖아요. 그런데 덜커덕 시험이 되자 친구들에게 술을 크게 샀는데 갚을 방법이 없는 거예요. 그래서 아버님한테 시험 결과 발표 다음날 아침에 "사실 이러이러해서 시험이 됐습니다, 어제 그래서 술값 외상도 좀 있고요…", 그랬더니 정색을 하시면서 "야, 너 그런 거 뭐 하러 하냐?" 그러시더라고요.

신용관   그러면 부친은 똑똑한 둘째아들이 뭘 하길 바라셨습니까?

유진룡   원래 저희 집안에 의사들이 많아요. 집안에 문과는 저 하나밖에 없어요. 사촌 형들까지도요. 제가 어렸을 때 아버님은 제가 의대 가기를 바라셨던 것 같아요. 그런데 그 기대를 계속 깨왔고, 심지어 공무원을 하겠다니까 아버님이 "너 그거 뭐 하러 하냐. 네 성격으로 그거 못한다" 그러시는 거예요. 제가 어렸을 때부터 아버지하고 성격 비슷하다는 얘기를 많이 들었거든요. "너처럼 팩팩거리는 성격 갖고 공무원 어떻게 하겠냐"는 얘기지요. 그래서 제가 "기왕에 이렇게 됐으니까 10년만 해보겠습니다" 그랬어요. 달리 선택이 없었지요.

신용관   당시는 '일반 행정'으로 100여 명가량 뽑지 않았습니까?

유진룡   저희 때가 많이 뽑던 시절이었어요. 250명인가? 그 전 기수에 비해서 굉장히 많이 뽑았어요. 그러니까 저 같은 사람이 됐죠.

신용관   공무원 생활에 쉽게 적응하셨나요?

유진룡   수습 기간을 끝내고 군대를 갔어요. 해군 본부에서 경리 장교로 있었지요. 제가 아버님께 배운 게 절대로 남한테 신세지지 말고, 절대로 남 앞에서 잘난 척하지 말고, 깨끗하게 살라는 거였어요. 공무원 시작할 때 아버님이 "청렴하게 살아야 하는데 이 사회가 가만 내버려 두지 않을 것이다. 네가 그것 때문에 굉장히 마음고생, 몸고생 많이 할 것이다"라고 말씀하셨는데, 군대에서 정말 그 말이 현실적으로 다가왔어요. 돈 거래가 많이 됐으니까. 사실 그때는 어디나 안 그런 데가 없었다고 봐야죠.

신용관　혼자 '대세'를 거스르긴 힘든 게 현실 아닌가요?

유진룡　아까 케이크 집어던진 얘기를 했는데, 그 때문에 저희 아버님을 좋아하는 사람은 "저 양반 깨끗하고, 유능하다"며 굉장히 좋아하고, 싫어하는 사람은 "저 성정에…" 하며 굉장히 싫어해요. 저는 그걸 보면서 '나는 안 받긴 해도 우리 아버지처럼 저렇게 해서 욕을 먹지는 않아야겠다'고 다짐했어요. 그래서 공무원 하면서도 '어떻게 상대방 기분 나쁘지 않게 거절할 수 있을까', 이게 항상 숙제였어요. 상대방 기분 상하지 않게 거절하면서 그 사람한테 공정한 혜택을 줄 수 있게 하는 것. 비교적 성공한 편이라고 생각하지만, 그게 정말 힘들었어요.

신용관　첫 배속된 게 문화부였습니까?

유진룡　군대 제대하면서 배치받았는데, 문화부였어요. 이건 좀 민감한 얘기인데, 경제 관련 부처가 당시는 굉장히 혼탁한 편이었어요. 여러 이권(利權)이 걸려 있으니까. 그런 속에서 살고 싶지 않더라고요. 그리고 제가 중고등학교 때부터 합창반, 연극반 같은 걸 한 경험도 작용했고요. 돈 냄새 나는 데 가서 얽히기보다는 내가 좋아하는 걸 하자, 어차피 한 10년만 하기로 한 거니까.

신용관　지금과 달리, 당시만 해도 행시 출신들이 선호하던 부서가 아니었을 텐데요?

유진룡　네, 뭐 좀 그랬죠. 당시엔 문공부(문화공보부)였어요. 문화와 공보행정이 같이 있을 땐데, 대개 행시 출신들은 공보 쪽에 배치됐거든요. 직장 선배들한테 "저는 여기 문화행정 하러 들어왔습니다"라고 선언했지요. 다행히 받아들여져서 저는 계속 문화 쪽에서만 근무했어요. 1990년에 문화부와 공보처로 나뉠 때도 저는 100% 문화행정 경력 덕분에 문화부에 남았으니까요.

신용관　공무원 조직이 좀 경직돼 있지 않습니까?

유진룡　제가 규율에 매이고, 남이 참견하고 그러는 걸 싫어해요. 그런데 공무원이라는 게 지금도 비교적 그렇지만, 옛날에는 거의 군대 조직 같은 분위기였으니까. 처음엔 너무 갑갑해서 못 하겠더라고요. 웬 규제가 그렇게 많은지. 복장서부터 행동까지. 5공 시절엔 매주 주말에 어디에 가 있을지 행선지도 적어 내야 했고.

신용관　주말에 뭐 하는지도 적어 냈어요?

유진룡　어디 가 있을지를. 그때는 연락이 잘되는 때가 아니잖아요. 비상연락망 만든다며 만날 그 짓을 시켰지요. 공무원 할 만하다고 느끼기까지 한 2~3년 걸린 것 같아요. 내심 약속한 10년이 지난 1989~1990년쯤 되자 좀 아쉽다는 생각이 들더라고요. 한편으로는 그 생활이 재밌기도 했고.

나를 지켜온 화두, '어떻게 후회 없이 정리할 것인가'

신용관　정책을 좌지우지하는 면에서 공무원 역할이 굉장히 중요하죠.

여러 보직을 거치셨는데 특히 보람되고 행복했던 시기가 따로 있으십니까?

유진룡　자기가 맡은 분야에 대해서는 그만큼의 영향력을 갖고 있는 거니까 비슷하긴 한데, 과장 때가 제일 좋았던 것 같아요. 사무관 때는 좁은 영역을 담당하기도 하고, 결정할 수 있는 권한이 그렇게 크지도 않아서 갑갑한 면이 있지요. 나는 이게 옳다고 생각하는데 윗사람들은 생각이 다를 때가 있으니까요. 과장의 경우는, 국장들이 전결권을 갖고 있다 해도 실질적으로 과장들이 다 결정하기 때문에 과장이 이 분야, 이 문제에 대해 소신을 갖고 이렇게 해야겠다고 생각하면 그건 꺾지 못해요.

신용관　차관님이 과장 하셨을 당시에 업무 영역은 뭐였습니까?

유진룡　저는 주로 문화정책 쪽이었어요. 그리고 2~3년 청와대 문화 담당 행정관으로 있었던 적이 있었고.

신용관　이건 내가 생각해도 잘 바꿨다, 싶은 거 하나만 예를 들어주시죠.

유진룡　글쎄요. 그건 뭐. 잘 모르겠어요. 하하하. 논란 있는 부분이 있어요. 처음엔 모르는 게 너무 많더라고요. 전문성도 그렇고 판단력도. 문화부에 와서 보니 문화행정이라는 게 주먹구구식이고, 무척 감정적인 행정이더라고요. 그래서 좀 더 논리적으로 판단하고 설득하는 방법이나 도구를 개발해야겠다고 생각해서 동료·후배들과 스터디 그룹을 만들어 연구도 하고 그랬지요.

신용관　직급이 올라갈수록 정무적(政務的)으로 판단해야 할 일이 늘어나지 않나요?

유진룡　사무관, 과장 때는 제 소신대로 할 수가 있어요. 그냥 뻗대면 되니까. 그런데 위로 올라갈수록 자기 뜻대로 할 수 없겠다는 생각이 들더라고요. 과장급까지만 해도 누가 뭐라 그러든 자기가 옳다고 판단하면 밀어붙이면 되는 거예요. 그런데 위로 올라갈수록 소신에 따라 결정하는 부분보다는 업무적으로, 정치적으로 타협해야 할 부분이 많아지니 답답해지죠. 외부의 요청이나 압력과 조율하고 타협하는 게 국장의 역할인 거고. 그래서도 저는 후배들한테 항상 강조합니다. 최소한 사무관 · 과장 때까지는 자신의 소신을 지켜라, 소신을 지키려면 무식하지 않아야 된다, 무식한 소신을 고집하면 엄청난 피해를 끼치는 거다.

신용관　국민들에게 죄를 짓게 되는 거죠.

유진룡　네, 정말 죄죠. 공무원을 하면서 한편으론 두려움이 있었어요. 잘못하면 굉장히 큰일을 저지를 수 있겠다는 생각에. IMF가 결정적인 계기였어요. 물론 IMF가 저 때문에 온 것은 아니지만 공무원으로서 큰 자괴감이 들었어요. 내가 열심히 살았는데 결국 이것밖에 안 되는 건가, 열심히 살았다는 게 무슨 의미를 갖는 건가, 나는 앞으로 어떻게 살아야 되나, 그런 생각이 들더라고요. 내가 결정하고 시행하는 정책에 대해 더 조심스러워지더라고요. 제가 집행하는 정책에 대한 부담감, 이런 것들이 극대화된 게 2001년 문화산업국장일 때였죠. 당시 정권이 바뀌고 김대중 정부가 문화산업이 중요하다고 강조해서 문화부가 많이 커지던 시기였어요. 우리나라에서는 아날로그에서 디지털로 급격하게 전환되고, 문화산업 환경이나 그 내용도 바뀌고 그럴 때. 당시 문화산업 예산이 200억~300억이었다가 단번에 2,000억~3,000억으로 늘어나니까 그 돈을 어떻게 써야 할지도 모르겠고, 돈을 보고 달려드는 사람들이 엄청나게 많았어요. 그 과정에서 정치권에 있는 사람들하고 싸워야 하는 일들이 생겼고, 제가 싸움꾼이 될 수밖에 없는 상황들이 생기더라고요.

신용관　그런 상황에서 대부분은 어떻게든 잘 보여서 더 높은 위치를 도모할 텐데요?

유진룡　계속 제 화두는 '공무원 생활을 어떻게 후회 없이 정리할 것인가'였으니까요. 먹고사는 문제는, 공무원은 연금이 있어서 굶을 정도는 아니잖아요. 굶지 않는 정도가 아니라 공무원 연금이 대졸 초임보다 많죠. 라이프스타일로 따지면 제가 이제는 불로소득 계층에 들어가는데 대졸자보다 많이 받는다는 건 과분한 혜택이라고 생각해요. 그렇다면 그동안 제가 살아가며 과분한 보상을 받는 것에 대해 나름대로 저도 보상할 생각을 해야지, 앞으로 제가 뭘 더 받고 모으려 한다는 건 공평하지 않다고 생각해요. 그런 생각 덕분인지 공무원 그만둘 때도 전혀 겁나거나, 망설여지거나 그런 건 없더라고요.

신용관　그렇다면 차관님이 27년 공무원 생활을 하신 기본 바탕이 부친이신 셈이네요.

유진룡　아버지의 영향이 거의 절대적인 것 같아요. 평생 아버지는 '저

자식이 언제 사고치고 나오나' 항상 걱정하셨거든요.(웃음) 그만두기 얼마 전에 그동안 있었던 일을 간략하게 말씀드렸어요. 그리고 나서 며칠 후에 정식으로 잘렸죠. 사표 수리된 날 부모님 댁에 갔어요. 가장 먼저 아버지께 신고를 드려야겠다 싶어서요. 아버님이 어깨를 두드리며 "잘했다, 그동안 고생했다" 그러시더군요. 아들이 부끄럽지 않게 살았다고 생각하신 듯해요.

공복(公僕)의 가장 큰 자산,
신뢰 · 무욕 · 이타심

신용관　'좋아하는 상관' 설문에서 1위를 한다는 게 밥을 잘 사준다고 (웃음), 인기에 영합한다고, 다시 말해서 인간성만 무난하다고 되는 것도 아니고, 업무 역량 · 판단력 · 통솔력 등 복합적일 텐데 무슨 비결이 있어서 후배들이 그렇게 따랐다고 생각하십니까?

유진룡　역설적으로 제가 자신이 없었기 때문인 듯합니다. 제 판단에 대해 이게 절대적으로 옳다고 생각한 적이 거의 없어요. '이게 틀릴 수도 있을 텐데?' 싶어서 항상 다른 사람의 말을 들으려 노력했지요. 또 그걸 받아들이려 했고. 물론 그렇다고 해서 제 생각을 허물거나 하진 않았지만, 기본적으로 다른 사람 말을 들으려 했어요. 그리고 제가 싫은 건 다른 사람도 싫은 거라고 생각해서, 제가 하기 싫은 건 다른 사람한테도 요구를 안 하죠. 제가 싫어하는 게 남이 쓸데없이 참견하는 것, 잘난 척하는 것, 남한테 무리하게 뭘 요구하는 것이거든요. 그리고 문화산업국장 이후 자청해서 1년 동안 미국에서 해외연수를 하면서 나름대로 열심히 공부하고 고민하며 결론을 얻었지요. 공무원의 업무엔 무엇보다 '신뢰'가 가장 중요하다는 것을. 청렴에 대한 신뢰, 저와 우리 동료들이 공정하고 효율적으로 일하고 있다는 것에 대해 우리 직원들, 나아가 관련된 업계의 많은 사람들이 신뢰를 갖는다는 것이 가장 큰 자산이었다는 생각이 들더라고요. 어떤 사회나 그렇지만 전문 지식보다도 중요한 것은, 가장 기본적인 신뢰 관계가 형성돼 있는지가 관건이라는 거죠. 그런 점에서 지금 우리 사회가 그러한 사회적 신뢰기반을 갖추고 있느냐에 대한 반성이 필요하다고 항상 생각하거든요.

신용관 학창 시절 선생님이나 교수님 중에 귀감이 될 만한 분은 없으셨나요?

유진룡 고등학교 때 촌지 절대 안 받는 선생님이 한 분 계셨는데 지금까지도 존경하고요. 다른 분은, 어떻게 생각하실지 모르지만 제가 청와대에 있던 김영삼 정부 초기에 김정남 님이 교육문화 수석비서관으로 오셨어요. 저는 지금도 가끔 뵙고 소주도 한잔하는데 그 양반한테도 배운 게 무척 많습니다. 당시에 그분이 잠깐 청와대에 계시면서 여러 일을 겪은 뒤 그만두고 나가게 됐을 때 YS가 몇 군데 신문사 사장 자리를 제안했지요. 평생 봉급 받아보지 못하며 사시던 분이 큰 봉급을 받을 수 있는 자리였는데도 이 양반이 말하길, 자기는 평생소원이 민주화였는데 YS를 도와 민주화가 되었으면 자기 소원은 이뤘다, 그런데 더 이상 무슨 자리를 바라겠느냐, 그러면서 다시 야인으로 돌아가서 그때 이후로 지금까지 야인 생활을 하고 계시거든요. 그 모습을 보고 충격 받았어요. 아, 이렇게 사는 방법이 있구나. 누구나 좋은 자리로 가려고 하고, 또 그걸 언제까지 이어갈 수 있을까 전전긍긍하는데, 정말 자기 욕심 안 차리고, 더구나 모아놓은 돈이 있는 분도 아니면서 훌훌 털고 가는 걸 보고서, 그분의 자세가 저한테 큰 용기가 됐어요. 욕심 없고 이타적인 사람들이 우리 사회에 의외로 많은데, 제가 처음 본 사람이 그분이에요.

신용관　공무원을 지망하는 젊은 사람들이 많은데, 한 말씀 부탁드린다면?

유진룡　공무원 하면서 가장 좋은 게 자기 돈 안 들이고 남 도와주는 거예요. 그게 가장 재밌더라고요. 저는 사람을 판단할 때 얼마나 이타적이냐를 기준으로 삼아요. 능력은 그다음이라고 생각해요. 능력 있는 사람이 이기적일수록 더 큰 악영향을 끼치잖아요. 그래서 저는 저보다 이타적인 사람들을 보면 기분이 좋아요. 그런 사람들을 흉내 내고 싶고요. 공무원은 백성들이 모아준 돈으로 좋은 일을 얼마든지 할 수 있는 직업이에요. 남의 돈 갖고 생색내는 직업이니 얼마나 좋습니까.

신용관　말 그대로 공복(公僕), 'public servant'다?

유진룡　그렇죠. 그 재미로 살 수 있으면 (공무원 생활) 즐겁게 하는 거고, 그렇지 않으면 대충 사는 게 되겠죠.

인터뷰 이후 유 전 차관은 2012년 9월에 신설된 가톨릭대 한류대학원 초대 원장에 선임됐다. 한류MBA과정과 주한 외국인 대상의 한류최고위과정을 통해 한류현상에 대한 학제적 연구와 방법론을 개발하고, 한류연구와 활용의 극대화를 위한 네트워크의 플랫폼 역할을 수행한다는 목표로 세워진 대학원이다. 27년을 우리나라 문화행정 최전선에서 복무했으니 그만 한 적임자가 없었다.

박근혜 정부가 들어선 뒤엔 문화부 장관에 임명됐다. 인사청문회에서 거의 아무것도 문제가 되지 않은 몇 안 되는 장관 후보였다. 스펙과 효율·성과가 우선시되는 시대에 신뢰와 무욕, 이타심을 말하는 사람. 생(生)의 자세attitude를 무엇보다 먼저 점검하는 이 실전(實戰) 전문가의 노하우가 연금 생활의 안온함에 묻히지 않게 되어 더욱 반가웠다.

박은주

김영사 대표

수도자가 된 CEO로부터
배운 것들

66

백 마디 말보다 한 번의 실행이 중요한 것이지요. 행(行)은 말 없는 가운데 사람의 마음을 이끌고 가는 힘이 있어요. 말로 가르쳐서 데리고 가는 것이 아니라 저절로 깨우쳐서 따라오게 하는 것.

99

박은주 사장이 이끄는 국내 대표적 단행본 출판사 김영사에 대해서는 몇 가지 석연치 않은 점들이 있다. 마이클 샌델 하버드 대학 교수의 《정의란 무엇인가》 외에 숱한 베스트셀러를 만들어내는 출판사임에도 회사의 오너owner가 누구인지 잘 알려지지 않았다는 점이다. 토착 종교인이라는 소문도, 심지어 사이비 교주가 뒷돈을 댄다는 소문도 있다. 아침 7시에 회사에 나오자마자 단체로 사무실 청소하고 '교주가 개발한' 체조를 같이 해야 한다는 얘기도 있다. 그게 싫으면 당연히 퇴사 조치되며, '출판 사관학교'라는 별칭이 있을 정도로 이·전직(離·轉職)이 많은 게 바로 그 이유 때문이라는 것이다.

신용관　단도직입적으로 묻겠습니다. 김영사 지분 구조는 어떻습니까?

박은주 　제가 43%의 지분을 보유하고 있는 1대주주이고, 전(前) 사장님이 2대주주, 그리고 직원들의 지분으로 나누어 있는 구조이지요.

신용관 　소문과 관련해서, 어떤 종교지요? '대순진리회'라는 설도 있고, 마치 전지현이나 고소영처럼 신비주의 전략을 쓰는 분이 교주라는 '설(說)'들이 있던데요?

박은주 　하하. 아마도 전 사장님이 세상에 드러나는 것을 좋아하지 않는 성격이다 보니 그런 말들이 나온 모양이네요.

신용관 　'그분'이 박 대표님의 멘토인가 보죠?

박은주 　맞아요. 제 멘토는 그 한 분이에요.

신용관 　박 대표님이 김영사에 합류하던 때 사장이었던 분이지요?

박은주 　그렇습니다. 김영사는 1976년에 무역대리점으로 시작한 회사예요. 이름은 창업주의 성인 '김'과 젊다는 뜻의 '영Young'을 합쳐서 지었다고 합니다. 미국의 첨단과학 기자재를 국내의 연구소나 대학 등에 중개하던 회사였어요. 저는 1983년에 일반 단행본 출판업을 시작하면서, 편집장으로 입사하게 되었어요.

신용관 　안정된 직장에 재직 중이었는데, 뭘 믿고 신생 출판사로 옮기셨나요?

박은주 　번역자분과의 점심식사 자리에서 처음 김정섭 사장님을 뵈었죠. 짧게 자른 머리에 맑고 밝게 생긴, 수도자의 풍모를 지닌 분이었어요. 인품이 높은 분이라는 첫인상을 받았는데, "같이 출판 일을 해보지 않겠느냐" 그러시기에 두말없이 그러겠다고 했지요. 저런 훌륭한 분을 사장님으로 모시고 일하면 얼마나 행복할까 생각했어요.

신용관　마치 영화에 나오는 '운명 같은 만남' 분위기를 풍깁니다.

박은주　세상일에 우연이라는 것은 없겠지요. 회사 출근해서 아침에 업무보고하러 들어가서는 업무보고를 간략히 끝내자마자, 제가 풀지 못한 철학과제들을 사장님께 쏟아놓았어요. 그러면 귀찮다 하지 않고 하나하나 정성껏 답변해주셔서 보람 있는 시간들을 보냈어요. "사람은 왜 사나요, 내세는 있나요, 우주의 끝은 있나요, 윤회(輪回)를 믿나요?" 등등 제 물음에는 끝이 없었고, 거의 6개월간 문답 시간이 이어졌던 것 같아요. 그분의 답변을 들으면서 눈이 훤히 뜨이는 느낌을 받았어요.

신용관　김정섭 사장의 프로필을 얘기해주세요.

박은주　그분은 광주일고, 성균관대학교 불문학과를 졸업하고, 동국대 불교대학원에 진학하셨어요. 거기서 당시 도인(道人)으로 명망이 높은 백성욱(白性郁, 1897~1981) 박사를 학교 친구들과 찾아가 뵙고 법문을 들으면서 일생의 방향이 바뀌었지요. 백성욱 박사는 동국대 총장도 지내신 당대의 불교학 석학이에요. 1925년 독일에서 철학박사 학위를 딴 학자이면서 이승만 정권에서 내무부 장관도 역임하셨지요. 당시 백 박사가 부천 소사 농장에서 후학들을 지도하고 계셨는데, 김 사장이 백 박사와의 만남에서 '아, 내가 학교에서 불교 공부를 따로 안 해도 되겠구나, 이분의 공부법대로 따라서 공부하면 내 모든 것을 이룰 수 있겠구나' 생각하고는, 그날 이후로 아예 집에도 가지 않고 수행을 했다는 거예요. 전남 고흥에서 부모님이 농사를 짓고 계셨는데, 아드님이 갑자기 증발해버렸으니 놀라기도 하고 화도 나서, 식구들이 상경해 데려가려 울고불고 떼를 썼지만 요지부동이었다고 합니다.

신용관 　기껏 서울로 유학 보냈다가 아들 하나 잃어버린 셈이네요.

박은주 　그렇지요. 얼마나 섭섭했겠어요.

신용관 　그래, 수행은 '쎄게' 하셨답니까?

박은주 　소사 농장에서 그분의 가르침에 따라서 수행을 했는데, 백성욱 박사의 가르침이 뭐냐면 "아침저녁으로 금강경을 읽어라", 이게 전부였다는 거예요. "그러면 다 된다." 그분 밑에서 10년을 함께했다고 들었습니다.

신용관 　불경 중에서 금강경이 가장 중요합니까?

박은주 　우리나라 조계종의 교과서와 같은 경전이 금강경이니까, 중요한 경전이라 할 수 있지요.

신용관 　누가 쓴 건가요?

박은주 　2,500년 전 부처님이 돌아가시자 제자들이 모여 생전에 석가모니께서 말씀하셨던 내용들을 기록하기 시작했는데, 그래서 모든 불경이 여시아문(如是我聞), 즉 '나는 이와 같이 들었다'로 시작합니다. 저도 김 사장님의 감화를 받아 아침저녁으로 금강경을 읽기 시작했고, 1984년 이후 지금까지 28년째 읽어오고 있습니다.

신용관 　하루도 안 빠뜨리고 금강경을 읽으셨나요?

박은주 　거의 그렇습니다. 출장 중이나 아주 특별한 경우를 빼고는요. 하루 두 번 이상 밤새워 읽은 적도 많았어요.

이쯤 되면 필자 같은 평범한 사람은 경외심 비슷한 걸 느낀다. 영어 단어 공부도 아니고, 삼시 세끼 챙겨 먹듯 그 딱딱한 경전을 30년 가까이 읽어오고 있다니. 일찍이 박은주 대표가 평균적인 사람이 아니라는 건 잘 알고 있었지만, 이 정도로 초인적(?!) 면모가 있으리라곤 예상하지 못했다.

신용관　그 두꺼운 걸 매일 읽어요?

박은주　하하, 두껍지 않아요. 처음부터 끝까지 전체를 다 읽는 데 28분밖에 걸리지 않아요. (책상 위에서 김영사에서 발간한 《금강반야바라밀경(金剛般若波羅蜜經)》을 꺼내 온 뒤) 저는 금강경의 여러 판본 중 구라마습(鳩摩羅什) 삼장법사의 경전을 읽습니다. 백 박사가 돌아가신 뒤 김 사장님을 비롯한 제자분들이 전국으로 흩어져 금강경독송회(金剛經讀誦會) 등을 만들어서 그분의 유지를 잇고 있지요.

박 대표가 김영사 대표 직위에 오른 건 놀랍게도 만 32세인 1989년이었다. 김정섭 사장은 출판사 경영을 박 대표에게 맡기고는 일선에서 물러나 아예 시골로 내려간 이후 불교 공부에만 전념하고 있다고 한다. 오래 전에 《행복한 마음》을 냈고, 2008년에 《행복한 공부》라는 책을 내기도 했다.

CEO에게
마음공부의 길을 안내받다

신용관   자, 이제 오리엔테이션이 끝났으니(웃음) 본격적인 질문으로 들어가겠습니다. 그러면 박은주 사장님 입장에서는 어떤 의미에서 김정섭 전 사장님이 멘토인 거지요? 마음의 위안을 준 겁니까?

박은주   무엇보다 제가 어떤 마음으로 살아야 하는지 지침이 되어주었고, 저로 하여금 '마음공부 길'로 이끌어주신 분이에요.

신용관   수학을 전공, 철학을 부전공하셨다지요? 이과에서 문과 부전공이 가능했나요?

박은주   당시 이화여대에선 계열이 달라도 원하면 어떤 부전공이라도 할 수 있었어요.

신용관   대학생 때도 종교가 있으셨나요?

박은주   네, 불교였어요. 부모님의 영향 때문이죠.

신용관   조계종?

박은주   네, 저의 부모님은 집 가까운 절에 다니시면서 기도하고, 스님 법문 듣고…. 경전 공부하러 절에 가신다기보다는 주로 기도드리러 가셨죠. 한국 불교는 '마음으로 하는 마음대로 불교'라고나 할지…? 하하.

신용관   그 당시 젊은 분이, 특히 여성분이 가톨릭이나 기독교도 아니고 불교 쪽으로 이렇게 심성을 갖기가 쉬운 일이 아닌데요. 아무리 부모님 영향이 있다 하더라도 불교 공부에 심취하기가 쉽지 않은데, 박

대표님 자체가 삶의 근본적인 것에 대한 어떤 의문, '나는 누구인가, 왜 사는 걸까, 죽으면 어떻게 되는 걸까?' 하는 래디컬radical한 질문을 많이 갖고 사는 타입이신 듯합니다.

박은주   중학교 2학년 때 《데미안》을 읽은 뒤 삶의 목표가 정해졌어요. 자아완성! 그때 이후로 지금까지 변함이 없어요. 그러니 젊은 날 좋은 책 한 권을 읽는 것이 한 사람의 일생에 얼마나 큰 영향을 끼치는지 실감하게 됩니다.

신용관   그런데 어떻게 평화출판사에 들어가게 되셨어요? 가톨릭 계통인데….

박은주   평화출판사가 가톨릭이던가요? 저는 대학 때 불교 공부에 대한 갈증이 자꾸만 커져가서 졸업 후 동국대 불교대학원으로 진학하고 싶었어요. 그런데 학부 전공이 수학이어서 대학원에 바로 진학이 안 된다기에, 3학년으로 편입해야 하나 말아야 하나 고민하다가 몇 곳 공채가 있어서 응시를 했는데, 평화출판사에서 가장 먼저 연락을 받았어요. 출판사가 무슨 일을 하는 곳인지 정확히 모르고 입사하게 된 거지요.

신용관   김 전 대표와의 대화 내용을 좀 구체적으로 전해주시죠.

박은주   당시 신문에서 바이올리니스트 장영주 기사를 읽고, '어릴 때부터 타고나는 능력들은 어디서 오는 것인가' 물었지요. 그분께서 대답하시길, 전생으로부터 가지고 온 것이라고 하더군요. 그럼 또 궁금해지지요. '전생이 정말 있는 것인가, 사람은 윤회를 하는가, 사람은 죽으면 완전히 소멸되는 것인가, 그렇지 않다면 어디로 가는가, 내세는 존재하는가….' 그런 종류의 질문들을 많이 했어요, 전 사장님께. 그런 것들을 물어볼 수 있고, 시원하게 답변해 줄 수 있는 분이 가까이 계시니 정말 좋더군요. 하루하루 신나게 지냈어요.

신용관　"몸이 신체적으로 사망선고를 받았을 때 끝입니까?"에 대해서 김 선생님은 뭐라고 하십니까?

박은주　"영혼은 죽지 않는다"고 하셨어요.

신용관　그러면 육신이 살아 있던 시기를 영혼은 기억합니까? 아니면, 그건 또 별개 문제인가요.

박은주　아뇨, 영혼은 우리가 살아 있었을 때의 일을 낱낱이 기억하고 있어요.

신용관　불멸이라는 얘긴가요?

박은주　불멸이죠. 우리 육신은 마치 낡은 옷 벗듯이 사라지더라도 영혼은 사라지지 않죠. 우리 영혼은 영원 이전부터 존재해왔고 영원 후까지도 존재합니다.

　이 대목에서 필자는 잠깐 공포에 사로잡혔다. 진나라 시황(始皇)이 불로초를 찾아다녔다지만, 내 일가친척·친구·자식까지 다 죽어 사라진 마당에 혼자 살아서 대체 뭘 하겠다는 건가? 골디 혼, 브루스 윌리스, 메릴 스트립, 이사벨라 로셀리니 등 초호화판 캐스팅의 〈죽어야 사는 여자〉(Death Becomes Her, 1992)라는 할리우드 영화도 있잖았던가?

신용관　그러면 아주 유치한 질문이지만 만약 내세에 또 다른 인간으로 태어났다면, 원래 저로 살았던 영혼이 그 인간으로 새로 태어나 다른 삶을 살게 되는 건가요? 아니면 또 다른 영혼이 생기는 건가요?

박은주　그러니까 제가 박은주로 살았던 삶은 그대로 영혼세계에 존재하고요. 영혼은 몸을 바꿔서 다시 태어나는 거예요.

공경심으로
경영하라는 가르침

신용관　질문을 좀 바꾸지요. 제가 김영사 박은주 대표를 찾아왔을 때는 '인간 박은주'에도 관심 있지만 당연히 김영사라는 훌륭한 출판사를 키워낸 CEO로서의 박은주에도 방점이 있는 거지요. 그런데 박 대표님이 나의 멘토는 김 전 사장님이다, 할 때 지금까지 나온 답변은 인간 박은주의 정신세계를 이끌어준 분으로 생각되는데, 그렇다면 경영자 박은주 또는 출판인 박은주로서의 방향성, 이런 것들에 대해서는 영향을 주신 건 없습니까?

박은주　그분이 사장으로 계실 때 일하는 모습을 곁에서 지켜보면서 '나도 저분처럼 밝고 지혜로운 사람, 자비로운 사람이 되고 싶다'는 열망을 갖게 됐어요. 1989년 1월 4일, 시무식에서 전 직원들, 그래봐야 10명 남짓이었지만(웃음), 직원들을 모아놓고 "오늘부터 이 사람이 사장이다. 여러분이 나에게 했듯이 똑같은 공경심으로 새 사장을 모시고 일하도록 하라"라고 선언하신 거예요. 그러고는 바로 집으로 들어가셨어요.

신용관 사전에 언질을 받으셨어요?

박은주 전혀 없었어요.

신용관 이거 웬, 정말.(웃음)

박은주 그분은 말이 없는 분이세요. 하루 종일 필요한 말씀만 하시고, 물어야 대답하는 분.

신용관 깜짝 놀라셨겠네요?

박은주 물론, 그 이전에도 몇 번 들은 적이 있어요. 제 기억에는 세 번 정도 얘기하신 거 같아요.

신용관 사장 하라고?

박은주 아니요. "나는 비즈니스에 관심이 없으니 여러분에게 회사를 물려주겠다"는 얘기를. 그런데 그런 말이 마음에 와 닿나요? 현실감이 없는 얘기잖아요. 수행하는 분으로서 자신의 소신을 얘기하는 정도로만 생각했지요. 그게 현실이 되리라고는 생각을 못했어요. 전 사장님에게서 일을 잘한다거나 사장감이라거나 모든 일을 맡길 만한 능력이 있다거나 하는 칭찬을 한 번도 들어본 적이 없어요.

신용관 그 비슷한 내색도 안 비쳤고?

박은주 내색이 안 드러나지요. 얼굴에 희비(喜悲)가 그려지지 않는 무심한 얼굴을 가지신 분이에요.

신용관   편집주간 시절이었지요?

박은주   네. 지금 생각해보면 어린 사람을 어떻게 믿고 그런 중책을 맡기셨을까, 신기하고, 진심으로 감사하기도 해요.

신용관   그야말로 폭탄선언을 한 거구나.(웃음)

박은주   네, 폭탄선언이었는데 내심으로는 '아, 드디어 올 것이 왔구나' 싶었어요. 못하겠다거나 두렵다거나 하는 생각은 들지 않았어요. 열심히 잘해서 그 은혜에 보답해야겠다고 생각했지요. 6년 사장님을 모시면서 출판의 전 과정을 공부하는 시간을 거쳤고 그분의 일하는 스타일을 익혔기에 못할 것도 없었지요. 그래서 그분이 근무하던 책상을 그대로 물려받아 그 책상, 그 자리에서 업무를 시작했어요. 그리고 전 사장님은 바로 집으로 들어가셨고요. 그분은 더 공부하러 시골로 들어가신다고 하셨어요.

신용관   대단하네요. 다시 아까 질문으로 돌아가서 CEO 김정섭은 어떤 분이었어요? 아니면 그런 개념 자체가 성립하는 게 불가능합니까?

박은주   현자와 같은 분이었어요.

신용관   현자가 경영을 할 수 있습니까?

박은주   지혜로운 분이니 경영의 도를 더 잘 알죠.

신용관   예를 좀 들어주세요.

박은주   "표지 문안이나 광고 문안을 만들 때 과대 포장을 하지 마라, 본래 내용에 충실하게 써라. 일에 대한 욕심을 내거나 성과에 연연해 과욕부리지 마라, 서두르지 마라" 등등 주옥같은 말씀들을 많이 해주셨어요.

신용관   주로 어느 분야의 책을 내셨나요? 박 대표님 취임 전에는.

박은주   불교, 뉴에이지 분야의 책들이요. 아마 김영사가 우리나라에서 뉴에이지 분야 책들을 처음으로 소개한 출판사 중 하나일 거예요. 구르지에프, 크리슈나무르티, 라즈니쉬, 람다스 등…. 그리고 《불타의 세계》 등 정말 좋은 불교 책들도 많이 펴냈고.

신용관   몰랐네요. (사장 집무실을 가리키며) 여기 어디 한쪽 코너에 박물관은 아니라 하더라도 그런 걸 만들어놓으시면 좋겠는데요.

박은주   안 그래도 파주 본사에 예전에 김영사에서 출간한 도서들을 전시할 예정이에요.

신용관   저도 한때 크리슈나무르티에 빠졌지요. 김영사 판매고에 저도 일익을 했겠네요.(웃음) 김 전 사장님이 그때 기준으로 '대박'을 친 게 있습니까? 아니면 그냥 잔잔한 책들이었나요.

박은주   잔잔한 책들. 그분은 그런 뜻있는 책을 출간하는 일 자체에 더 의미를 두셨어요. 제가 지금 느긋하게 일할 수 있는 것도 그분 덕분입니다.

신용관   좋은 말씀이네요.

박은주   제 영혼의 양식 같은 말씀을 많이 해주셨어요. 이후로 회사를 경영하는 데 매우 중요한 지침이 되었습니다.

신용관   혹시 사장은 직원을 대할 때 이러는 게 좋다, 그런 조언을 해주신 게 있나요?

박은주 제가 그분께 배운 것은 '공경심'이에요. 직원들을 공경하고, 거래처를 공경하고, 독자를 공경하고… 언행일치를 보여주시는 분이니까, 정말 많은 것들을 곁에서 직접 보고 배웠습니다.

신용관 말없이도 그냥 배운 거군요.

박은주 백 마디 말보다 한 번의 실행이 중요한 것이지요. 행(行)은 말 없는 가운데 사람의 마음을 이끌고 가는 힘이 있어요. 말로 가르쳐서 데리고 가는 것이 아니라 저절로 깨우쳐서 따라오게 하는 것. 그런 분 밑에서 제 자신을 단련시켜 왔다는 것은 행운이라고 생각합니다.

신용관 직원들에게 반말하는 건 생각도 못 하겠네요. 아닌가요? 말투는 상관없나요?

박은주 반말이라고 공경 안 하는 것은 아니에요. 우리나라 언어 체계상 나이 어린 사람이나 서열이 낮은 사람에게는 반말하는 것이 자연스럽죠. 그래서 전 사장님도 제게는 반말을 하시고, 미스 박이라고도 부르셨어요.

신용관 '박 대표' 이런 거 없군요. 그냥 미스 박이군요.

박은주 제가 사장 초기에 개선한 것 중의 하나가 회사 내에서 남녀, 직급 고하간에 존댓말을 쓰자는 것이었지요. 그리고 미스 리, 미스터 김 안 쓰기로 했지요. 직급 있는 사람은 모두 직급을 붙여서 부르고, 직급 없는 사람은 이름에 씨자를 붙여서 부르도록 했습니다. 나이 어린 여직원에게도.

신용관 정말 잘하신 거예요.

박은주　아랫사람으로 있어봐야 아랫사람의 마음을 이해하는 법이지요.(웃음) 그분이 사장인 시절에는 당시의 관행대로 지내다가 사장이 되고 나면서부터 개선하고 싶은 부분들을 열심히 개선해갔어요.

직장은 원래 양(洋)의 동서를 막론하고 억압적인 것이다. 김영사가 사이비 종교 집단의 돈을 끌어 쓴다는 둥, 준(準) 사교인(邪敎人) 단체라는 둥 뜬소문은 역시 예상대로 다 헛소리였다. 인터뷰를 마치고 박 대표는 필자를 위해 앞서 말한 《금강반야바라밀경》 한 권을 건네주었다. 검은 색 표지에 금색 글자를 심은 아름다운 책이었다.

나중에 찬찬히 살펴보니 이런 구절이 있었다. "무릇 모든 형상 있는 것은 본디 다 허망한 것이니라. 만일 모든 상이 눈에 보이는 그대로가 아님을 본다면, 즉시 여래를 볼 것이니라.(凡所有相, 皆是虛妄. 若見諸相非相, 則見如來)"

나무아미타불.

심재명

명필름 대표

"자기 스스로를
똑바로 볼 줄 아나요?"

66

영화 일이라는 게 운도 따라야 하지만, 무엇보다 개인의 능력이 결정적이거든요. 자신의 역량을 냉정하게 바라보는 객관적인 시각이 있어야 해요. 아니면 떠나야죠, 과감하게 또 기다리고. 자기 스스로를 독려할 줄 볼 줄 아는 것, 그게 말처럼 쉽지 않지만 무척 중요합니다.

99

2012년 3월 개봉했던 영화 〈건축학개론〉의 시나리오는 10년 동안 충무로를 떠돌았다. 첫사랑의 이야기를 잔잔하게 그려 어느 누구도 흥행을 자신할 수 없었기 때문이다. 2년 반 전쯤 이 시나리오를 접한 심재명 명필름 대표는 이 영화의 제작을 결정했고, 결국 '대박'을 쳤다. 첫사랑의 감정을 건축이라는 소재와 엮어낸 이 영화는 승민(엄태웅)이 서연(한가인)을 위해 집을 지어주는 과정에 사랑의 감성을 녹이고, 현재와 과거의 이야기가 함께 흘러가면서 양파 껍질이 벗겨지듯 두 사람이 헤어진 이유를 밝히고 있다.

　심 대표는 독립영화 단체 '장산곶매'에서 〈파업전야〉 등을 제작했던 남편 이은, 광고기획사에서 일하던 동생 심보경(현재 보경사 대표)과 의기투합해 1995년 명필름을 설립했다. 뚱뚱한 여자의 사랑 찾기를 페미니즘적 시각에서 접근한 창립 작품 〈코르셋〉(1996)을 거쳐 〈접속〉

(1997)으로 명필름의 존재를 확실하게 각인시켰다. 남녀 주인공이 손한 번 잡지 않는 현대적 감각의 멜로 영화였던 〈접속〉은 "기획 영화의 완성도를 한 단계 끌어올린 역작"으로 평가받으며 그해 흥행 1위를 기록했다.

명필름은 이어 〈공동경비구역 JSA〉(2000), 〈와이키키 브라더스〉(2001), 〈그때 그 사람들〉(2005), 〈우리 생애 최고의 순간〉(2008), 〈시라노 연애조작단〉(2010) 같은 화제작을 잇달아 만들어냈다. 2011년 여름에는 애니메이션 〈마당을 나온 암탉〉으로 220만 명을 끌어모아 한국 애니메이션 최다 관객을 동원했다.

화가를 꿈꾸던 소녀,
영화로 삶을 그리다

신용관 　 늦었지만 〈건축학개론〉 성공을 축하드립니다. 이 영화에 관객이 얼마나 들 것으로 예상하셨나요?

심재명 　 저는 제가 만드는 영화 관객 예측을 잘 못해요. 손익분기점 넘기는 걸 목표로 예산을 짜고 계획을 세울 뿐이지요. 남편인 이은 명필름 공동대표가 "이 영화는 첫사랑에 대한 얘기라 보편성을 띠고 있다. 모든 사람이 갖고 있는 감성을 다루기 때문에 모 아니면 도다. 적게 들면 100만 정도지만 만약 이 영화의 메시지가 관객들에게 동의가 되면 많은 사람들이 좋아할 것 같다"고 말해, 그런가 보다 생각했죠. 저는 영화 만들 때 '손해는 보지 말자'고 다짐하는 쪽이니까요.

신용관　손익분기점이 얼마 정도였습니까?

심재명　130만 명 정도였어요. 제작비를 그렇게 많이 쓴 영화는 아니었거든요. 순수 제작비가 24억 8,000만 원가량. 그리고 P&A(print and advertisement, 필름 프린트 및 광고와 홍보) 비용, 즉 마케팅 비용이 18억 정도니까 42억 정도 돼요. 그러면 전국 관객 130만 정도 되면 부가 판권 합쳐서 손익분기점이 되는 영화였지요. 그런 원래 목표에 비하면 크게 성공한 거죠.

신용관　그 제작비면 요즘 충무로의 평균 정도인가요?

심재명　평균보다 조금 덜 쓴 케이스예요. 2004~2006년 때는 제작비에 거품이 많이 들어서 평균 제작비가 30억 이상이었는데 지금은 28억 정도입니다.

신용관　기분 좋으셨겠네요.

심재명　아이 뭐, 하하하.

신용관　벌써 영화 만드신 지가….

심재명　17년. 명필름이 17년 됐거든요. 제가 영화계에 처음 신입사원으로 들어온 걸로 따지면 25년.

신용관　영화 인생을 시작하시게 된 결정적인 계기나 영향을 끼친 인물이 있으신가요?

심재명　어렸을 때는 미술을 좋아했어요. 중학교 때부터 영화 일을 하고 싶다는 생각이 한쪽에 있었죠. 그때는 제작자라는 개념이 제 머릿속에 없던 시절이었기 때문에 영화감독, 이런 걸 생각했고요. 저는 '주말의 명화' 세대인데, 후기 인상파 화가인 모딜리아니의 전기 영화인 〈몽파르나스의 등불〉을 보고 '아, 화가도 되고 싶었는데 영화라는 매체가 화가의 삶을 저렇게 멋지게도 그리는구나'라고 느끼고 영화라는 매체에 대해 다시 생각하게 됐어요. 어떻게 보면 그 영화가 저한테는 영화에 대한 꿈을 구체적으로 꾸는 계기가 됐던 것 같아요.

신용관　대학에서는 국문학을 전공하셨는데요.

심재명　영화과를 가고 싶은 마음이 한쪽에 있었지만 지금처럼 영화가 젊은 사람들에게 크게 사랑받는 매체가 아니던 시절이라, 영화 일 하겠다고 하면 집안에서 반대하실 거라 지레짐작해서 그러지 못했지요. 대학에 들어가서는 당시 영화 월간지 〈스크린〉에서 대학생 기자로 일했어요. 그때 혜택은 딱 하나였어요. 영화 공짜로 볼 수 있고, 〈스크린〉 매달 무료로 받아보고. 그 당시 한국영화특별전 같은 걸 보면서 임권택·하길종·이두용 감독님 영화들, 또 한창 상업영화 감독으로 성공하셨던 배창호·이장호 감독님 영화들을 보면서 한국 영화에 매료되고 영화에 대한 꿈을 구체화한 것 같아요.

신용관　대학 졸업하면서 영화계로 곧장 들어가셨나요?

심재명　그렇진 않아요. 졸업하고는 출판사에 들어가서 4개월가량 다니던 차에 서울극장에서 영화 광고 카피라이터를 뽑는다는 신입사원 공채 공고를 보고 지원하게 됐지요. 거기서 지금으로 치면 홍보 마케팅 일을 했어요. 극장업과 동시에 영화사도 병행하던 곳이었으니까. 수입 외화를 대상으로 영화 광고 카피 쓰고, 홍보하고 그런 일을 시작했던 거죠.

신용관　당시는 여성 인력이 많이 없을 때라 사랑을 많이 받으셨겠습니다.(웃음)

심재명　기획이나 마케팅 같은 개념이 막 생겨나던 시절이었는데 대학을 나온, 영화를 하는 젊은 여성의 숫자가 워낙 적었기 때문에 좀 신기해했던 것 같아요.(웃음) 저와 거의 동시에 지미향(S&M 대표), 김미희(스튜디오 드림캡처 대표), 오정완(영화사 봄 대표) 등 젊은 여성들도 영화계에 들어오던 시절이었어요.

임권택, 안성기, 황기성, 존재만으로 멘토가 되어준 이들

신용관　심 대표님은 "멘토가 있으십니까?"라는 질문을 받는다면 어느 분이라고 말씀하시겠습니까?

심재명　글쎄요…. 저한테 직접적인 멘토링을 해주신 건 아니지만 예를 들면 임권택 감독님 같은 존재. 그분이 저한테는 어떻게 보면 영화계의 멘토였다는 생각이 들어요. 감독님하고 살갑게 지내거나 한 적은 거의 없었지만, 그럼에도 감독님의 영화 장인(匠人)으로서의 삶, 그분이 만들어내는 영화, 또 그 영화에 대한 세계로부터의 주목…. 임 감독님의 영화인으로서의 삶이라는 것을, 아주 까마득한 후배인 제 입장에서 멘토로 삼지 않았나 싶어요. 그분의 영화 세계가 한국 영화의 역사를 말하는 지점이 있잖아요.

신용관   임권택 감독님께 영화를 제안하신 적은 없으십니까?

심재명   없죠. 워낙 연배도 위이시고. 또 다른 멘토로는 배우 안성기 씨. 대학 때 〈바람 불어 좋은 날〉(감독 이장호)과 〈꼬방 동네 사람들〉(감독 배창호)이란 영화를 보고 무척 충격을 받았어요. 안성기라는 사람과 그 당대를 호흡하는 젊은 감독들이 만들어내는 젊은 한국 영화들이 없었다면 저는 감히 영화계에 발 들여놓을 용기를 못 내지 않았을까 생각해요.

신용관   안성기 씨는 '국민 배우'라는 별칭이 있을 정도인데요. 그런 분 출연한 영화들을 보면서….

심재명   어떤 새로운 한국 영화를 목도한 거죠. 〈고래사냥〉, 〈기쁜 우리 젊은 날〉, 〈겨울 나그네〉…. 1980년대 당시는 그야말로 안성기 독주 시절, '젊은 영화＝안성기'이던 시절이었죠. 그리고 '젊지 않은 영화＝다른 배우'라는 말이 있을 정도로 당대 최고의 젊은 감독, 가장 상업적 파워가 있던 감독들의 영화에 거의 혼자 남자 주인공을 도맡던 시절이었죠.

신용관   영화 제작자로서 안성기 씨를 보는 시각이 달라지지는 않았습니까?

심재명 답답할 정도로 일탈하지 않는 모범적인 삶, 귀감이 되는 모습이 있으시잖아요. 천재적 리버럴리스트liberalist로서의, 파격적인 게 아니라 놀라울 정도로 굉장히 모범적 삶을 사는 모습이 존경스럽고 흥미로워요.

신용관 영화 제작자로선 멘토가 없으십니까?

심재명 '황기성 사단'의 황기성 사장님. 지금 70대 중반이시니 까마득한 선배예요. 1960년대 신상옥 필름 기획실에서 프로듀서를 하셨던 대선배죠. 임권택 감독님은 한국 영화계의 상징 같은 분이시고, 황기성 사장님은 과거에 〈영자의 전성시대〉 같은 대단한 한국 영화들을 기획하셨고. 대학교 때 〈헬로 임꺽정〉이라는 박철수 감독님 영화를 봤는데요, 영화 타이틀이 '황기성 사단'이라고 뜨는 거예요. 당시는 삼영필름, 이런 이름이었거든요. 영화사 이름이 '사단'이라니, 게다가 자기 이름을 걸고. 멋지다고 생각했죠. 〈안개기둥〉이나 〈고래사냥〉 등을 만든 분이지요. 제가 생각하는 영화계의 멘토는 그 세 분인 것 같아요.

신용관 영화판에 들어와 영화 일을 직접 하시면서 그분들을 접할 때 어떠셨나요?

심재명 존경하고 선망했던 분들과 후배로서 영화 일을 함께한다는 게 뿌듯하고, 설레기도 하고 그렇죠. 롤모델이나 멘토의 존재라는 게 의미 있다고 생각하는 것이, 저희 회사에 들어온 신입사원이 "저는 〈접속〉을 보고 한국 영화를 해야겠다고 다짐했어요"라고 말하는 걸 들으면 멘토와 멘티, 롤모델, 이런 게 돌고 돈다는 생각이 듭니다. 어떤 꿈을 꾸는 데 결정적인 순간들이 있잖아요. 그것이 작품이든 사람이든, 그런 대상들이 굉장히 의미 있고 소중하다고 생각해요.

평생 헌신한 어머니의
'사그라짐'

신용관 　멘토가 영화계에만 있으신 셈인가요?

심재명 　그분들은 영화인으로서의 삶, 영화인의 정체성 측면에서 멘토인 것이고. 사적(私的)으로는 엄마예요. 모든 엄마와 자식들, 딸들의 관계가 저마다 다르겠지만 제 인생을 가장 크게 지배한 존재는 엄마인 것 같아요. 지나칠 정도의 헌신, 자식들에 대한 집착에 가까운 헌신, 고전적인 여인상처럼 지나치게 희생하시는 모습, 그런 것이 어린 시절엔 싫기도 했고 저를 옥죈다고 생각했는데 돌이켜보면 그 무한한 사랑이 저한테 좋은 영향을 많이 끼쳤어요.

신용관 　형제가 어떻게 되십니까?

심재명 　2남 2녀 중 둘째예요. 오빠, 저, 심보경 대표, 막내.

신용관 　넷이나 되는 자식에게 그러기가 쉽지 않으셨을 텐데요.

심재명 　그렇죠. 언젠가 엄마 원숭이가 죽은 아기 원숭이를 품에서 놓지 않고 계속 안고 다녀서 뼈가 앙상하게 드러나 있는 사진을 본 기억이 있는데요, 어머니 하면 그게 떠오를 정도로 지나치게 헌신적이셨어요. 자식 일이라면 잠도 안 주무시고요. 지극한 모성애가 바람직하기만 하진 않은 듯해요. 자식들한테 죄책감 같은 걸 느끼게 할 정도로 그러셨으니까. 하지만 그럼에도 자식들이 독립심을 갖고, 자존심을 잃지 않고 살 수 있도록 해주셨어요. 그런 어머니가 2006년에 루게릭병이라는 희귀병으로 돌아가셨지요.

신용관   저런, 무척 고통스럽다는데….

심재명   4년을 투병하시고 73세에 돌아가셨어요. 10만 명에 한 명 꼴이래요. 굉장한 희귀 불치병이에요. 방법이 없어요. 아직도 치료할 수 있는 약이 없고요. 제 삶이 어머니의 죽음을 전후로 많이 달라졌다고 생각해요.

신용관   모친의 죽음이 어떤 계기가 되었군요.

심재명   그렇게 자식들에게 헌신하고 착하신 분이 왜 10만 명 중의 한 명 꼴이라는 그런 병에 걸렸을까, 하며 무척 서글펐지요. 투병 과정을 지켜보면서, 저라는 생명을 주신 존재의 육체적 사그라짐을 지켜보면서, 삶에 대해서 많은 걸 생각하게 됐어요. 〈우리 생애 최고의 순간〉은 어머니가 편찮으실 때 기획했는데, 어머니를 통해 본 여성의 삶, 힘든 삶, 그런 게 이 영화를 만들면서 알게 모르게 영향을 끼친 것 같아요. 누군가의 탄생, 누군가의 죽음, 이런 것도요.

신용관   모친이 돌아가신 게 6년 전이니, 심 대표님이 40대 중반으로 한창 일하실 때였습니다.

심재명   그때가 'MK픽처스' 시절이거든요. 제 영화 인생에서 가장 바

쁠 때였어요. 저는 항상 제 삶이 감사해야 하는 삶, 운 좋은 삶이라고 생각하지만 어머니가 아프시던 그 3~4년은 정말 힘들었어요.

심 대표는 2005년 강제규필름과 합병해 'MK픽처스'로 덩치를 키우며 투자·배급까지 사업영역을 확장하고 주식시장에도 진출했으나 3년 만에 다시 '명필름'으로 귀환했다.

창의적인 머리와
거간꾼의 재능을 겸비해야

신용관　제작일을 할 때 어떤 감독님을 만나느냐가 결정적이지요?

심재명　그렇죠. 영화라는 매체의 최종 의사결정권자, 책임과 권한이 가장 많은 사람들이 감독과 제작자거든요. 물론 작가나 배우도 중요하지만, 그중에서도 제작자가 어떤 감독하고 작품을 하느냐가 관건이죠. 〈공동경비구역 JSA〉를 박찬욱 감독님이 연출하지 않았다면 아주 다른 색깔의 영화가 나왔을 거 아니에요? 저희가 제안을 했지만. 〈우리 생애 최고의 순간〉도 임순례 감독님이 안 하고 다른 분이 했다면 또 다른 결과가 나왔을 거예요. 어떤 목표와 성향과 취향, 이런 것들을 갖고 영화를 완성해야 한다는 측면에서 제작자 입장에서는 감독이 가장 중요한 동반자이죠.

신용관   여성 제작자로서의 장점을 꼽으신다면?

심재명   제작자로서 감독의 목소리에 귀를 기울이고, 그 사람이 원하는 바, 하고자 하는 바가 뭔지를 파악하는 소통 능력, 공감 능력은 남성 제작자보다는 좀 더 나은 부분이 있어요. 그건 여성의 특징이기도 한 것 같고요. 그래서 마케팅 측면에서 관객의 잠재된 마음을 읽는다거나, 제작 측면에서 배우의 성향과 니즈needs를 파악하고 감독의 의도를 알아내는 데 이런 소통 능력이 섬세하게 작동하는 듯해요.

신용관   반대로 '내가 여성 제작자가 아니었다면 이런 힘든 상황이 생겼을까?' 싶은 경험은 없었나요?

심재명   그런 건 없는 듯해요. 저는 운이 좋은 게, 공동대표인 남편하고 같이 일을 했고, 제게 부족한 측면이 서로 상호보완되는 지점이 있어요. 비즈니스 능력이나, 리더십, 조직을 이끌어가는 능력 등에서. 안 그랬으면 저도 더 벅찬 일들이 많았겠죠. 혼자 제작사를 이끌어가는 여성 제작자들이 적지 않은데 그런 분들은 저보다 훨씬 더 힘든 일이 많을 거예요.

신용관   부부금슬이 좋으셔야겠어요.

심재명   영화를 바라보는 시선이 비슷해요. 취향이나 가치관, 성격과는 별개로. 그러다보니 호흡이 잘 맞아요.

신용관   같은 길을 가면서 가정을 꾸린다는 건, 운이 좋으면 흔히 말하는 시너지 효과가 있는 거고, 운이 나쁘면 사사건건 걸리지 않을까 예상됩니다만.

심재명 집안에서 부부로서 낯붉힐 일이나 사소한 갈등이 있어도 회사
에 나오면 일을 해야 되니까 그런 게 자연스럽게 풀려요. 남편과 아내
로서의 역할보다 영화 동지이자 동료로서의 호흡이 더 잘 맞는 듯해요.
그런 면에서 운이 좋죠.

신용관 영화야말로 장르 간의 편차가 클 것 같은데요. 심 대표님께서
는 영화를 통해 무엇을 추구하고자 하십니까?

심재명 영화라는 매체에 여러 기능이 있지요. 엔터테인먼트, 즉 오락
적인 기능도 중요하고, 영화 자체가 많은 자본이 들어가는 상품이기도
하고. 하지만 저는 한 사람의 영화제작자로서, 또 개인으로서 '이번엔
이런 얘기로 세상 사람들과 소통하고 싶다'는 지점에서 출발해요. 예를
들어 〈우리 생애 최고의 순간〉을 만들 때는 '비인기 종목이지만 최선
을 다하는 아줌마 선수들의 이야기를 통해서 서로 연대하는 아름다운
모습을 영화적 카타르시스로 표현함으로써 어떤 의미를 전하고 싶다',
이런 점에서 출발했거든요. 영화의 여러 중요한 기능 중에서도 의미나
가치, 이런 데에 더 방점을 찍는 것 같아요.

신용관 오락적인 측면을 극대화해서 만들어본 영화는?

심재명 〈조용한 가족〉 같은 경우는 장르의 혼합을 통한 젊은 영화로
서의 재미를 추구했지요. 그 당시 흔치 않았던 코믹과 잔혹극을 섞어
서 마케팅 때도 '코믹잔혹극'이라고 표현했는데, 혼성 장르로서의 재
미를 새롭게 줘보려고 했죠. 우리가 투자만 한 영화지만 〈극락도 살인
사건〉도 꽤 흥행이 됐어요. 어떤 사건을 추적해가는 추리영화로서의

맛에 공포물을 접합함으로써 장르적 재미를 추구한 영화였지요. 그런 게 마음에 맞으면 하게 되고 그렇죠.

신용관　명필름에서 만든 영화 중에는 리얼리티 드라마나 휴먼 드라마가 많은 편이죠?

심재명　그렇지만 의미나 가치를 전한다고 해서 지루하거나 따분하게 만들면 안 되잖아요. 영화라는 게 워낙 많은 돈이 들어가고 많은 사람들의 이해관계가 첨예해지는 것이니까. 너무 교조적인 태도를 갖거나 교훈을 주려는 강박에 빠진다면, 오히려 2시간 웃고 놀자고 만든 영화보다 더 안 좋을 수도 있잖아요. 세상에 얘기하고 싶은 게 있다면 영화를 정말 잘 만들어야 되겠죠.

신용관　오르막이 있으면 내리막도 있습니다만, 가장 가슴 아팠던 영화가 있다면?

심재명　MK픽처스 시절에 성적이 많이 안 좋았어요. 〈구미호 가족〉, 〈아이스케키〉, 〈안녕, 형아〉, 〈그때 그 사람들〉 등 1년에 서너 작품씩 만들었는데 오히려 성적은 가장 안 좋았거든요. 예술영화든, 상업영화든 손익분기점은 일단 맞춰야 하는 게 제작자의 역할인데 마이너스 수익률이 크게 날 땐 책임감을 많이 느끼죠.

신용관　만들고 나서 뿌듯한 영화가 한둘이 아니겠습니다만, 가장 기억에 남는 영화는 무엇입니까?

심재명　사실 실패한 영화가 가장 기억에 남지만, 가장 절박하면서도 보람을 느꼈던 건 애니메이션 〈마당을 나온 암탉〉이었어요. 저희도 애니메이션이라는 걸 처음 도전해보는 상황이었고, 한국 영화계에서 실사 영화는 매년 100편에서 130편까지 만드는데, 극장용 장편 애니메이션은 5편도 안 나오는 현실이거든요. 실사 영화에 비해 장편 애니메이션은 굉장히 위축돼 있어요. 그런 면에서 〈마당을 나온 암탉〉은 '반드시 수익을 내서, 실패와 좌절로 점철된 한국 애니메이션 역사에 순기능을 하리라'라는 다짐도 컸고, 만드는 과정도 무척 지난했거든요. 6년이라는 시간이 걸렸어요. 저희 딸아이가 초등학교 4학년 때 이걸 해야겠다고 생각했는데 중학생이 돼서야 완성했으니까요. 만들면서도 '이 영화가 완성이 되려나, 개봉은 할 수 있을까' 이런 치열하고 지난한 과정이 있었기 때문에 더 기억에 남아요. 한국 애니메이션 영화가 100만 명 넘은 것이 없었는데 그 영화가 220만이 들었지요. 벌어들인 수익의 수치라든가 흥행성을 떠나 가장 뿌듯한 영화예요. 절박한 과정을 거쳤기 때문에.

신용관 　다른 변수는 제쳐놓고 감독과 제작만 놓고 봤을 때 어느 쪽이 비중이 높습니까?

심재명 　제작자가 주도하는 영화가 있고, 감독이 주도하는 영화가 있죠. 특히나 상업영화에서는 제작자의 역할이 정말 중요해요. 왜냐하면 그 영화의 출발부터 완성까지를 가능케 하는 돈이 있어야 영화를 만들 텐데, 감독을 비롯한 배우·스태프들이 모여서 영화를 만들 수 있는 환경을 만들어주는 돈을 끌어모으고 그걸 책임지는 사람이 제작자니까요. 누가 더 비중이 높다기보다 각자의 역할이 다른 거지요.

신용관　영화 제작을 꿈꾸는 젊은이들에게 성공한 선배로서 조언하신다면?

심재명　영화 제작자로서 경쟁력이 있으려면 시나리오 보는 눈이라든가 콘텐츠나 텍스트를 읽어내는 재능, 아이디어를 발휘하는 등의 창의적인 능력이 있어야 해요. 또한 돈을 끌어모으고 스태프를 구성하고 여러 협상을 벌이는 비즈니스적인 능력도 있어야 해요. 창의적인 머리와 거간꾼의 역할, 이 두 가지를 같이 해야 하는 게 제작자거든요. 제작자가 창의적인 능력만 있고 비즈니스적인 능력이 없다면 그 사람은 차라리 감독을 하는 게 유리하죠. 그런데 또 제작자라고 해서 비즈니스 능력만 있다면 영화의 콘텐츠를 이해하고 표출하는 데 어려움이 따르지요. 그 두 가지 재능을 다 갖고 있는 사람이 드물긴 합니다만.

신용관　만약 어떤 젊은 사람이 영화계에 발을 디뎠는데 몇몇 이유로 무척 좌절하고 있다면 어떤 충고를 하시겠습니까?

심재명　영화계를 보면 '나는 언젠가 감독을 꼭 하고 말겠어' 이러면서도 데뷔를 못하는 분들도 있고, 한 편의 영화를 만들고 나서 그 이상의 영화를 하지 못하는 분들도 있거든요. 참 무책임한 말일 수 있겠지만 '자기의 역량과 능력에 대해 굉장히 냉정하게 바라봐라', 이런 얘기를 하고 싶어요. 영화 일이라는 게 운도 많이 따라야 하지만, 무엇보다 개인의 능력이 무척 중요하든요. 학연, 지연, 혈연 이런 것보다요. 그런 면에서 자신의 능력을 냉정하게 바라보는 객관적인 시각이 꼭 있었으면 좋겠다고 생각해요. 아니면 떠나야죠, 과감하게 포기하고.

신용관   자신의 능력에 대해 냉정하려면 다른 사람의 평가를 유심히 들어야 되나요? 어떻게 해야 되나요?

심재명   그렇죠. 평가를 유심히 듣는 게 중요하죠. 그렇지만 주위 사람들의 평가에만 연연할 필요는 없는 듯해요. 자기 스스로를 똑바로 볼 줄 아는 것, 그게 말처럼 쉽지 않지만 더욱 중요하죠.

인터뷰는 서울 종로구 필운동에 있는 명필름 사무실에서 진행됐다. 단독 주택을 개조한 사무실의 접견실에는 〈우리 생애 최고의 순간〉 대형 포스터가 걸려 있었다. 심 대표는 트렌드에 휘둘리지 않고 모두가 '안 된다'고 말하는 프로젝트들을 성공시키면서 국내 최고의 여성 제작자로 인정받고 있다. 신인 감독의 데뷔작이나 흥행성과 거리가 멀어 보이는 아이템들도 많았다. 그녀의 이런 용기가 혹, 자기 스스로를 냉철하게, 잔인할 정도로 냉정하게 바라보는 자세에서 나온 것은 아닌가 싶다. 부부 간 동지애와 사랑의 힘일라나?

김주하

MBC 앵커

경주마 같은 내게
기수가 되어준 선배들

66

사람들이 '앵커'라고 하면 다른 이들과 구별된 사람이라 생각해요. 실제로 앵커 스스로 '나는 좀 달라'라며 자신을 보지요. 그런 생각 자체가 이미 뉴스하는 사람의 마인드가 아니에요. 그런 마인드를 버려야 뉴스가 보여요.

99

목소리만으로도 다른 이들과 확연히 구분되는 사람이 있다. 김주하 MBC 앵커는 한번 들으면 좀체 잊기 어려운 음색의 소유자다. 중저음의 목소리 톤, 똑똑 떨어지는 발음에, 신뢰가 바탕이어야 할 뉴스와 잘 어울리는 뚜렷한 이목구비마저 갖췄다.

그녀는 깔끔하고 논리적인 뉴스 진행으로 진작부터 젊은층이 가장 좋아하는 여성 앵커로 꼽혀 왔다. 중성적 이미지에 차분하고 지적인 면모, 자연스레 묻어나는 자신감이 겹치면서 여대생들이 가장 닮고 싶어 하는 대표적 인물이기도 하다.

2013년 4월 그녀는 출산 및 육아휴직을 마치고 1년 6개월 만에 MBC에 복귀했다. 하지만 뉴미디어뉴스국 인터넷뉴스부로 발령이 나면서 세간에 보복성 인사라는 논란이 있었다. 휴직 당시 MBC 파업에 동참하며 광화문 충무공 동상 앞에서 1인 피켓시위에 나섰던 점이 고려되지 않았느냐는 것이다. "인사는 회사의 권한"이라며 괘념치 않던 김씨는 6월부터 인터넷 뉴스 토론 프로그램 〈김주하의 이슈 토크〉로 컴백했다. 그녀는 "토론 프로그램 진행은 처음이라 초심으로 돌아간 듯 설렌다"며 "뉴미디어 시대에 맞는 새로운 포맷의 뉴스 토론 방송을 만들어가겠다"고 언론과의 인터뷰에서 말했다.

이 인터뷰는 김 씨가 MBC에 복귀하기 직전 휴직 기간 중 그녀의 자택이 있는 서울 동부이촌동 인근 카페에서 진행됐다. 그녀가 가끔 들른다는 카페는 작고 아담했다. 화려한 이목구비의 그녀와, 신기하게도, 잘 어울렸다.

신용관　김주하 앵커는 대학생 대상의 옴니버스 모음집 같은 데 잊을 만하면 등장했던 듯합니다. 요즘은 아나운서가 롤모델이 되는 경우가 많더라고요. 현재 적극적으로 글을 쓰진 않지만 멘토 역할을 하시고 있는 셈인데, 그런 본인의 멘토는 누구입니까?

김주하　손석희 선배예요.

신용관　어떤 점에서 그렇죠?

김주하　아실지 모르겠는데, 방송에 관한 한 최고이지요. 보통은 파트너를 인정하기가 힘들거든요.

신용관　경쟁자라서 그런가요?

김주하　아뇨. 저희는 파트너가 어차피 남자-여자로 구성되어서 다른 길을 가기 때문에 경쟁의식은 많이 없어요. 멘트를 더 많이 하려고 경쟁할 수는 있겠죠. 하지만 저와 손석희 선배는 뉴스를 하니까 같은 순간에 말을 하지 않아요. 그럼에도 파트너에게 인정받기 힘든 이유는, 예를 들어 남편이 밖에서 잘한다고 집에서도 잘하기가 쉽지 않거든요. 아내는 그 속을 알기 때문에 인정하기가 쉽지 않단 말이죠. 그런데 손석희 선배는 함께 일했던 모든 여자 앵커들이 인정해요. 저만이 아니라. 거친 것도 인정하고.

신용관　아, 성격이 거치신가요?

김주하　손석희 선배는 입이 걸어요.(웃음) 모르는 분에게는 안 그러겠지만. 손 선배는 특징이 있어요. 자기가 아끼거나 친한 사람에게만 걸게 말하지요. 처음에는 이해가 안 됐는데, 나중에 보니까 아끼지 않는 사람에게는 걸게 말하지 않더라고요.(웃음)

신용관　같이 일해본 모든 여성 앵커들은 뭘 인정하는 거죠? 실력?

김주하　실력이죠. 프로라는 것. 저는 그걸 몰랐어요. 제가 "손 선배와 뉴스를 하게 됐다"고 말하면 여자 선배들이 "너 정말 고생 많겠다"라면서도 "그런데 실력 하나는 최고야"라는 얘기를 다 했어요. 그리고 "네가 배울 점이 참 많을 거야"라고 빼놓지 않고 말했어요. 제가 다른 사람하고 파트너할 때는 제 파트너에 대해 그런 칭찬을 하는 경우를 거의 못 봤거든요 그런데 손 선배는 같이 일해본 여자 선배들이 욕하면서 칭찬해요.

신용관　그런데 저처럼 방송을 모르는 입장에서는, 어차피 스크립터가 써준 걸 읽는 건데 거기서 실력을 느낀다는 게 어떤 걸까 싶은데요?

김주하 앵커는 써준 걸 읽지 않고 자기가 쓰죠. 그래서 같은 사건도 다르게 느껴지는 게 있어요. 뉴스의 분위기는 기자가 아니라 앵커에 따라 달라져요. 우리가 보통 '어느 기자가 쓴 기사가 어쨌다'가 아니라 앵커에 대해 얘기하지 않나요? 안 그러려 해도 자기가 쓸 때 자신의 성향이 나타나거든요.

신용관 가령, 엄기영 전 사장이 뉴스를 진행할 때는 또 달랐다는 말이 겠네요.

김주하 그렇죠. 엄기영 사장은 무척 친절한 사람이죠. 그래서 멘트도 굉장히 친절했어요. 반면 신경민 선배는 약간 가르치는 듯한 느낌이 있었고, 손석희 선배는 뭐랄까 '우리 같이 고뇌하자, 그런데 당신 이거 몰랐지' 이런 식의.

신용관 그럼 본인도 은연중에 그런 성향을 따라가게 됩니까?

김주하 파트너를 잘 만나는 게 참 중요하죠. 아마 지금은 누구를 만나도 이미 제 색깔이 있을 거예요. 제가 초반에 만난 사람이 손석희 선배이지요. 원래 신경민 선배와 아침뉴스를 하다가 그분이 한두 달 하고 그만뒀어요, 손석희 선배가 돌아오는 바람에. 1998~1999년 얘기입니다.

신용관 하루에 만나는 시간이 길지 않지 않나요?

김주하 저는 좀 많았어요. 왜냐면 그때 아침뉴스에 대한 위기감이 있었거든요. 시청률이 안 나오고, 회사에서 관심이 없었으니까. 너무 아이템이 적은 거예요. 기사를 써와야 뉴스를 할 것 아닙니까. 그 위기감 때문에 손석희 선배가 온 거고, 그때 선배가 제안했던 것이 '앵커 출동'이었어요. "기자가 안 쓴다면 앵커가 쓰자. 일주일에 한번씩 5~6분짜리로." 그런데 그걸 만들기가 쉽지 않거든요. 저는 입사한 지 2~3년밖에 안 된 초짜였고, 기사 쓰는 건 아예 몰랐어요. 그 전까지 리포트만 많이 했기 때문에. 그래서 손 선배에게 "제 기사는 어떻게 하냐?" 물었더니 자신이 봐주겠다 그래요. 그래서 갑자기 사사를 받게 된 거죠. 원래는 일주일씩 맡아야 하는데 손 선배가 일주일 하는 동안 저는 옆에서 배우는 거예요. 방향 잡는 것부터 시작해서 섭외하고, 취재하고, 다 따라다녀야 배울 거 아녜요. 손 선배도 사실 고생이었던 게, 몸이 힘들잖아요. 저를 가르쳐야 하니까. 말이 일주일에 한 번씩이지, 그냥 내내 하는 거예요. 취재 나가도 계속 전화로 '어떤 상황이다' 보고하고, 그럼 '이런 방향으로 해라' 지시하고.

신용관　인간적인 면은 어떻습니까? 가량 누구를 '나의 멘토'라고 대외적으로 말할 때는 능력만 보고 얘기하지 않잖아요?

김주하　그렇죠. 만약 인간성이 안 좋거나 하면 닮고 싶지 않죠. 손 선배는 우선, 어떤 충고를 할 때 사심이 없어요. 저뿐 아니라 다른 많은 분들이 멘토로 삼아요. 그 이유가 뭐냐면, 일반적으로 어떤 사람이 "이걸 하면 어떨까요?"라고 물으면 누구나 자기 이해득실을 따져서 내게 얼만큼 이익이 있을까 손해가 있을까 따져서 응답하는 경향이 있죠. 특히 방송에서는 '얘가 이걸 맡으면 나는?' 하는 게 좀 복잡하잖아요.

신용관　그렇겠죠. 자리는 한정돼 있고.

김주하　그런데 손 선배는 그런 게 하나도 없어요.

신용관　어떻게 그럴 수 있죠? 본인은 다 해봐서 그런가요?

김주하　아뇨, 그렇진 않죠. 저뿐 아니라 제 밑의 후배들까지도 손 선배에게 여러 가지를 상의하는데, 자기 이해득실을 따지지 않고 순수하게 상대방의 걱정거리만 딱 얘기해요, 그것도 객관적으로. 어떨 땐 아프죠. 예컨대 제가 "이걸 취재하면 어떨까요?" 물으면 "혼자 할 수 있어?"라고 아예 대놓고 말해요. 그리고 또 하나, 손 선배에게는 무슨 얘기를 해도 밖으로 말이 안 나가요.

신용관　아주 훌륭하신 분이네요.

김주하　손 선배는 방에 단둘이 있어도 아무도 의심하지 않아요. 분위기가 그래요. 그 사람은 그런 사람이에요.

신용관　성인(聖人)이네요. 입이 건 성인.(웃음)

김주하　성인까지는…. 어쨌든 손 선배랑 제가 그렇게 붙어 다녔는데 아무도 뭐라고 안 했어요. 선배 입장에서 저는 여성이 아니에요. 그냥 후배인 거지.

목소리는 그 사람의
삶을 담는다

김 씨는 한 강연회에서 어린 시절 집안 사정 얘기를 꺼낸 적이 있다.

"집값이 300만 원 하던 시절, 사업을 하던 부친이 동업자의 배신으로 5,000만 원을 날렸다. 2층집에서 살던 우리는 한순간에 단칸방 생활을 해야 했다. 나는 그때 누군가에겐 쓰레기인 아파트 전단지를 주워 집에 가져와서 내가 상상 속에서 살고 싶은 집을 그리기 시작했다." 고난 속에서 오히려 구체적인 열정을 키웠다는 얘기다.

신용관　앵커가 되기 전 성장과정에서의 멘토를 꼽아보신다면?

김주하　저는 어려서부터 앵커가 꿈이었거든요. 고등학교 때 롤모델로 삼았던 건 이규원 KBS 아나운서입니다. 그분 뉴스를 들으면 쏙쏙 귀에 들어왔어요. 목소리가 예쁘고 그런 차원이 아니라, 굉장히 말씀이 짙어요. 그분이 라디오를 하실 때 귀에 착착 달라붙더라고요. 지금이야 인터넷 들어가면 기사 많잖아요. 그런데 예전에는 뉴스 원고 구하기가 너무 어려웠거든요. 저는 아카데미 같은 데 다닐 형편도 안 되고, 학교에서 말하기를 좀 가르쳐주기도 했지만 그것으로는 턱도 없거든요. 원고를 구할 수 없으니까 뉴스를 녹음하는 거예요. TV 옆에 녹음기를 갖다놓고.

신용관　아름다운 장면입니다.(웃음)

김주하　처음에는 신문으로 했는데, 구어체와 문어체가 천지차이잖아요. 안 돼요. 아무리 해도 국어 선생님이 책 읽어주는 것 같아서. 대학 때부터 커다란 녹음기를 메고 마이크도 없이 TV 앞쪽 스피커에 대고 녹음했어요.

신용관   집안 형편이 넉넉하지 않았나 봅니다.

김주하   넉넉지도 않았지만, 그거 하나 하려고 뭘 사지는 않았어요. 들리기만 하면 되잖아요. 원고는 받아 적으면 되고. 그리고 신문 내용으로 다 읽었으니까 모르는 단어는 없을 것이고. 녹음을 하고 30번 이상 돌려 들어요. 그러면 원고를 받아 적을 수 있게 돼요. 그렇게 되면 제가 만든 기사가 되는 거예요.

신용관   그걸 거의 매일?

김주하   그렇죠. 그리고 그걸 다시 제가 녹음해요. 제 목소리로. 그런 다음 비교해요. 워크맨이 다행히 두 개 있었어요. 왜냐면 내가 한 건 잘 몰라요. 비교를 해봐야 알 수 있기 때문에 들어봐요. 들어보고, 비교하고, 안 되면 이규원 씨 걸 똑같이 따라 하는 거예요. 포즈까지. 그렇게 연습했죠.

신용관   상호작용이 없는 멘토였네요? 일방적으로 바라보는. 그러나 대단한 롤모델이네요.

김주하   제가 나중에 김동건 아나운서를 쫓아가서 그분과는 대면한 적이 있어요. 학교(이화여대)에 취업강의를 하러 오셨기에 갔죠. 이대에 방송인이 꿈인 사람이 얼마나 많겠어요. 작가부터 아나운서, PD를 원하는 애들은 다 왔어요. 큰 강의실 계단까지 다 차고, 뒤에 서고, 문 열고 밖에까지 의자 가져다놓고 들었어요. 저도 수업 끝나고 뛰어갔는데 앞자리에 못 앉았어요. 앞에 앉아야 질문을 할 수 있는데. 그때 제가 이 길을 선택할 것인가 아닌가의 기로에서 꼭 해야 할 질문이 두 개 있었어요. 첫째, 이 목소리로 되겠는가. 그때까지만 해도 다들 꾀꼬리 목소리였거든요.

신용관 지금도 흔치 않죠.

김주하 그래도 지금 후배들 중에는 저음으로 하려고 노력하는 애들이 있어요. 어쨌든 좋아 보이니까 하려고 하겠죠. 그런데 그 당시만 해도 이런 목소리는…. 저는 심지어 케이블 오디션도 떨어졌어요. 방학 동안 공부 겸 알바 하려고 갔는데 "당신은 앵커 쪽은 아니네, 목소리가"라고 하더군요. 이게 아니면 빨리 갈아타야 했거든요. 제가 사범대를 나왔는데, 친구들은 다들 임용고시 준비한다고 2학년 때부터 학원 다녔어요. 남들은 그러고 있는데 잘못하면 두 마리 토끼를 다 놓치잖아요. 갈아타려면 빨리 결정을 내려야 했거든요.

신용관 권위 있는 누군가의 조언이 필요했군요.

김주하 그렇죠. 그리고 두 번째는 나이. 내가 몇 수까지 할 수 있는가? 그게 중요하잖아요. 재수 삼수까지 할 수 있으면 뭐 해보겠다, 그런데 재수까지밖에 못한다면 자신 없는 거예요. 이 질문을 해야 하는데, 날 쳐다보게 할 방법이 없잖아요. 그래서 철제 필통을 집어던졌어요. 계단식 강의실이었고 제가 뒤에 앉았기에 천장이 가까웠지요. 던지니까 부딪치는 소리가 나잖아요. 그 순간 김동건 아나운서가 제 쪽을 볼 때 "당신 질문하세요"라고 말하기도 전에 그냥 질문했죠.

신용관 대단하네요. 이 목소리로 되겠냐고 물었어요?

김주하 네. 그랬더니 처음엔 무슨 소리인가 못 알아듣다가 "나쁜 목소리도 되냐"고 재차 소리쳤더니, 세상엔 좋은 목소리도 나쁜 목소리도 없대요. "내 목소리는 좋습니까?" 하고 되물어보시더라고요. "나이가 들수록, 자기가 살아온 게 얼굴에 남듯이 목소리도 삶을 담는다"는 거예요. 그걸 포장이라고 하는데, "좋은 목소리는 아닐지라도 그걸 포장할 수는 있습니다"라고 하시더라고요.

신용관　김주하 씨는 나쁜 목소리는 아닌데요, 낮은 목소리죠.

김주하　그 당시만 해도 저희 엄마는 제게 전화도 못 받게 했어요. 딸만 있는 저희 집에 밖에서 낳아온 아들 있다고 소문난다고.(웃음)

신용관　하긴 저도 처음 통화할 때 남자가 받은 줄 알았어요.

김주하　그렇게 살아왔기 때문에 '이게 될까?' 하는 심정인데, 오디션 떨어지고 당신은 그쪽이 아니라는 말까지 들었으니, 나는 권위 있는 사람의 말을 들어야겠다고 생각했어요.

신용관　진짜 멘토네요. 그때 어떤 답이 나오느냐에 따라서 인생의 방향이 바뀌는. 가령 "그 목소리론 힘들죠" 그랬다면….

김주하　그러면 저는 당연히 안 가죠. 그때 그 대답 덕분에 간 거예요. 그런데 그분에게 질문을 하나밖에 못했잖아요. 내가 공부한 방식이 맞게 한 건지도 궁금하고. 그래서 강연이 끝나고 구름떼처럼 몰린 학생들 틈에 섞였지요. 그럴 때는 (갑자기 주먹을 불끈 쥐며) 힘입니다, 힘.(웃음) 아무리 불러도 너무 시끄러워서 소용이 없길래, 아나운서 옷자락을 잡았죠. 잡으니 딱 쳐다보세요. 제가 막 질문했더니, 가만히 보시다가 "월요일에 KBS 공개홀에서 〈가요무대〉 리허설이 있으니 오라"고 하셨어요. 그래서 열심히 연습해서 간 거죠. 그분이 만약 싹수가 있다 그러면 하고, 넌 안 되겠다 그러면 포기하려고. 그런데 KBS 정문에서 못 들어가게 했어요.

신용관   그래서 어떻게 했나요?

김주하   그것도 시험이에요. 조카라 그랬죠. 삼촌 만나러 왔다고. 지금은 안 됐을 텐데, 그땐 빠닥빠닥 우기니까 들여보내줬어요. 그래서 갔더니 '정말 왔네?' 이 표정이에요. '어떻게 들어왔지?' 하는 표정. 제가 기사 써간 걸 보고는 또 놀라시고. 제가 원고 읽는 걸 가만히 듣더니, 고쳐주시더라고요. 여긴 이렇게 하면 안 되고, 이건 누구한테 배웠냐 하시고. 고쳐주는 건 싹수가 있는 거다, 고쳐서 될 만하니까 고쳐주는 거다 싶더라고요. 드디어 그때부터 희망을 가졌어요. 그러니 그분도 제 멘토죠. 나중에 제가 KBS 안 간 거에 대해 무척 속상해하셨어요.

신용관   그럼요. 이런 대어를 놓쳤으니.

김주하   대어까지는….

김주하 씨는 목소리와 어투 그대로 똑부러지는 성격이었다. 일단 목표를 설정하면 저돌적으로 추진하는 행동파 체질이었다. 원래 92학번으로 학력고사 세대였으나, 앵커들이 이화여대 출신이 많더라는 소리를 듣고 수능을 쳐서 94학번으로 이화여대 과학교육과에 들어갔다. 학비 걱정에 대학 재입학을 반대한 부모님에게는 아르바이트를 해서 본인 스스로 해결하겠다고 다짐했고, 그 약속을 지켰다.

허영 내려놓고
일상에 충실해야 뉴스가 보인다

신용관　군인의 길을 갔으면 대한민국 최초의 여성 군단장이 됐겠습니다.(웃음)

김주하　고등학교 적성검사 때 군인 나왔어요. 이화여고 전교생 가운데 딱 한 명이었지요. 제 별명 중 하나가 경주마예요. 좌우 시야 가리고 앞만 보고 뛰어간다고. 옆이랑 뒤도 좀 보라고.(웃음)

신용관　뉴스라는 매체가 특히 단독진행일 경우 그 앵커의 캐릭터를 닮는다고 할 때, 뉴스 방송계에서 김주하 씨가 진행했던 MBC 뉴스의 색깔은 뭐라고들 평가하나요?

김주하　별로 좋은 얘기는 아닌 것 같아요.(웃음)

신용관　무슨 말이죠?

김주하　저는 가만있는 게 싫어요. 저는 제 뉴스 모니터링하는 게 지겨워요. 저녁 9시 메인 뉴스와 제 뉴스(MBC 뉴스24) 내용이 큰 차이가 없지 않나, 그 사이에 뭔가 큰 사건이 터져야 변화가 있는데, 뭐가 있겠어요. 그래서 내내 외신 찾느라 바빠요. 새로운 건 외신밖에 없으니까요. 그걸 찾다가 별 성과가 없어서 인터뷰 코너를 만들었어요. 그런데 섭외도 잘 안 되고 욕심만큼 흥미롭게 나오지 않더군요. 그래서 콘텐츠를 바꾸기 힘들다면 외적인 걸, 형식을 바꿔보겠다고 마음먹었지요. 스탠딩 뉴스를 해보기로 한 거죠. 당시만 해도 스탠딩 뉴스가 없었어요. 부장도 OK를 했고, 국장에게 갔더니, "그 시간대 뉴스에서 시청률이 제일 높은데 굳이 왜 그러냐"고 그러세요. 그래서 "뭔가 활발하게 해줘야겠다, 밤중이라고 차분하게 나가기만 하면 되냐"고 말했지요.

신용관　그런 제안을 한 게 새로 시작하고 얼마 만이었나요?

김주하　1년 안 돼서.

신용관　다른 사람들이라면 적응 잘하고 본궤도에 오를 시기인데 재미 없다고 느꼈다?

김주하　국장이 말리다 안 되니까 나중에는 돈이 없대요. 제가 "돈 안 들이고 하면 되지 않겠냐"고 했더니 할 말 없잖아요. 그런데 제게 무슨 아이디어가 있겠어요. 막 뒤졌죠, BBC, CBS, CNN…. 찾아보니 괜찮은 게 나오더라고요. 그런데 스탠딩이 보통 일이 아니에요. 그냥 앵커가 서 있다고 될 일이 아니더군요. 카메라워킹 자체가 화려하게 들어가야 하고, 이동하면서 줌인 줌아웃이 들어가야 해요. 제가 원하는 샷이 나오려면. 그리고 사람 혼자서 하니까 배경에 움직이는 CG가 들어가야 해요. 앵커가 정신없이 움직이는 데 한계가 있으니, 뒤에서 뭔가 그림이 계속 나와야 하는 거죠. 그런데 CG제작팀에서 여력이 없어서 못 만든대요. 그거 만들려면 몇 달이 걸린대요. 매일 가서 사정하고 매달렸더니 한 달만에 해줬어요. 3개월 걸린다더니.

신용관　좋습니다. 두드리면 열리리라! 고(故) 정주영 회장이네요. "해 봤어?"(웃음)

김주하　그리고 나니 문제가 뭐냐면 카메라워킹인데, 카메라가 5교대예요. 월화수목금 요일별로 팀이 다 달라요. 한 팀에게 설명하면 소용이 없어요. 한꺼번에 모이라고 할 수도 없고. 매주 볼 때마다 또 까먹고. 그때 "이렇게 하면 안 된다, 이렇게 하면 된다"고 설명하는 게 입에 붙었어요. 그리고 부조정실에서 "이 화면은 뭐가 안 된다"고 투덜대면 "지난주에 해보니까 됐다"며 테이프 가져와서 된 그림 보여주며 설득하고. 이렇게 해서 결국 완성시켰어요. 그리고 나니 의상도 신경 써야 했어요.

신용관   전신이 나오니까.

김주하   구두도 신어야 하고. 코디에게 뭐뭐뭐 가져오라 하니까 난감해하죠. 회사에서 그분들에게 주는 돈이 적어요. 하루 3만 원. 그러니 담당자가 제 구두, 액세서리, 옷 다 챙겼다가 다시 돌려주는 일을 일당 3만 원 받고 하겠어요? 그래서 구두는 내가 가져올 테니 옷만 가져와라, 한 달에 세 번만 와라. 나머지는 제가 다 했어요. 마이크 붙이는 것까지.

신용관   정말 군인정신이라고밖에는 표현이 안 되네요. 안 되면 되게 하라.

김주하   그런데 너무 속상한 건, 스탠딩 진행을 저는 얼마 못하게 하더니 아침뉴스에서 다른 앵커가 하는 거예요. 제가 너무 화가 나서 물어봤죠. 그랬더니 밤에는 정신없어서 안 됐는데, 아침에는 활기찬 모습을 보여주자며 했다는 거예요. 그러더니 얼마 뒤엔 9시 뉴스도 스탠딩이 된 거예요. 부장은 제가 고생한 걸 아니까 위로하더라고요. "결국은 네 시도가 성공한 거니까 좋게 생각하라"고. 그러겠다 했죠.

신용관　뉴스 모니터 하다가 '김주하가 만든 뉴스는 이런 느낌이 난다'는 쪽으론 어떤 말을 들어보셨나요?

김주하　잘은 모르죠. 사내에서는 모니터를 안 해주니까. 저는 인터넷 카페 등에서 했어요. '강하다'는 건 있었어요.

신용관　시청자 입장에서 저는 김주하 씨 뉴스가 끝나면 '세상은 냉엄한 것'이라는 그런 느낌이 들어요. '세상은 눈물 한 방울 흘리지 않는 곳이구나' 하는 느낌. 자정 가까운 시간대에 뉴스 프로그램을 보는 건 뉴스가 궁금한 것도 있지만, 약간은 잠잘 준비를 겸해서 보는 면이 있어요. 그래서 새벽 2시 심야 라디오 같은 분위기는 안 될까 하는 생각이 들기도 해요. 그런데 김주하 씨 뉴스를 보고 나면 '그래 세상 열심히 살아야 해' 하는 느낌이 들어요. '안녕히 주무십시오' 하는데도 건조해요.

김주하　그래서 금요일 밤에는 문화 꼭지를 넣었어요. 영화나 책, 주말에 볼 만한 전시. 저도 노력은 해요. 좀 웃으라는데, 슬픈 뉴스 전하면서 웃음이 나오나요? 그건 자연스럽게 안 나오는 거예요. 저더러 너무 강하다, 무섭다고 해서 고민했어요. '내 단점이야, 고쳐봐야지.' 그런데 뉴스 내용이 그런데 어떻게 웃게 되냐고요. 물론 이렇게까지 할 필요는 없다고 저도 생각하고 있으니 노력은 하죠.

신용관　가령 미국 CBS 〈60분〉의 나이 많은 여자 앵커가 얘기하는 표정이나 톤을 보면, 할 말 다 하면서도 무척 부드럽거든요. 그런 걸 한

번 시도해보세요. 시청률 많이 올라갈 겁니다. 시청자들은 정말 위안 받고 싶어 해요.

김주하　그런 프로그램이 없어요, 우리나라엔. 있다면 부드럽게 해보고 싶습니다.(웃음)

신용관　지금도 많은 대학생들, 졸업생들이 앵커를 꿈꾸는데, 어떤 조언을 해주시겠습니까?

김주하　사람들이 '앵커'라고 하면 다른 이들과 구별된 사람이라 생각해요. 실제로 앵커 스스로 '나는 좀 달라'라며 자신을 보지요. 9시 뉴스 앵커가 되면 걸음걸이도 달라져요. 방송국 앞 식당에서까지 선글라스를 쓰는 사람도 있었어요. 옆 사람이 불편할 정도였지요. 사실 9시 뉴스만큼 실제 본인하고 거리가 없는 것도 없어요. 본인은 버스 한번 안 타봤으면서 '버스비 얼마' 멘트를 하는 것도 웃기죠. 그런데 보통 사람들은 버스비가 100원 오른다고 하면 한 달에 얼마가 더 드는지를 생각해요.

신용관　100원이 단지 100원이 아닌 거죠.

김주하　네. 일반인들로선 다시 생활비가 조정되어야 해요. 꼭 남들과 똑같이 입고 똑같이 버스를 탈 필요는 없지만, '나는 구별된 사람이야'라고 생각하는 것 자체가 이미 뉴스하는 사람의 마인드가 아니에요. 그래서 손석희 선배를 존경하는 것이기도 해요. 1998년에 제가 처음 만났을 때 그분은 소형차를 몰고 다녔어요. "나 돈 없어. 기름도 덜 먹고 잘 굴러가", 이렇게 말씀하셨어요. 그분은 삶 자체가 '난 앵커'예요.

서민이에요. 그렇게 살아요. 그런 마인드가 있어야 뉴스가 보여요. 오래 앵커 하고 싶다면 그런 마음을 갖고 있어야 해요.

신용관　중요한 말씀입니다.

김주하　일부러 어렵게 살라는 건 아녜요. 외제차 타는 게 죄인가요? 아녜요. 오히려 저는 돈 있는 사람이 돈 안 쓰는 게 잘못이라고 생각하는 편인데, 다만 '나는 그들과 구별되는 사람이야, 난 이런 대접을 받아야지' 하는 건 아니라는 거죠. 안 그런 것 같지만, 대부분 우리 마음 속에 그런 게 있어요. 그걸 가장 조심해야죠. 그런 마음으로 한다면 얼마 못 가요.

한 중견 여성 방송인은 김주하 앵커에 대해 다음과 같이 표현한 바 있다. "김주하에 거는 기대가 큰 것은 그의 어깨에 많은 후배 여성들의 미래가 걸려 있기 때문이다. 여성의 벽, 직종간의 벽, 출산의 벽 등 많은 장애를 넘은 김주하가 이 땅의 여성들에게 준 힘과 격려는 몇 마디 말로 풀어내기가 쉽지 않다. 타고난 미모와 재능으로 거저 얻었을 것처럼 보이는 김주하의 성취 뒤에는 그러나 끈질긴 도전이 있었다."

길지 않은 만남이었지만, 그녀에 대한 정확한 지적이었음을 느낀다. 먼 훗날 은빛 머리카락을 날리며 변함없는 중저음으로 새 소식을 전할 그녀의 모습을 기대해본다. 음… 그때까지 살아 있어야 할 텐데….

아직도,
상처가 아프다

어쩌다 차를 몰고 출근하게 되면 '여성 시대'라는 프로그램을 찾아 듣는다. 소박하고 다채로운 사연들이 나로 하여금 일상(日常)의 절대적 소중함을 상기시키기 때문이다. 얼마 전 이유도 영문도 모른 채 어느 날 갑자기 남편으로부터 일방적으로 이혼을 통고 받고 아직 어린 딸내미들과 함께 쫓겨 나온 한 여성의 사연이 올라왔다. 치킨 집 점원으로 호구하고 있는 그 여성은 몇 년이 흐른 지금, "아직도 상처가 아프다"라고 썼다.

이 책에 엮은 내용은 지난해 봄부터 여름까지 교보문고 북로그에 연재했던 연속 인터뷰이다. 그때 나는 중앙 일간지 문화부 기자였고, 내게는 '신세계 경험'이나 다름없던 인터넷 매체의 즉각적이며 감각적인 반응에 달떠 있었다. 그리고 지병에 해당하는 척골충돌증후군 수술로 왼쪽 팔목 뼈의 일부를 잘라내고, 두꺼운 통깁스를 한 상태였다. 병가(病暇) 기간이었음에도 나름 열심히 살고 있는 나 자신이 대견했다. 나머지 성한 손으로 녹음기를 틀고 필요한 메모를 하면서 종횡무진 인터뷰를 진행했다. '뼈를 깎는 고통'이 지속됐지만 멘토들과의 만남은 신통한 진통제였다. 이 공개 연재물로 인해 말년(?)에 인생이 바뀌리라곤 꿈에도 생각지 않은 아름다운 여름날이었다.

지금도 나는 친한 지인들을 만나게 되면 작년에 내게 일어난 일에 대해 얘기하곤 한다. 내 전직(轉職) 사유에 대한 답변의 형식으로 재미도, 정보도, 교훈도 없는 개인사를 늘어놓는다. 남 얘기를 싫은 내색 없이 들어주는 그분들에게 감사할 뿐이다. 내가 이 지면에서까지 이를 들고 나오는 건, 정신의학에서 흔히 시도하는 '언어화(言語化)를 통한 치유'를 도모함이다. 간간이나마 토해 냄으로써 혹 대상화·객관화할 수 있지 않겠냐는 심산인 게다.

이 책은, 그래서, 내겐 단순한 책 이상이다. 한 달 넘게 우리 가족을 '실직 가장의 집'이라는 공포로 몰아넣은 직접적 계기가 된 책이며, 막내 아이가 그동안 몰래 꼬불쳐 놓은 용돈으로 6학년 2학기 전 과목 전과를 사들고 조용히 제 방으로 들어가던 모습으로 애비 가슴을 무너지게 만든, 그런 책이다. 철이 덜 든 나는 여전히 아내의 그 절망 가득한 낯빛을, "이제 학원은 다 다녔네" 하던 아이들의 당황한 눈빛을 또렷이 기억한다. 얼른 잊어야 한다.

수록된 인물은 15명이지만, 인터뷰 섭외를 위해 접촉한 인물은 그 서너 배, 즉 50명이 넘는다. 역시 멘토로 불릴 자격이 있는 이들은 바빴다. 무엇보다 귀한 시간을 할애해 준 인터뷰이들interviewees에게 이 자리를 빌려 감사드린다. 인터뷰 진행과 책 제작을 책임진 쌤앤파커스 권정희 팀장에게 누구보다 감사해야 한다. 내용의 군더더기를 정확히 찾아내 주고, 인터뷰어의 '오바'도 여지없이 걸러내줬다. 필자의 급작스런 '신분 변화'로 중단되고 엎어진 책 출간 여부를 놓고 "이대로는 눈 못 감는다"며 매달린 내 간청을 오랜 숙고 끝에 받아들여 준 이도 권 팀장이다. 책의 모든 원고를 훑고 매만진 편집자 임지선 씨도 빠뜨릴 수 없다. 책이 예상보다 많이 팔린다면 그녀 덕분이며, 그렇지 못하면 내 능력 부족 탓이다. 만 이틀 이상이 꼬박 걸리는 매 인터뷰 녹취를 군말 없이 맡아준 편집자 이혜진 씨에겐 반드시 술과 밥을 사야 한다. "선생님, 이번 거 너무 재밌어요"라며 요령껏 격려해 준 그녀의 센스가 고마울 뿐이다. 연재의 기회를 준 교보문고의 남성호 광화문 지점장과 북로그 팀 김용인 씨를 빼놓을 수는 없을 것이다.

수년 전 처음으로 내게 '멘토의 멘토' 기획을 툭 던져주었던 쌤앤파커스 박시형 대표에 대한 감사의 표현은 최대한 짧게 하련다. 이 기획을 신 모에게 줄 생각을 않았다면, 나는 적어도 만 55세까지 신문사 월급을 받았을 것이다. 그러나 편집자들 뒷전에 물러나 있는 척하면서도 전 원고를 꼼꼼히 검토해 준 박 대표의 이 책에 대한 애정을 결코 모르지 않고 있다는 점은 분명히 밝혀둔다.

교보 연재 동안 이 사람 해라 저 양반 어떠냐, 함께 신을 내주다 순식간 청천벽력을 맞은 아내 김정현, 잘 이해도 되지 않으면서 읽는 척을 해준 아들 지훈·세형과 더불어, '기어이 나오고야 만' 책을 반기고 싶다.

느닷없이 버림받은 '여성 시대'의 그 빈한(貧寒)한 아내는, 놀랍게도, "그동안 쌓인 정 때문인지, 나와 아이를 버린 남편이지만 왠지 맞는 짝을 만나 잘 살기를 바라는 마음이 들더라"고 했다. 불과 1년 전에 다니던 출근길과 다른 길바닥에 갇혀 선 채 그 사연을 듣는 내내 나는 자꾸 눈물이 났다.

인생학교 시리즈
알랭 드 보통 외 지음 | 정미나 외 옮김 | 각권 12,000원

알랭 드 보통이 영국 런던에서 문을 연 '인생학교'는 삶의 의미와 살아가는 기술에 대해 강연과 토론, 멘토링, 커뮤니티 서비스 등을 제공하는 글로벌 프로젝트다. 이 책은 '인생학교' 최고의 강의 6편을 책으로 엮은 시리즈다. 일, 돈, 사랑, 정신, 세상, 시간 등 6가지 인생 키워드에 대해 근원적인 탐구와 철학적 사유를 제안한다.

김미경의 드림 온(Dream On) : 드림워커로 살아라
김미경 지음 | 15,000원

"꿈은 어쩌다가 우리에게 '밀린 숙제'가 되었을까?" tvN '김미경쇼'의 진행자이자, 국민 강사 김미경 원장의 칼칼하고 통쾌한 강의를 책으로 만난다! 이 책은 꿈의 재료와 기술, 메커니즘을 밝혀낸 대한민국 꿈의 교과서로, 꿈을 찾고 있거나 꿈 앞에서 좌절하는 모든 이에게 제대로 된 꿈을 만들고, 키우고, 이루는 기술을 알려준다.

브리꼴레르 : 세상을 지배할 '지식인'의 새 이름
유영만 지음 | 15,000원

'브리꼴레르(bricoleur)'는 경계를 넘나들며 무한한 가치를 창조하는 인재이자, 도전과 야생적 사고로 무장한 실천적 지식인이다. 미래의 지식인 '브리꼴레르'가 되고 싶다면, 이 책을 읽어라. 당신의 숨겨진 능력이 1만 배 증폭될 것이다. (추천 : 지성과 야성을 겸비한 인재가 되고자 하는 모든 이들을 위한 책)

인생에 변명하지 마라
이영석 지음 | 14,000원

쥐뿔도 없이 시작해 절박함 하나로 대한민국 야채가게를 제패한 '총각네 야채가게' 이영석 대표. '가난하게 태어난 건 죄가 아니지만 가난하게 사는 건 죄다, 똥개로 태어나도 진돗개처럼 살아라, 성공하고 싶다면 먼저 대가를 치러라…' 비록 맨주먹이지만 빌빌대며 살지 않겠다고 다짐한 이들에게 바치는 성공 마인드!

날개가 없다, 그래서 뛰는 거다
김도윤·제갈현열 지음 | 14,000원

"실패하는 이유는 학벌이 없어서가 아니라 학벌 없는 놈처럼 살아서다!" 지방대 출신에 영어성적도 없는 두 청년. 그러나 의지로 대한민국 인재상을 수상하고, 광고기획자와 모티베이터라는 꿈을 이루었다. 그들이 후배들에게 들려주는 학벌천국 정면돌파 매뉴얼. (추천 : 위로와 격려를 넘어 현실적인 변화를 원하는 청춘들을 위한 맞춤 처방전)

포기하는 용기

이승욱 지음 ｜ 14,000원

우리는 흔히 돈을 더 많이 벌면, 얼굴이 더 예뻐지면, 사랑받으면 더 행복해질 거라 생각한다. 하지만 남들에게 보란 듯이 살고 싶다는 욕망은 우리 인생을 낭비하게 할 뿐이다. 이 책은 우리가 원해왔던 것이 사실은 내가 원한 게 아니라 세상의 강요였음을 깨닫게 하고, 그 자리에 내가 정말 원하는 게 뭔지 생각해서 채우도록 인도한다.

멈추면, 비로소 보이는 것들

혜민 지음 ｜ 이영철 그림 ｜ 14,000원

관계에 대해, 사랑에 대해, 인생과 희망에 대해… '영혼의 멘토, 청춘의 도반' 혜민 스님의 마음 매뉴얼! 하버드 재학 중 출가하여 승려이자 미국 대학교수라는 특별한 인생을 사는 혜민 스님. 수십만 트위터리안들이 먼저 읽고 감동한 혜민 스님의 인생 잠언!(추천: 쫓기는 듯한 삶에 지친 이들에게 위안과 격려를 주는 책)

나는 다만, 조금 느릴 뿐이다

강세형 지음 ｜ 14,000원

안 아픈 척, 안 힘든 척, 다 괜찮은 척… 세상의 속도에 맞추기 위해, 그렇게 어른 처럼 보이기 위해 달려온 당신에게 보내는 담담한 위안과 희망. 나는 왜 이렇게 평범한 걸까, 나는 왜 이렇게 어중간한 걸까 생각해본 적 있다면, 설렘보다 걱정이 앞선다면, 이 책이 반가움과 작은 희망이 되어줄 것이다.

마음 아프지 마

윤대현 지음 ｜ 15,000원

연애부터 일까지, 언제나 당신의 편이 되어줄 파격적인 인생상담. 이 책은 인생에서 빼놓을 수 없는 화두인 연애, 우정, 가족, 직장 등에 대한 고민과 저절로 마음이 든든해지는 해결책을 담고 있다. 현실적인 인생진단과 위안을 동시에 얻고 싶은 욕심 많은 청춘에게 명쾌한 처방전이 되어줄 것이다.

공부는 내 인생에 대한 예의다

이형진 지음 ｜ 13,000원

공부는 '방법'의 문제가 아니라 '마음'의 문제다! '전미(全美) 최고의 고교생' 선정, 최연소 '자랑스런 한국인' 선정, 예일대생 이형진 군의 공부철학을 담은 에세이로, 저자의 공부에 대한 진지한 고민을 바탕으로 설득력 있는 공부철학을 풀어낸다. 공부하는 '방법'이 아닌 공부하는 '이유'에 대해 접근하는 새로운 스타일의 공부 에세이.

멘토의
멘토